CHARACTER EVIDENCE

An Abductive Theory

“十二五”国家重点图书出版规划

法学译丛·证据科学译丛／丛书主编　张保生　王进喜

品性证据

一种设证法理论

[加] 道格拉斯·沃尔顿 (Douglas Walton)　著

张　中　译

中国人民大学出版社

·北京·

致　谢

本书初稿写于1999年春，我当时在美国西北大学交流部做访问教授。在此期间，我的研究也得到了富布赖特高级研究基金的资助。直到2001年春我在亚利桑那大学交流部做访问教授时才对书稿作了 xi
进一步的研究。在此期间，我能够利用Lexis-Nexis法律数据库和亚利桑那大学法律图书馆为本书收集了更多的必要的法律资料。临访问结束时，完成本书第二手稿。我要感谢这两个部门的同事，通过对相关问题的多次讨论，他们使我对本书所涉问题的各个方面都有了更多的了解。我要特别感谢西北大学的迈克·拉夫（Mike Leff）、简·古德温（Jean Goodwin）、大卫·扎夫斯卡（David Zarefsky）、汤姆·古奈特（Tom Goodnight）和亚利桑那大学的迈克尔·狄尤斯（Michael Dues）、斯科特·雅各布斯（Scott Jacobs）、萨莉·杰克逊（Sally Jackson）。我与克里斯·里德（Chris Reed）和亨利·普拉肯（Henry Prakken）在其他项目上的合作对本书部分内容也有所帮助，使我在论证模式和法律推理方面深受启发。

我要感谢组织和主持"证据法中的理性视野"（Visions of Rationality in Evidence Law）研讨会的克雷格·卡仑（Craig Callen），该研讨会于2003年4月3日至6日在密歇根州立大学法学院举行，本书得益于与其他与会者在会议期间、会上和会后通过电子邮件的讨论，尤其要感谢理查德·弗里德曼（Richard Friedman）、埃里卡·比彻-莫纳斯（Erica Beecher-Monas）、迈克·雷德梅恩（Mike Redmayne）、格雷格·米切尔（Greg Mitchell）、凯文·桑德斯（Kevin Saunders）、迈克尔·瑞辛格（Michael Risinger）、迈克尔·萨克斯（Michael Saks）、罗格·帕克（Roger Park）、罗纳德·艾伦（Ron Allen）、玛瑞娜·雷德尔（Myrna Raeder）、埃莉诺·斯威夫特（El

eanor Swift）和布鲁斯·伯恩斯（Bruce Bums）。我要感谢约翰·泽
xii 莱兹尼克（John Zeleznikow），他邀请我参加了2003年6月至7月在爱丁堡大学举行的“第二届约瑟夫·贝尔中心证据评价研讨会”（the Second Joseph Bell Centre Workshop on the Evaluation of Evidence）。同时，还要感谢盖瑞·戴维斯（Gary Davis）、菲利普·戴维（Philip Dawid）、杰隆·柯蓬斯（Jeroen Keppens）、萨沙·伊斯科维奇（Sacha Iskovic）、摩西·科佩尔（Moshe Koppel）、乌利·希尔德（Uri Schild）和布克哈德·谢弗（Burkhard Schafer），感谢他们在研讨会上的有益讨论。与伊芙琳·菲特利斯（Eveline Feteris）、何塞·布拉格（Jose Plug）、巴特·费尔海（Bart Verheij）、汤姆·戈登（Tom Gordon）、特雷弗·本奇-凯彭（Trevor Bench-Capon）和阿尔诺·罗德（Arno Lodder）等人的讨论证明很有价值，他们的著作也使本书受益匪浅。

我要感谢特伦斯·安德森（Terence Anderson）和威廉·特文宁（William Twining），2003年12月访问迈阿密大学期间我们就证据问题进行了讨论。我要感谢“第十七届法律知识和信息系统项目委员会”（the program committee of the Seventeenth Annual Conference on Legal Knowledge and Information Systems）（JURIX 2004），2004年12月8日至10日在柏林举行的第24届年会上，我被邀请为主题发言人。我要特别感谢特雷弗·本奇-凯彭（Trevor Bench-Capon）、弗洛里斯·贝克斯（Floris Bex）、沃尔夫冈·比贝尔（Wolfgang Bibel）、艾利森·乔利（Alison Chorley）、汤姆·戈登（Tom Gordon）、亨利·普拉肯（Henry Prakken）、布拉姆·罗斯（Bram Roth）、布克哈德·谢弗（Burkhard Schafer）、巴特·费尔海（Bart Verheij）和拉德布·温克尔斯（Radboud Winkels），会议期间及会后与他们进行了有益的讨论。

本书的有些研究源于亨利·普拉肯（Henry Prakken）和克里斯·里德（Chris Reed）近来开展的关于人工智能和法律的合作研究。他们的大力支持对于我在人工智能和法律方面的研究是非常重要的。在整个项目研究过程中，我的工作得到了加拿大社会科学和人文

科学研究委员会（the Social Sciences and Humanities Research Council of Canada）的大量资助。我要感谢比尔·德雷（Bill Dray），他是我以前在多伦多大学的教授，他阅读了全部书稿，并提出了很多修正建议和文体上的完善意见。要特别感谢罗格·帕克（Roger Park），他阅读了以前的文稿，并作了很多更正，提出了许多系统化的改进意见。此外，他还提供了大量的法律资料，使本书受益匪浅。

我要感谢加拿大社会科学和人文科学研究委员会对于本书最后工作的资助，还要感谢凯蒂·阿特金森（Katie Atkinson）。2005 年 6 月 3 日至 4 日在荷兰布克斯米尔（Boxmeer）举行了“规范、推理和科技知识研讨会”（The Norms，Reasoning and Knowledge in Technology Conference），我在会上宣读了一篇关于实践推理的论文。凯蒂·阿特金森在会后就本文和我交换了意见，这些意见帮助我作出了一些重大改进。2005 年 6 月 13 日，意大利锡耶纳大学（University of Siena）哲学系邀请我做一个演讲，我宣读了上述论文修改后的版本。我要感谢克里斯托夫·鲁玛（Christoph Lumer）和桑德罗·南尼尼（Sandro Nannini）就本文提出的问题和见解，后来被证明是很有帮助的。

我要感谢丽塔·坎贝尔（Rita Campbell）为本书编写了索引，感谢法布里·马卡尼奥（Fabrizio Macagno）和阿纳赫·梅利凯（Anahid Melikian）为本书所作的校对。

目 录

导 论

本书的理论是根据论证理论的最新研究，特别是对法律论证中人工智能（AI）的最新应用。本书的方法论源于论证理论和人工智能的最新研究成果，这种推理方式比演绎和归纳更注重实际调查。其目标不仅仅在于展示是如何作出品性判断的，而且是要说明应如何根据合理的推理作出正确判断，以避免某些谬论、错误和那种十分常见的肤浅判断。本书是关于品性的判断，但其核心内容是关于应当如何正确应用逻辑推理和证据来支持和质疑这类判断。根据本书所提出的新理论，这些证据是基于一种多主体模拟推理（multi-agent simulative reasoning），其中一个主体(agent)能够解释他人在理解了他所面临的情况时所采取的行动，以及根据他人的反应采取新的方案。根据这一理论，主体运用描述推理刻板形式的规划识别和论证模式，可以得到另一主体的大体上的品性特征的合理结论。 xiii

在推理中，我们每天都在使用品性证据，例如，“他具有一定的品性特征，因此，这就是他是实施这个特殊行为的人的证据。”这种根据品性的推论在日常推理中是有证明价值的，否则，它就不会成为老板雇用员工时的常用指标（弗里德曼，Richard D. Friedman，2003 年，第 979 页）。同理，典型的推理是以间接证据为基础的，如“在犯罪现场发现了与他的鞋子相匹配的鞋印，因此，他就是那个实施犯罪的人。”在类似这样的推理中，间接证据就有了证明价值。在这两种情况下，如果前提被作为一个事实接受，据此进行推论，就提供了某些证据来支持该结论。那么，为什么后一种推论一般被认为是
xiv 我们证据法则中的相关性证据，而前一种以品性为基础的推论一般认为不是相关性证据（限于几个重要例外规则）呢？《美国联邦证据规则》写得非常清楚，答案就是，品性证据可能导致陪审团偏见。品性证据在法律上被视为双刃剑，既具有证明价值，也可能引起偏见。在审判中经常用到品性证据，例如对证人的交叉询问，但由于它具有误导倾向，对于如何应用品性证据，其要求既严格，又往往给予复杂的限制。

判断一个人的品性，诸如写传记、写历史或者对其行为进行法律或伦理的评价等活动，是很有必要的。不过，要确定品性判断应根据哪些证据，则存在很多问题和限制，常常导致错误、误判、偏见，甚至是莫须有的指控。品性判断经常被滥用，甚至走向极端。其中一个极端是基于可疑证据的品性中伤和恶性攻击事件；而另一个极端是理想化的、献媚式的偶像宣传，偶像的不良品性特征被隐藏或者最小化，而他们的所谓优秀品质却被吹嘘夸大了。本书对滥用和合理使用品性判断进行了分析，回答关于如何运用可证实的证据支持或者反对这些判断是什么和应当是什么等关键问题。哪些数据与支持品性判断是相关的？当一个人对另外一个人进行品性判断时，从数据中得出什么样的推论以及怎样做才能使这种推论正确？什么样的证据应被用来支持或质疑所得出的结论？例如，如果我声称某个人是勇敢的或者诚实的，什么样的材料可以用来支持或反驳这一主张？一旦从某个给定前提中得出某个结论，应当运用何种证据来支持这种推论？

有关品性的推理，本书提出一个根据一套论证模式或论证形式判断品性证据的新途径。在这些模式中，最重要的一项就是所谓的设证推理，从给定材料到解释该材料的假设，这是法庭科学证据领域非常普通的一种推理形式（沃尔顿，2004 年）。例如，如果在房子窗框处发现了一把刀片的碎片，而此处正是盗窃罪发生的现场，最佳解释（the best explanation）可能是某人用刀子撬开窗户并从该处进入房

子。设证推理在人工智能中被认为是非常重要的（约翰·约瑟夫森和苏珊·约瑟夫森，John R. Josephson and Susan G·Josephson，1994年；沃尔顿，2004年），在科学假设构建和测试的发现阶段被视为一种重要的推理。在对案件综合考虑的基础上，设证论证被应用于多主体对话模式，用来支持和反对某种主张。设证推理是可废止的，这就 XV
意味着当有新的事实出现时，设证推理可能被撤销或者修正。根据这种新理论，品性证据的这种设证论证是容易出错的，但在适当条件下则是有道理的，是可以被接受的。它们也可能是没有道理的，如本书中关于品性中伤的例子所示。本书介绍了如何根据法律推理支持系统的论证计算模型使用品性证据来支持或反驳关于品性的论证。

本书有关品性判断的研究很多是源于法律案例，在这些案例中，有关品性的论证在审判中得以应用，或者基于相关性或者不具相关性而在审判中被禁止使用。其他品性判断则源于历史上或者在伦理上有争议的案例，如诚实、勇敢和正直等有关品性的道德素质的案例。很多人会读本书，因为他们关注法律中或者历史上的品性证据，因为他们一直关注品性判断是否可以用确实的证据予以证实，而不是纯粹的主观意见。但仅为说明这方面的内容是认知科学和演绎推论领域的原创成果，本书提出了有关一个人就另一个人的思想和行动的有证据支持的推理的理论。因此，本书的结论不仅对法律和历史产生重大影响，而且也为推理理论奠定证据基础。本书文体风格清楚明确，并解释了所有新的术语和概念。它适用于在法律或者算术方面没有任何特别训练的人阅读，它可用于把品性证据作为主题的课程，如法律（证据法、法律推理、刑法）、哲学（伦理学、哲学史、法哲学和精神哲学）、人工智能、认知科学、论证学、演讲交流、修辞学、语言学、政治学和社会学。

第一章　品性证据的问题

1　由于品性证据在法律上具有强大的作用，《美国联邦证据规则》对其在审判中的应用作了谨慎的限制。例如，在刑法上，“被告人是一个坏人（也许如前科所示），因此，他犯了被指控的罪行。”按照规则，这种论证是不可采的。但有时则是允许的，例如在交叉询问中攻击证人的诚信，品性证据就可能成为决定性因素。也许正是由于这些原因，品性证据最近成为法律上颇受争议的问题，这就是为什么即使在预审阶段，律师也极力争论它的可采性。然而对于品性的争论并不局限于法律领域，它也是政治演说中用于负面竞选策略（negative campaign tactics）的一个有力工具，同时它在历史和哲学领域也很重要。你只要列举弗朗西斯·培根（Francis Bacon）和弗里德里希·尼采（Friedrich Nietzsche）的例子，就会发现一位著名哲学家即使在他去世很多年后也会有人通过品性攻击来指责他的著作。当然，并非所有基于品性的论证都是负面的。正如亚里士多德所指出的，演讲者的正面气质或者品性能够大大提高其演讲的说服力。尽管品性证据在所有这些领域均如此重要，但作为一种论证形式，我们为什么似乎不太了解它的结构？我们怎样才能克服这种无知，并为辨别、分析和评价这种论证提供一个客观基础呢？

核心问题是要确定怎样运用或者应当怎样运用这种证据来支持或

者批判那种平时对某人品性的判断。我们的问题是，如果根据证据，
主张是真实的或者可接受的，那么，怎样来理解这种主张是合理的
呢；如果根据证据主张是错误的，或者不可接受的，那么，如何来反
驳这种主张呢。调查对象则是一种证据。它关系到我们如何能够正确
地支持或否定那种运用逻辑推理和论证来确定某个人品性的主张。解 2
决问题的最佳途径在于人工智能和论证理论（非正式逻辑）两大领域
的最新研究成果，本书将在后面讨论。这一论题属于应用人类思维的
认知科学和理性论证研究领域，因为我们的目标是要寻求那种正确地
用来支持对某人品性判断的证据种类和论证结构。它通常不被认为是
一个心理学的观点，但至少在心理学上它是一种人类行为的经验科
学。更被看好的观点认为，它具有很强的伦理成分，因为一个人的
品性判断是基于在道德伦理上应当怎样界定他的人格道德素质。它
也具有很强的法律成分，因为品性证据是证据法非常重要的组成部
分。法律规定了处理和评价品性的特别方法和程序，这些方法和程
序对于理解关于品性的推理有很大帮助。它还有逻辑成分，因为关
于品性判断的司法推理是运用品性证据问题的核心。因此，本章将
介绍各种逻辑推理和证据问题，以及关于品性的伦理的和法律的论
证问题。

1.1　个人价值和对品性的尊重

衡量一个人品性的传统框架是围绕尊重、个人价值和声誉的观念建立起来的。该框架支持关于一个人的价值和品性的三种不同判断。其一，我们尊重那些具有高尚品质的人。其二，我们不太尊重那些不具有高尚品质的人。例如，对于初次遇到的人，我们不了解他们的情况，就谈不上尊重与不尊重的问题。其三，我们不尊重那些“毫无价值的”的人，他们的表现不值得我们尊重，因为有一些品性上的弱点，如不诚实。个人声誉将影响这三种评价，在特定情况下，这些评价被认为是适当的。不过，与声誉一样，有关个人行为的证据，包括他们说了什么以及做了什么，都会影响这种评价。我们能够找到很多

这种有关品性的道德评价的历史证据。例如，本尼迪克特·阿诺德(Benedict Arnold)被归类为叛徒，而亚伯拉罕·林肯（Abraham Lincoln）则因其优秀的道德品质被历史著作广为颂扬。

对价值的尊重也表现为社会科学文献的“面子”以及表现为“保
3 留面子”的意识。尊重也与尊严密切相关。一个有尊严的人是值得我们尊重的，也许是他过去的作为值得我们尊重。赢得我们尊重的人之所以值得尊重是因为他们表现出令人钦佩的品性，并且会继续展现这种品性。这种传统的品性观念有时甚至带有一种贵族气息，例如，说某人有一种“高贵”品质。这种衡量某人品性价值的传统框架也许可以被称作楷模（respect model）。由于近来强调自我尊重，对于楷模的尊重似乎被大大削弱了。或许明显受一个人比另一个人好的观念影响，很多人表示反对或者感到不安。当前这种观念可能使很多人感到不快，它好像意味着传统的贵族等级制度促使了人们之间的不平等。但事实并非如此，这要取决于你如何判断什么是更好的。

事实上，我们每时每刻都在进行品性判断。这种判断甚至可能显示出一种反传统贵族等级制度的优秀品质。一件小事能够揭示个人品性的很多东西。下面以林肯的故事为例来加以说明（维克特，Dixon Wecter，1947 年，第 90 页）：

> 这个故事有很多版本，据说在一个招待会上，英国的一位年轻领导人在作自我介绍时，林肯总统打断了他一会儿：“对不起，阁下，那儿有我一位老朋友”，并走过去跟一个驼背的伊州农夫和他的戴着太阳帽的妻子打招呼，他们是来华盛顿医院看望受伤的儿子的。

这个小故事讲述了一个微不足道的小事，但展示了林肯的诸多品质，可以从中得出关于林肯价值观的很多结论，表明林肯对朋友的忠诚，即使他们不被重视、缺乏魅力或者无权无势。从某种角度看，它表明林肯用行动来表达他的朋友对他多么重要。这很难用语言来说明它究竟表达了什么，但这使我非常敬佩和尊重林肯的为人，我相信很多人会有同感。这件事表明对某人品性的尊重与任何不平等、支持贵族等级制度毫无关系。

楷模的另一种可能的意义是站在一种类似上帝的立场来衡量每个人的品性。我们要问的问题是：怎么才能使人相信他或她有权评价别人？这一反问意味着评价别人品性价值的人把自己放在了比别人更高的层面上。有人认为这种不平等是一件坏事，因为在终极意义上双方都是人。这种"我们—他们"的判断意味着这样一种评价行为隐含着对别人的歧视。这种批评确实为怎样判断品性提出了一个真正问题。 4
如何才能做到客观地判断，评价的人和被评价的人是否拥有相同的品性缺陷以及美德呢？这是一个很难的问题。这可能是因为品性判断是难免出错的，容易导致偏见和错误。然而，如果这种判断隐含有出错的本质，我们就能发现一个客观的推理结构。这种结构能够帮助我们识别和避免对表面品性判断的错误和误解。

我们经常进行品性判断。这种判断本身是不完善的、易出错的，但它们在商业决策特别是在招聘中是非常重要的。在政治领域，尤其是在总统选举中，对候选人的投票大部分是基于对他品性的判断。很多人经常作出这样的判断。问题是要深入了解他们是怎样作出判断的，以及应当作出怎样的判断，并且不能武断地或者以类似上帝的方式进行判断，而是要了解我们已经使用的推理形式，并更多地了解它的结构。一些经验证据表明，过去犯罪的证据能够告诉我们一些有关个人品性的东西。雷德梅恩（Mike Redmayne，2002 年，第 693—695 页）所研究的统计证据表明，犯罪前科对于一个人或多或少地可能实施同类犯罪这种结论有很大的证明价值。该统计证据包含各类犯罪。例如，实施抢劫罪的可能性大大高于毒品犯罪。这些统计数字显示，品性证据确实在预测某些类型犯罪时有证据价值，但众所周知，这些统计数字是不可靠的（雷德梅恩，2002 年，第 700 页）。尽管品性判断的使用在法律上受到严格限制，但在法庭上交叉询问证人时，它往往是非常重要的证据。

为什么说研究品性判断是很重要的、很有用的呢？它的应用超越了道德理论领域。最近的发展充分显示了为什么品性判断在法律和政

治论证中均至关重要。由于最近的政治发展，对品性攻击的论证在负
面竞选策略和政治攻击论证中表现非常突出，而且这种现象普遍存
在，有证据表明，在民主的政治制度中品性判断是多么的重要。人们
也许还可以列举最近弹劾美国总统的审判。在英美法系的法律论证
中，对证人品性的判断在审判中是非常重要的。在刑事审判中，品性
证据对陪审团有很大影响，按照判例它往往不被采纳。例如，众所周
知，在强奸案件中，被害人的性史被认为是不具有相关性的。在其他
5 刑事案件中，“此人品质差，因而他肯定有罪”，这种论证对陪审团将
产生很大影响，因此一般不允许作为相关性证据向法庭提出。如上所
述，品性在证人证言中也非常重要。证人证言是以证人的信誉为基础
的，而证人信誉又是建立在证人品性基础上的。如果证人被视为诚实
的人，并且具有良好的道德品质，他就会赢得别人的信任，从而在同
等条件下，这类证人的证言将被认为具有高度的可信性。相反，如果
陪审团或者法官认为证人是一个不诚实的人或者具有不良的道德品
质，他或者她的证言就不太可信。在弹劾证人时，证人的品性可能会
遭到攻击。既然证人证言在法律案件中是一种非常重要的证据，研究
品性判断就极其重要了。很少有人反对品性判断在伦理和政治领域的
重要性，但如下所示，作为一门学问，品性判断在历史学领域也很重
要，甚至在计算机科学领域，它们的重要程度更令人吃惊。

1.2 审判中的品性证据相关性规则

关于品性问题在法律论证中的重要性，电视转播的辛普森（O. J. Simpson）案的刑事审判提供了一个事例。辛普森审判不是一个典型案件，但它通过一种特殊方式展示了品性证据相关性规则的一些问题。伊藤（Ito）法官必须解决的一个问题是辛普森虐待妻子的证据。有证明辛普森追打尼科尔（Nicole Brown Simpson）的照片和其他证据。双方律师团就品性证据的相关性以及它应否为法庭采纳展开辩论（帕克，Roger C. Park，1996 年，第 748 页）。被告方援引一条与

《美国联邦证据规则》404[1]类似的加州证据规则作为他们论证的基础来反对采信品性证据，认为品性不是一个要提出的相关性问题。检控方引用加州法律，该法规定有关家庭暴力的证据具有一般的相关性，即便这种证据是品性证据。他们还认为，这种证据之所以具有相关性是因为它表明了辛普森具有控制和支配尼科尔的动机（帕克，Roger C. Park，1996年，第749页）。由于该证据能够显示辛普森的动机，伊藤法官采纳了部分而不是全部辛普森虐待妻子的证据。本案表明，在诉讼证据问题上，对于动机的处理方式是不同于品性的。根据当前美国审判中适用的《美国联邦证据规则》，即使品性不具有相关性， 6
但动机可能是具有相关性的。在辛普森案中，虐待配偶的证据对陪审团究竟有什么影响呢？这很难说。肯定有些影响，但它不管有怎样的说服力，其影响最终则被其他证据抵消了。

这种其他证据的一个重要组成部分就是侦探马克·富尔曼（Mark Fuhrman）所谓的种族主义，他的证词对本案产生了重大影响。富尔曼是第一个在犯罪现场发现血手套的警官，他在审判中就此种情况进行作证。但被告方发现了富尔曼过去曾发表过种族主义言论，且有据可查。他们认为应该考虑这些证据的相关性，因为人们对证人证言产生怀疑时，偏见就成了一个重要的法律问题。他们认为富尔曼的种族主义言论记录表明了他对黑人有偏见。值得注意的是，这种意见的关键点在于，它认为品性证据和证人偏见的证据在法律上具有重大区别。品性被认为是法律道德本质的普通特性[2]，而偏见就不一样了。很难说究竟是什么偏见，它似乎是不能或者不愿以公开的方式平等对待争议双方。所记录的富尔曼的言论确实能够表明他有种族偏见。在录音带中富尔曼有41次使用“黑鬼”一词，该录音带的副本被当做了他有种族偏见的证据（米勒，Christopher B. Mueller，1996年，第733页）。不仅如此，富尔曼在录音带中的言论似乎表明了所有不公正的侦查手段，如隐藏证据，都被视为警察对待黑人的合

① 对于本规则的介绍，见下文第3节。
② 下一节将介绍《美国联邦证据规则》404条款是怎样定义品性的。

法手段（帕克，Roger C. Park，1996 年，第 758 页）。在陪审团中，黑人占绝大多数，如果这种证据被采纳，势必对他们的情绪产生相当大的影响。事情就变成了这样：伊藤法官没有采纳全部证据，但他所采纳的证据足以达到被告方所期望的效果。在导致陪审团作出“无罪”判决结果的所有手段中，“种族牌”是辩论的一个重要因素。尽管这种证据因暴露证人证言的偏见而被采纳了，但同时它也作为一种品性证据在发挥作用。它使得富尔曼似乎成了那种道德品质败坏的人，对于警官来说，这样的道德品质太糟糕了，因为警官应当公平地对待所有的人。

在辛普森的房子后面发现了犯罪现场留下的另一只血手套。这只
7 手套连同其他证据使得辛普森看起来好像是杀害他妻子的凶手。有人认为富尔曼在辛普森家伪造了第二只手套，这种说法本身似乎不太合情理。富尔曼的种族言论反映了他的不良品性，但他的不良品性可能是由于警官的种族动机而伪造现场的证据，这似乎是站不住脚的。或者即使没有，它可能已造成这种敌视和不信任的气氛，从而陪审团开始有点感到警方错了，并开始怀疑辛普森是否真的有罪。无论如何，品性证据对决定作出怎样的判决结果似乎是很重要的。本案表明品性证据在刑事审判中具有潜在的易变性，也显示出法官在面对是否将品性证据作为相关性证据采纳这种复杂决定时有些不知所措。它说明了在处理品性证据时证据作用的复杂性，以及处理一般规则的各种可能例外的困难，因为按照一般规则，在评价单个行为时品性证据不具有相关性。

由于品性证据不具相关性，在审判中禁止使用这类证据是很正常的。在法律上，即使能被认为具有相关性，如果它可能导致陪审团偏见，仍然会被禁止使用。这种规则似乎被视为逻辑相关性与法律可采性的区别。按照证据规则，有些证据在逻辑上可能是具有相关性的，但在审判中却不具有法律上的可采性。品性证据在审判中不具可采性的案件在英美法系非常普遍。下面的案例能够指出当前公众所关注的品性证据可采性审判规则的问题。

1991 年，威廉·肯尼迪·史密斯（William Kennedy Smith）因

被指控强奸帕蒂·鲍曼（Patty Bowman）而接受审判。鲍曼作证说，史密斯在他家附近的草坪上强奸了她。史密斯承认，他和鲍曼有过性行为，但他认为这是双方同意的。虽然有三名女性分别出来指证，说她们遭受过史密斯强奸或者性骚扰，但法官拒绝让她们在庭审中作证，其原因是倾向性规则或者“品性规则”，史密斯随之被判无罪（科尔布，Sherry F. Colb，2001 年，第 940—941 页）。史密斯案在推动强奸和猥亵儿童案件允许品性规则的例外的法律改革方面似乎发挥了作用（科尔布，Sherry F. Colb，2001 年，第 941 页）。然而，在美国所有联邦和大多数州法院，品性规则依然是作为证据的一般规则。

上段最后一行引述的品性规则是指品性作为证据一般不具有可采性的规则。《美国联邦证据规则》是关于品性证据和相关性的最重要的一套规则，它并没有真正试图界定什么品性。按照关于 404 条款的作用的官方评价，品性就像诚实或者安宁一样，它是一种习惯或者一般性的品质或素质，就像前文帕克等人所讲的（Park et al.，1998 年，第 132 页），这种表述“只是开始解释品性的含义，而不是它的全部内容”。这一疏忽是法律的遗憾性缺失，不过这是可以理解的，
因为品性不仅仅是实施特定行为的习惯或者一种统计学上的倾向。品 8
性是一种道德概念，表达了一个人的道德素质。考虑到人的道德本质，可以通过对品性概念的哲学分析来填补这种缺失。界定品性是一个高层次的哲学问题，也是一种比较难的证据逻辑问题，因为它远不止是如何正确运用真实证据去证实或者反驳对某人品性的概括和指控。如前文帕克等人所说的（Park et al.，1998 年，第 133 页），“不幸的是，联邦规则的起草者并没有试图界定品性，并且法律文献显示他们也几乎没有做任何努力。”不过，还是有人提出了应当如何收集和评价品性证据以及在调查和审判中应当怎样应用品性证据的理论，该理论对于法律实务者正确界定品性在法律推理中的证据作用是很有价值的。

品性证据在某些方面很棘手，且存在很多问题，在法律上如何适用品性证据是一个很微妙的事情。对于品性的认定，都是关于一个人

的思想和行为的概括或者假设。因此，这种认定并不限于任何运用事实证据直接证明或者反证单个的行为或者事件。单个行为需要以某种特定方式进行解释或者评价。例如，同样的行为可能被一个旁观者描述为勇敢，而被另一个旁观者说成是懦弱，这取决于行为的方式或者它是怎样被解释的，以及出于什么样的动机。禁止适用品性只是为了防止品性被泛化，就好像说一个人无法无天，是骗子、强奸犯、贪污犯、放纵、残酷、懒惰等等（帕克，Roger C. Park，1998 年，第 718—719 页）。因此，不能认为被告犯了罪是因为他以前曾犯下了相同类型的犯罪。然而，该禁用条款并不禁止那些与具体行为相关的倾向，它不排除做某种事情的倾向证据，如使用模糊的威胁方式虐待特定配偶或者抢劫银行（第 719 页）。这种习惯或者倾向在审判中可能被确定为相关性证据。品性规则的具体措辞以及《美国联邦证据规则》中的相关规定将在下一节提出和讨论。

品性证据的相关性或非相关性在证据法中是一个微妙的问题。例如，有些所谓关于一个人的品性或过去行为的事实，如果被用于证明诸如动机之类的东西，就可能被认为是相关的。然而，同样的事实，如果仅仅作为品性证据使用，就可能被认为不具相关性。上述史密斯案以及其他很多类似案件产生了这样一个问题，即陪审团并不聆听全
9 部事实。不管证据所关涉的是良好品性还是不良品性，在逻辑上，这种证据似乎都具有相关性。对于那些没有经过当前审判实践训练的人来说，很难理解为什么法律是这个样子。就证据法而言，它源于普通法的早期判例，当时品性证据是被允许采纳的。这种证据被视为具有高度的相关性，在审判中往往成为决定性因素。如果被告人是一个具有明显令人讨厌的品性的人，并且过去犯有严重罪行，陪审团肯定会考虑这些东西，一旦该案提交审判，就会作为被告人现在被指控罪行的有罪证据。当时大概是为了防止陪审团受品性攻击论证的感染而被蒙蔽，不得不设置品性证据规则的例外。下一节将介绍一些当前法律体制发展的背景，交代一下目前法律规则是如何处理品性证据的。

1.3　法律中品性证据两面性问题

在罗马法中，刑事审判论证的全部内容都是围绕被告人的道德品性问题进行的。被告人最有力的抗辩之一就是他是一个具有良好品性的人；起诉方最有力的理由之一则是攻击被告人的道德品性，并把他描绘成一个坏人。威格莫尔也曾指出，在早期的英国法中，品性证据的“适用是不受限制的”。但在法律发展史的某段时期，审判中开始禁止适用品性证据。按照伦纳德的观点（伦纳德，David P. Leonard，1998 年，第 10 页），禁止使用品性证据来证明一个人的行为的规则在 19 世纪 10 年代就被“很好地解决了”。

在这里需要简单看一下《美国联邦证据规则》对品性证据是怎样规定的。③ 规则 401 定义的相关性证据是指证据使任何事实的存在具有任何趋向性的证据，即“对于诉讼裁判的结果来说，若有此证据将比缺乏此证据时更有可能或更无可能”④。但这是什么意思呢？它的意思在审判中存在意见分歧，而审判的目的就是通过理性的论证来解决这种分歧。“意见分歧”是指每一方都有一个需要证明的观点或者特定主张，这就是所谓的证明责任。在刑事案件中，控方须证明被告人犯有所指控的罪，而被告人只须证明控方的论据在审判中不足以证明
其主张即可。根据《美国联邦证据规则》对相关性所下的定义，它是 10
所谓的证明效力（probative weight）或者证明价值（probative value）。有种观点认为，在审判中相关性只是看它是否使诉讼一方或者另一方的论点更可能或者更不可能。尽管有时会涉及这一概念，但在统计概率意义上，“可能性”在这里是难以理解的。在某种意义上，它意味着事实证据能够与逻辑推理相结合得出的结论与没有这种证据更具证明效力。在这个意义上，直到本书最后一章才会明确相关性证据的真正含义。

③　这些规则的最新版本可以查阅以下网址：www.uscourts.gov/rules/newrules4，html.

④　按照雷德梅恩的观点（2002 年，第 685 页），英国法没有对相关性作单独定义，但他认为《美国联邦证据规则》401 规定的相关性定义为审判中判断相关性提供了参考。

《美国联邦证据规则》403也是很重要的。根据该规则，即使根据《美国联邦证据规则》401证据具有相关性，如果“不公正偏见、混淆争议或误导陪审团的危险，或者考虑到过分拖延、浪费时间或不必要重复出示证据实质上超过”它的证明价值，这种证据也可能被排除。甚至有人认为，即使证据具有相关性，可能只是微不足道的相关性，如果它可能导致陪审团产生偏见，也可能被排除。这里需要特别注意的是，品性证据不是因为具有相关性或者仅仅因为不具有相关性而被排除，而是根据它是否可能导致陪审团产生偏见（帕克，Roger C. Park，1998年，第720页）。这使我们想到了《美国联邦证据规则》404，它只是简单地规定，为了证明某行为的目的，品性证据一般不具有可采性。换句话说，《美国联邦证据规则》404所讲的是，不能因为被告人具有不良品性就认为他有罪。

《美国联邦证据规则》404第一句话把品性证据排除规则规定为一般原则，几个附属条款则设立了品性证据排除的例外。其中一个例外是，如果被告方提出品性证据，控方就可以使用品性证据予以反驳（《美国联邦证据规则》404（a））。例如，如果被告人提出了有关其本人品性特征或者被害人品性特征的证言，就允许控方通过攻击被告人的品性或者维护被害人的品性进行反击。《美国联邦证据规则》608和609也允许用有关意见或者声誉的品性证据或者证人曾经的特定犯罪证据，来攻击或者支持证人的可信性（尽管只有当证人的品性受到攻击时才可以用来支持）。很显然，这是一项非常重要的例外。

如果不是用来表明品性，而是为了一些更狭义的目的，如动机、机会、意图、准备、计划、知识、身份或者缺乏过失，犯罪的证据或者不良行为的证据也可能被采纳。如《美国联邦证据规则》404（b）规定：

> 如果为证明某人的行为与其品性具有一致性，其他犯罪、错
> 11 误或者行为的证据对于证明该人的品性是不可采纳的。但如果是
> 出于其他目的，如证明动机、机会、意图、准备、计划、知识、
> 身份，或者缺乏过失或意外事件，则可以被采纳，其条件是被告
> 人提出了请求，控方在刑事案件中于审前应发出合理通知，或者
> 在审判期间，法院基于已证明的合理理由免除了控方的通知义
> 务；如果意图向法庭提供证明这种证据的一般性质，这种证据也
> 是可以被采纳的。

如果品性特征是指控或者辩护的基本要素，品性证据也是可以采纳的（《美国联邦证据规则》405（b））。这一款在刑事案件中很少适用，因为在现代法中，品质败坏不是犯罪，从而提出品性证据的目的往往是为了用来对行为的进一步推论，其目的并不是证明行为本身。然而，人们还在时不时地适用“基本要素”（essential element）的概念，例如当被告人提出诱惑犯罪（entrapment）的辩护时，这就要求对被告人是否具有实施某种犯罪倾向的品性进行判断。适用《美国联邦证据规则》405（b）的另一个例子是民事案件中的雇用过失（negligent hiring）或信托过失（negligent entrustment）问题。在这种案件中，被告人在雇用或者将财产委托给合适的人的过程中是否有过失问题，他的品性与之是相关的（兰登，James Landon，1997 年，第 584 页）。

根据《美国联邦证据规则》406，一个人的习惯或者一个组织的操作规程，可以用来证明该人或者该组织的行为与其习惯或者操作规程具有一致性。关于习惯的证据不被当做品性证据，因为它与其说是一种宽泛的品性特质，不如说它在某些情况下是一种狭义的特定倾向的证据。⑤

在法律中，为什么品性作为证据被排除呢？如兰登所指出的，在英美法系，有它的历史背景。人们发现品性攻击在诉讼中是很容易成

⑤ 例如，《美国联邦证据规则》412，强奸盾牌条款（rape shield legislation）排除了强奸案件中被害人性倾向的品性证据。不过，根据罗杰·帕克（Roger Park）曾向我指出的，随后证据规则的发展超越了这种对品性证据的特别限制，这为大量使用品性证据打开了大门。根据 1995 年修正案，为表明被告人具有强奸或者猥亵儿童的倾向性，品性证据是可以被采纳的（见《美国联邦证据规则》413—415）；《美国联邦证据规则》2000 年修正案赋予控方更大的权力，如果被告人攻击被害人的品性，控方可以用品性证据予以反击。参见《美国联邦证据规则》404（a）（2000 年修订）。此外，实体法提高了涉黑犯罪或者有组织犯罪行为部分的罪责，由此需要证明其他犯罪行为，从而过去犯罪行为的证据将作为品性证据被排除。如见 People v. Gardeley，927 P. 2d 713（加州最高法院，1996 年）。专家证言的广泛应用导致了某些证据种类的产生，如受虐妇女综合症（battered woman's syndrome），由此扩大了品性证据的范围。最后，在某些州，如加州和（最近的）俄勒冈州，防止犯罪或者保护被害人权利的倡议使得控方提出前科证据来控告刑事被告人变得更加容易。参见《加利福尼亚州宪法》（California Constitution）第 1 章第 28 节（1982 年 6 月 8 日，以人民的名义通过新方案，即著名的《受害者人权法案》（“The Victims'Bill of Rights”））（规定任何先前重罪都可以不受限制地用于指控的目的；后来加州最高法院对此作出解释，只允许采纳道德败坏的重罪，但这仍表明允许采纳用于指控刑事被告人的品性证据的数量大幅增加）。

功的，因此，为了获得公正审判，法官必须依据非相关性而不断地阻止品性的适用。如兰登（James Landon，1997年，第584页）所说，
12 “数百年来，法院一直在思考，在刑事或民事审判中，应当将被告人的品性置于何种地位才算合适，《美国联邦证据规则》404正是这种苦思冥想的结果。”但另一方面，在审判中，品性往往是相关的，并在特定情况下，品性需要被视为具有相关性。因此，就有了上述所列的《美国联邦证据规则》404的例外规则。按照伦纳德（David P. Leonard，1998年，第21页）的说法，这是个很难回答的问题。但排除规则的最重要理由之一似乎不是缺乏相关性，而是担心产生偏见。如上所述，“如果不公正偏见、混淆争议或误导陪审团的危险，或者考虑到过分拖延、浪费时间或不必要重复出示证据实质上超过它的证明价值”，《美国联邦证据规则》403允许排除相关性证据。据此，对于品性证据的担心是，它可能具有很强的说服力，从而对陪审团产生很大的影响，导致其证明价值过高，而其他证据的证明价值过低。从根本上看，它的背后理由是品性攻击是一种强有力的论证方式，从而在辩论中很容易使用这种手段，“他是一个坏人，因此他肯定有罪”。这种对滥用品性证据的担心表明隐含着这样一种假设，即陪审团可能会受到带有偏见的判断的影响。[6] 因此，可以这样设想，证据的功能之一就是尽量避免陪审团产生偏见，即令陪审团的思考发生偏差，导致作出错误的决定，或者进行错误的思考。

1996年，尤菲勒（Richard H. Uviller）在比较品性证据与审判中使用的其他证据时，他很好地指出了品性证据容易导致错误的本质。品性证据是以一个人具有实施某种特定行为的倾向性为基础的，但仅仅因为某人具有这种倾向性并不能得出他在某些场合真正实施某种特定行为的结论。因此，与法庭上常用的其他证据形式相比，品性

⑥ 不过，反对品性证据规则显然还有其他的目的。其一是为了防止陪审团因先前行为而惩罚一个无辜者（帕克，Roger C. Park，1996年）；其二是为了防止因意外需要维护多个指控而导致的程序不公正（参见威格莫尔著《证据法》第216卷，第1870页（蒂勒斯1983年修订））；还有一个目的就是，在对不良品性提出多种指控的轻微案件中，避免浪费审判成本（帕克，Roger C. Park，1996年）。

证据天生就是一种缺乏说服力的论据。例如，提出这样一种观点，即
以被告人的手套上有被害人的血这一事实作为证据，来支持被告人刺
伤了被害人的结论。这种观点可能不能令人信服，但它代表了一种合
理方式，作为相关性证据，我们可以接受这种主张。如果前提是正确
的，相关性证据支持的结论其观点就非常肯定。就像尤菲勒所指出的
（第 219 页），在刑事审判中，如果站在法庭上的律师用这种证据当做 13
不具相关性的证据来反对这种证据的可采性，这种反对将是可笑的。
不过，与涉及倾向性证据的案子相比较，有这样一个案例，假设在法
庭上有人辩称，被告人强迫别人签订一个合同，因为他是个敲诈勒索
犯。尤菲勒以三段论的方式提出这样的观点：

> 大前提：敲诈勒索犯强迫签订合同。
> 小前提：戴尔塔（Delta）是个敲诈勒索犯。
> 结论：戴尔塔强迫签订了争议合同。

这种说法不像那个血迹证据的例子令人信服。问题在于它可能是错误的。很多敲诈勒索犯并不强迫签订合同，并且很多合同是被其他敲诈勒索犯而不是戴尔塔强迫签订的（第 220 页）。不过，在刑事案件中，从品性证据的角度看，这种论据可能是相关的。即使戴尔塔是个诚实的公民，而不是个敲诈勒索犯，但它使得多少有点儿像是戴尔塔强迫签订了合同。然而这是一个容易犯错误的观点，其危险性在于它可能促使陪审团认为它更具说服力而予以采信，而实际上它不是。

倾向性意见在法律上具有两面性，而从产生了一般性问题。它们可能是相关的，但也可能具有误导性 ，在提供一些具有合理证明效力的证据来支持某一结论这个意义上，也可能具有证明力，因为它们看上去要比实际上更具证明力，那么，我们如何来区分相关性证据与偏见性证据，这意味着它最多只是具有微弱的证明力，并可能容易导致陪审团作出错误的结论。由于这种谬误的可能性，大家倾向于在可能导致严重不公正的基础上展开争论。尤菲勒（1996 年，第 218 页）

据此提出如下观点：

> 比如说，某个地方有很多劫匪，他们都想抢走能够找到的被害人的所有财物。但他们当中的任何一个人不能因为有窃取特定被害人的钱袋的犯意而被定罪。否则，任何人都可能成为只是有实施某种特定犯罪的意图而被定罪的特别案例。并且，法律坚持认为，任何人只能因为实施特定行为而不是一般的犯罪意图而被判有罪。

因此，品性证据是一个问题。在任何情况下，对于品性证据的取舍都是某种权衡的结果。尤菲勒对于这种在日常审判中的实际适用情况作过很好的描述（第218页）。例如，陪审团可能要裁定一个母亲是否捂死了她的婴儿，陪审团并不知道她曾经虐待过她的年龄较大的孩子。陪审团可能听说过那些作证的证人的犯罪记录，但根据品性证据的禁律，应当排除基于被告人先前行为的倾向性证据。这种禁律似乎是不合理的，因为它限制了陪审团形成常识性决定的能力。但它好
14 像又是合理的，因为担心母亲先前的虐待行为可能导致对她的偏见而作出草率的结论，针对她的谋杀指控作出错误的有罪判决。

主张在法律上禁止品性证据源于所谓的环境决定论（situationism）的观点，这种观点在社会科学领域曾经很流行。根据这种观点，个人所处的环境对于行为有很大的影响，像品性素质这种交叉环境形成的特性对于将来的行为来说不具有可预测性（圣基里科，Chris Sanchirico，2001年，第1240页）。这种观点不再被社会科学领域研究刑事证据的学者所普遍接受。按照圣基里科的观点（2001年，第1241页），“大多数学者现在可能认为，过去的犯罪行为能够很好地预测将来的犯罪行为。”雷德梅恩（Mike Redmayne，2002年，第687—689页）提供了一份简短的关于用品性证据预测行为的心理研究状况的问卷调查。在早期阶段，许多社会科学家似乎认为品性不能被用来预测行为。甚至更早的研究形成了特质论（trait theory），认为人有相对稳定的个性特质，它可以用来预测其行为，有人则反对这

一理论。20 世纪 60 年代，产生了一种对特质论进行沉重批判的理论，它倡导一种强调与之相反的路径，此即所谓的环境决定论。在品性证据预测价值上，由于存在意见冲突，便产生了一种目前人们仍在坚持的折中意见（雷德梅恩，2002 年，第 688 页）。这种折中的结果是，认为可以从广泛的倾向性趋势的角度分析人类行为，但这种证据具有高度的可变性，并且它取决于环境的重要性。

另一种更普遍的说法源于可知论，在社会科学上被称作认知错误（cognitive error），在逻辑学上，则是一种歪理邪说。其主要论点是，人们普遍存在一种对品性证据价值的夸张信仰，从而陪审团往往会高估品性证据的价值（圣基里科，2001 年，第 1241 页）。这种说法可能会遭到这样的反驳：在平时的论证中，尽管人们受到品性证据的影响往往比他们应当受到的影响要强烈得多，但通过教育，他们能够认识这种错误，并且能够改正这种错误。对于这些观点，可能还有第三种说法，使用品性进行论证在法律上似乎无论如何都是不可避免的。例如，如果证人的诚信不能被置疑，很难想象证人证言在审判中能够有效地成为一种可靠的证据来源。因此，证据法是一个折中结果。品性证据有时被认为是具有相关性的，但仅限于某些特殊情况，如对证人的交叉询问。一般来说，如果试图用于证明行为，它是被禁止的。

陪审团应该能够慎重思考，需要对双方的意见进行评价，如果是这样，那么为什么还需要防范它会产生偏见的危险呢？正如蒂勒斯
（Peter Tillers，1998 年，第 6 页）所指出的，有充分的理由怀疑这 15
种主张：事实上任何人都不能准确判断品性证据的真正价值。如蒂勒斯（第 7 页）所说，法官或者陪审团在审判中有时间去反思，当受到强行适用品性证据的警告时，也能够自我纠正。但对于这种顾虑，也许有一个合理的解释，品性论证可能产生误导。例如，在有些案件的论证中，即使论点所依赖的证据很弱，但品性和声誉的使用可能产生非常强烈的效果。这种影响的原因不难理解。原因之一可能是人们觉得品性很有趣，尤其是当案件中的其他证据没有什么吸引力时，人们会对品性更加感兴趣。另一个原因是由于这样一个原则：“有果必有因”（Where there's smoke there's fire）。其意思是，人们往往会产生

怀疑，特别是当讽刺地攻击某人的品性时，并以此作为对该人持保留意见的基础。这一原则构成了诽谤、讽刺、谣言、品性中伤的效力基础。可能需要数年时间才能建立起来的良好信誉，一次攻击就可能轻而易举地将之毁掉，即使这种攻击只是根据非常微不足道的证据，甚至是压根儿就没有证据。

1.4　对品性的诽谤与攻击

很多对品性的攻击都是根据谣言和讽刺来指责某人的声誉。如上文所述，即使根据非常微不足道的证据，这种攻击的效果可能非常强大。对于某人品性的一次攻击就能产生顽固的怀疑，并且很难反驳和自我保护。在品性中伤中讽刺所造成的危险，以及试图反驳品性攻击的困难，将在弗朗西斯·培根的案子中举例说明。[⑦]

不论是正面的还是负面的，判断品性一般都是根据相关的第二方对某人言行的描述。在法律上，这个第二方就是提供证言的证人；在历史或者传记中，这个第二方就是援引的来源出处。很多时候，这些来源出处就是证人，或者根据证人所写或所说的描述。但使用基于证人所说的证据会产生很多问题。一方面，该描述可能根本就是假的，因为证人可能说谎或者犯错；另一方面，该描述可能会产生误导。该描述可能是根据少许事实作出的，但它可能被歪曲和夸大了，因而从中得出了关于品性的错误结论。另一个问题是，证据可能很少，也可
16 能难以确定该描述真实与否。这些指控可能是根据谣言或者讽刺提出的，甚至可能不知道谁是原始出处。或许最初的知情人已经死了，或者因为其他原因而不能接受进一步的质疑。这里的问题是，即使根据难以证明或者核实的谣言攻击一个人的品性，对于破坏一个人的声誉仍然具有非常强大的作用。即使根据缺乏说服力的证据或者不可靠的来源，这种指控仍然具有很强的败坏效果。例如，一经媒体报道，即使被告方竭力否认和反驳，也可能会持续很多年。小报记者的出现使

⑦　本案有关品性的详细情况，参见下文第5节。

这一问题的规模逐步升级。但谣言总是产生同样的效果。当故事从一个人的嘴里传到另一个人的嘴里时，它就被夸大和歪曲了。有时候在稍后阶段所说的与在早期阶段所报道的正好相反。对于这种见解的品性攻击，自我保护是非常困难的，甚至是不可能的。例如，政客们通过第三方向新闻界传达某个指责，都变成了“散布”谣言的专家了。于是媒体可能把这个事情说成是“州长身边的知情人士”或者之类的人透露出来的。

在品性攻击中，观点主要集中在被攻击的人的不良品性上。例如，第二方可能被说成是一个骗子、伪君子或者有其他不良品质。这种观点是怎样发挥作用的呢？它是通过攻击当事人的信誉发挥作用的，说他在道德上具有某种不良品性。在很多情况下，一个人的观点的可信性取决于他被感知的品性。如果一个人的品性在道德上被认为是好的，例如，他被认为是一个诚实和正直的人，那么，他的观点会被认为是可信的。如果一个人的品性在道德上被认为是坏的，例如，他被认为是一个骗子或者伪君子，那么，他的观点就会被认为是不太可信的。雄辩家们早就认识到了论证的这一方面，如亚里士多德，他把从品性（气质）中引申出的观点当做演说的一个重要工具。

伊索克拉底（Isocrates）* 在他的著作《交换法》（Antidosis）（第 278—279 页）中第一次明确地阐述了品性与政治演说的关系。以下部分引自勒布古典丛书（the Loeb Classical Library）的英文翻译（1966 年，第 339 页）。

> 希望说服别人的人是不会忽视品性问题的。不，恰恰相反，他首先要在同胞中为自己建立最崇高的名声。对于那些不知道讲话内容的人来说，一个具有良好声誉的人的讲话，要比生活在阴

* 伊索克拉底（Isocrates）（前 436—前 338），古希腊著名修辞学家、教育家，曾在高尔吉亚（Gorgias）门下学习修辞术，还接受了苏格拉底（Socrates）的伦理思想和当时诡辩派所传授的新知识，其修辞和教育思想散见于《驳诡辩派》（Against the Sophists），《交换法》（Antidosis）、《泛雅典娜节献词》（Panathenaicus）、《致腓力书》（Philippus）和《论和平》（On the Peace）等文章中。——译者注

> 影里的人的讲话更令其信服，并且用一个人的生命所凝成的论证要比其用语言所完成的论证更有分量。因此，一个人越想说服他的听众，就会越积极地赢取荣誉和同胞的尊敬。

17 伊索克拉底补充说（第280页），对于具有优秀品质的人而言，令人尊敬的声誉不仅能够增加其语言的说服力，甚至也能够提高其行为的可信性。因此，声誉对于良好品性，不仅仅在论证中个别论点上给予支持，而且在整体上能够提高论证的说服力。

伊索克拉底解释了品性为什么在公众演说尤其是政治演说中对论证的说服力极其重要。不过，他的解释包括两个方面。对于那些想说服其听众的政治演说家来讲，良好品性的声誉是至关重要的。就像伊索克拉底所说的，为了维护这种声誉，政治家们会积极地赢取荣誉和同胞的尊敬。但政治上的反对势力也理解这种个人声誉的重要性，并设法去攻击它。

在法律和政治上，品性判断作为论据提出来，就像某些案例中的一种重要的证据形式一样，似乎很有证明效力。它们有主观的或感情的一面。事实上，它们经常被当做有力的论证使用，使听众或者陪审团产生偏见。但它们似乎有一种事实基础。例如，如果有人说你是个骗子，她或许有事实证据来支持这一说法。反过来，你也可能有证据反驳这一说法。在对历史书中的著名人物的品性进行评判时，对某类事实证据往往介绍得很详细。另一方面，可能存在分歧，从而这种争议是很难解决的。例如，传记作家可能断然反对这样的观点：一部传记可以使一个人成为无私的人道主义者，而对于同一个人，另一部传记则可能把他描绘成一个自负的恶棍。

1.5 品性中伤与溢美之词

关于品性的历史性判断的一个有趣例子是对弗朗西斯·培根（Francis Bacon）的品性判断。培根（1561—1626）在科学、哲学、历史学和文学上作出了杰出的贡献，也有很多书把他当做现代思维方

式的创始人。他除了是一位哲学家和科学家外，培根在法律和政治上
也非常活跃。他担任过英国下议院的议员、副总检察长、总检察长、
掌玺大臣，最后在 57 岁时担任大法官（克兰斯顿，Maurice Cran-
ston，1976 年，第 236 页）。他不可避免地卷入了政治操纵的斗争之
中，这在当时国王周围的圈子里是很正常的。1621 年，培根在衡平
法院被指控受贿和腐败行为。他就这些指控接受审判，并承认自己有
罪。他被处以罚金，并被永久剥夺议员席位。托马斯·巴宾顿·麦考
利（Thomas Babington Macaulay，1856 年）的著名文章《培根勋 18
爵》导致人们因这件事而对他的声誉产生了怀疑。该文含沙射影，不
仅极力贬低培根在知识贡献上的重要性，而且通过描绘他的腐败和不
诚实来诋毁他的品性。这种对培根品性的消极看法似乎很顽固，并在
很多教科书和标准历史文献中被反复地进行非常负面的描述。培根被
说成一个不诚实的、善于玩弄手段的人，他缺乏正直，并且很腐败。

长期以来，人们对培根的品性一直存在疑问，怀疑这种负面观点是否有事实予以证实。培根作品的编者詹姆斯·斯宾丁（James Spedding）表示，很多关于培根品性的攻击事实上并没有已知事实的支持。不过，这种负面看法直到目前还维持着这种势头。培根的诚信问题现在已得到重新评价。尤其值得注意的是，马修斯（Nieves Mathews，1996 年）进行了非常深入的研究，清除了对培根职务腐败和欺诈的指控，列举了在上议院审判他的时候的种种违规行为，他的品性基本上得到了平反昭雪。马修斯的研究表明，最令人难忘的并且最有意思的是，诋毁一个人的声誉是多么容易！而一旦这种诋毁转播开来，恢复这种声誉又是多么困难！这些指控似乎就从一处传到了另一处，而它的真实性没有受到任何真想对它进行的严格审查。

马修斯（1996 年，第 431 页）提出的问题是，要确定为什么他所驳斥的谎言即斯宾丁一百年前对于培根品性的平反还继续流行。马修斯指出（第 432 页），很多作者仍追溯到麦考利的错误指控，并把他们的记述建立在后者生动但纯属伪造的故事基础上。此后很多评论家绕过斯宾丁的准确记述，反而从对培根的众多批评中抽取更加生动但可疑的记述。随着时间的推移，这种模式似乎成了二手资料的重复

叠加。写培根的那些人从以前的第二手来源获取资料。而一旦有人把培根描绘成一个恶棍，即使这些来源被彻底驳倒后，这种指控也很容易流传给新一代的作家们。虽然专门研究培根的学者可能认识到诽谤培根的品性只是一种流行的观点或“虚构的东西”，但他们无力阻止百科全书和其他通俗读物反复描述这种虚构的东西。

这种传播指控的历史模式不是建立在怎样才能确定事实的基础上的，它与平时的情况相比更加容易，一旦作出虚假指控，留下的讽刺污点就再也无法抹掉。指控一经形成，即使能够证明它是虚假的，往
19 往也会在公共意识中留下某种谣言。在很多情况下，人们能够想起来的事情似乎都是只记得这个人的不好的东西。甚至那种说不清楚的感觉是，讲一个人的坏事能够导致人们对他产生一种负面的印象。用一句流行的话说，“无风不起浪”。其大概意思是，如果对某人提出了指控，这里边也许会有些东西。在这种情况下，所要声明之处似乎是一种有罪推定。即使谣言被驳倒以及被证明是假的，它好像还有自身的生命力。

品性中伤是关于一个人的品性描述的一个极端；它的另一个极端则是赞美。赞美是撰写传记的一种形式，其手法是利用观众的钦佩，巧妙地赞扬一个人的品性。在伊索克拉底那里，以及在尼古拉斯·哈普斯菲尔德（Nicholas Harpsfield）的《托马斯·莫尔爵士的生活》（Life of Sir Thomas More）和艾萨克·沃尔顿爵士（Sir Izaak Walton）的《约翰·多恩的生活》（Life of John Donne）中，我们能够找到这方面的著名例子（雷瓦，Michael P. Rewa，1983 年，第 xi 页）。根据雷瓦的观点（第 xi 页），这些作品歌颂了那些被赞美的人的美德和成就：“他们恳求听众的赞赏能力，而不是对信息的需求。”传记的赞美模式长期被认为是该领域的一种得体的话语形式，但自 17 世纪以来，它一直受到批评，因为根据历史资料，它是不真实的。在现代，就其认知程度而言，人们是从负面的角度来看“赞美”这个词的。

对于希腊人来说，赞美被认为具有道德功能。在传记中它被用来塑造希腊道德哲学家们所描写的具有美德的人物。在修辞学上，亚里

士多德所划分的不同修辞种类中有一种是感情外露型（demonstrative type），包括溢美之词，其目标是在听众中创造敬佩，而不是劝说听众去做什么事情。按照亚里士多德的观点，感情外露的词句能够在听众中产生强烈的情感，他们已经倾向于同意所讨论的观点。因此，它与劝说话语不同，后者的目的是让听众接受他们尚未接受的主张。

传统的赞美风格适合于亚里士多德的感情外露型修辞，因为它的目的在于描述某个人的生活和行为，激发人们对他的美德的敬佩。传记中的赞美对于歌颂美德而言被视为发挥着一种激励功能，并且向年轻人或者任何阅读传记的人展示它们的价值和重要性。直到17世纪，这种传记被视为一种正当的风格。但是，时代已经变了。到20世纪末，我们非常怀疑这种有关道德的事业。我们开始怀疑它为了某些原因、意识形态或者特殊利益而作为“宣传”工具用于煽起听众的情绪。我们还看到它脱离经验事实，在某种程度上，我们认为是值得怀疑的，因此把它归类为“偏颇”。我们通常都很怀疑这种演说的所谓 20
“道德”目的，认为它只不过是某些意识形态或者政治安排的一个面具而已。

但是，溢美之词可以说仍然是存在的。例如，在战争期间，描述授勋的士兵的行为和品性的语言，旨在引起人们的敬佩以及激发读者的想象力。在有关民权斗争的电视节目中，像马丁·路德·金（Martin Luther King）那样的领袖们，都被描绘成具有某项有意义的事业所需要的那种品质美德。但这样的溢美之词并不完全限于战争时期、内战或者国家处于紧急状态。在和平时期，它也可表现为一种更温和的形式。其中一个例子就是，在很多大众媒体故事中使用“楷模”（role models）来表示女职工多么快乐，她的工作多么重要，而且能够实现自我价值。这些传记描写的特点是抓住某个人的美德，描述她的行为，其目的是启发观众的想象力和敬佩之情。这些传记的作者们可能不喜欢把他们的故事归类为赞美。他们可能声称，他们只是在描述事实，让事实来说话。但不难看出，在这样的话语中有一个明确的赞美成分。其目的就是唤起人们对他演说中所描述的人的优秀品质的敬佩。古代与现代的溢美之词的关键区别也许是，由一个从采取单一的一套伦理美德到分散的不同群体有不同的伦理美德的转变。

溢美之词和品性中伤的存在表明，品性判断往往是被放在带有修辞色彩的论证框架内。在这种情况下，论证的感情方面是很突出的。用于支持所主张的观点的证据是有选择性的。这些现象可能表明，品性判断并不是建立在客观证据基础上的，而是容易受到带有修辞色彩的说服。另一方面，它们也可能表明理解隐藏在这种论证背后的逻辑推理程序的价值。如果我们能够把握这种推理的结构，当面临赞美和品性中伤时，我们将会采取一种批判性思维。对于这种使用修辞的论证可能给予更严格的评判，让推理的薄弱环节更加显现，这样我们将少受这种情感修辞中可能发生的各种谬误和欺骗的伤害。

1.6 声誉与品性

品性攻击可能会对公众产生非常强烈的影响，即使所提出的指控没有得到证实。因为一旦提出这种指控，其结果就会在观众心目中产
21 生一种推测，认为它可能是真的。但问题是，品性证据可能会有一种强烈的推定效力，即使它只有少量的证明效力。因此，在评价品性问题时，有一种仅仅根据怀疑就下结论的倾向。诋毁品性可能根据虚假的指控或者毫无根据的谣言。即使根据一些证据，它们也是可有可无的，并且也可能导致对一个人品性的怀疑。在品性攻击论证中，这种怀疑会给一个人的信誉投上阴影。

在一些被害人受到虚假指控攻击的案件中，他的主要防线就是他的良好声誉。以下所述（社论，2002 年）举例说明了在研究中声誉有多么重要，同时它又是多么脆弱。约瑟夫·潘宁格博士（Dr. Josef Penninger）在免疫学领域是一位研究水平处于领先地位的科学家，他所在的多伦多大学的一位同事对于他的实验室的行为进行了负面指控的攻击。当同事们在科学会议上开始问他有关已经流传的谣言后，以及在多伦多大学反复请求帮助无果后，潘宁格就求助于一家美国生物技术公司的首席执行官。他建立了一个人力资源的调查，让一个专家小组去深入调查这些指控。报告的结论是，攻击潘宁格的那个同事

的言论是“不合适的”，并且那个同事的行为是“不可接受的”（第A13页）。尽管事实得到了澄清，潘宁格仍为他自己的大学没有介入帮助他而感到沮丧。他提出了一些值得引用的评论（第A1页）：

> 必须认识到，研究人员的声誉是他们所拥有的最重要的东西，这是我以及和我有关的人终生为之奋斗的东西。这种对声誉的攻击是建立在虚假指控基础上的，是不能接受的。

这些话引起了对声誉重要性的研究，并显示了一生的努力可以被虚假指控引发的毫无根据的讽刺和谣言轻而易举地毁掉。作为调解协议的一个结果，向医疗机构寄发信件，告诉它们那些指控是毫无根据的，并表示相信潘宁格实验室的诚信（第A13页）。不过，对于自己的大学没有为他辩护，他仍感到非常失望，并感觉到他的实验室的学生们受到了伤害。于是他接受了维也纳科学研究院（Vienna Academy of Sciences）的慷慨报价，把实验室搬到了奥地利。

有一个问题是，一个人的声誉取决于他所生活的社区认识他的人对他的一般看法。可以想象到的，这个社区有他的朋友，有他的仇人，也有那些不知出于何种原因传播谣言和小道消息的人。如果别人
发现你的声誉触及了他们的利益，他们就会设法破坏它，因而维持一 22
种良好的声誉可能不是那么容易。指控一经作出，即使它被证明是虚假的，它也往往会烙在街坊们的记忆里。

当然，诽谤对手品性的活动在当前政治生活中是大量存在的。20世纪下半叶是一个对品性进行政治攻击的时代。但是，如本章所述，品性攻击一直是法律论证的最重要一环。在一宗案件中，出于自身利益的原因，双方当事人均设法攻击对方的品性。这些案件中的问题是，仅仅通过传播谣言就可以提出对不良品性的指控，甚至调查谣言中的说法，也无须承担任何证明责任。

无论如何，“品性”这个术语的声誉意识容易遭受很多滥用品性攻击论证的伤害。任何有关品性概念的道德分析，在确定如何证明或者反驳对某人品性的指控时，都应该将这方面的情况考虑进去。也许

不幸的是，在这种情况下，整个谣言、流言和讽刺都被考虑进去了。斯通（Julius Stone，1991 年，第 254 页）举了一个法律上的例子，即某人被指控是一个“酒鬼”。这项指控可能是通过另一方当事人以他的个人观察所得出的意见为依据而予以证明的。但是，假设该方当事人通过负面视角，获得了有关这个人的品性的一些东西。严密质疑那些跟他熟识的人的意见证词，可能会发现有很多不一致之处、夸大之词和毫无根据的指控，这些都是不太可能的。我们应如何判断这种情况呢？应当说明的一点是，不应该只看这些报道或者批评的表面价值，而且需要本着公平的良心去看待被指控的人。法律中的证明责任原则的设计，支持的正是这种公平。同理，关于这类案件的道德推理也应该如此。例如，在历史著作中，积极的或消极的道德判断，可能是作者对一些著名历史人物所作的评价。但审慎的和公正的历史学家应该有保留地看待这种说法，并审查它们的来源。批评家应该提出疑问，弄清作出判断的人是当事者的朋友还是仇人。

总之，与在法律上一样，在伦理上，品性的属性有很重要的地位，但它们应该被视为某些判断的证据种类，而不是只看其未经批判性质疑的表面价值。品性的属性在推理链条中代表推论的结论，该结
23 论有特定的对话逻辑。我们需要研究的是，批评家是怎么说的，然后把它与所提供的最熟识的人的证词联系起来。重要的是，要审查案件双方当事人的证据，并要通过衡量双方的证据来判断指控结论的强度。相关性证据需要放在一起在总体上进行综合与权衡，审查双方所有微小的但具有相关性的论据和证词。在这方面，用于支持指控良好品性或者不良品性的推理种类，在法律和伦理上是相同的。在过去，似乎没有任何一种精确的科学方式去评价品性证据，而只可能在品性判断的基础上提供一种推理的逻辑分析。由于上文所述原因，声誉的概念在本质上似乎总是过于主观和个性化。然而，科学技术现在正努力解决如何把这种推理变为自动化的问题。

计算机领域的最新发展之一是软件系统的建设，积极参与电子贸易，开展与人类用户或者互联网上的其他软件系统的其他类型的交流。虽然这种系统编程是为了实现一些具体目标，如收集资料或者进

行有利可图的谈判，但它们需要相对的自主性。一个系统可能须作出决定，看是否可以采用另一种可靠的信息来源，或者在一些正在考虑的电子交易中通常认为是可信赖的。计算机现在面临着如何通过一种方式使这些决定自动化的问题，承认每天都在发生的网络商业和其他类型的网上交易。在伦理学领域，像诚实、欺骗、道德品性和声誉的概念，以前主要是哲学家们在研究，现在已成为计算机科学的重要概念（孔特和鲍鲁奇，Rosaria Conte and Marlo Paolucci，2002 年，第 1 页）。发生在相距较远的陌生伙伴之间的交易，可能出现信任问题，信誉体系越来越多地被当做这种交易的解决方案（孔特和鲍鲁奇，2002 年，第 1 页）。⑧ 当然，这种软件系统是建立在品性和声誉这些相对简单而抽象的概念基础上的，并不完全代表我在伦理或者法律上所探讨的这些概念。但它们需要一个建立在声誉或者一种被感知的品性基础上的逻辑推理模型，从而能够精确地进行编程。因此，根据相关数据，从研究逻辑推论的视角，到得出有关品性的结论，或者与此相反，从以某人品性或者声誉为前提到对该人相似或者可能的行为所 24
下的结论，从这两种视角看，这些有关声誉的新软件系统都非常有意思。

这些事态的发展反映了四个研究领域的有趣结合，这是前所未有的。一是伦理美德或者品性道德素质的研究；二是证据法上根据品性进行的推论研究；三是分散式计算机领域声誉管理自动化系统的发展；四是论证理论和非正式逻辑领域被称为论证模式的推论形式的研究，尤其是像人身攻击的论证这种特定的论证形式，过去往往结合虚假的或者欺骗性的论证手法使用，不公正地获取更好的对话伙伴。品性证据调查将四个研究领域进行融合，形成了一个有趣的且富有成效的联结，使得任何一个领域都能够从其他领域受益。

⑧ 如伯恩斯等人（Bons et al.）所指出的，目前大多数电子商业交易都是通过信用卡完成的。但是，高额的（超过 5 万美元）的商业交易则使用采购订单、发票和银行转账来进行。因此，为了这些类型的电子交易，就必须发展值得信赖的贸易程序。

1.7 品性攻击与人身攻击论证

在各种人身攻击中，对品性的人身攻击，通常是攻击他的言论，这已成为现代民主国家政治话语中媒体报道的特别令人关注的问题，这种人身攻击的论证，常常被证明是非常有效的，例如在竞选活动中，即使是在谴责它们，政治家们也从来就没有停止使用过。它们倾向于被当做重型炸弹予以储备，如果候选人开始感觉他在民意调查中落后，它们就被拿出来使用，这是他留下的能够提供最后时刻胜利的唯一机会。虽然在近期政治活动中品性攻击论证急剧增加的现象很明显，但这种类型的政治辩论并不是什么新鲜事物。在 19 世纪 60 年代，北方报纸通过使用“醉鬼”、“狒狒”、“太慢”、“愚蠢”和“不诚实”等词语攻击林肯的品性，并以此来攻击他的政策。从那时起，这种现象在政治辩论中稳步增长，品性攻击现在被公共关系专家作为一种“欧珀策略”（oppo tactics）和“走向负面”（going negative）工具在国家政治活动中进行精心制作和完善。在过去几年中，在重大政治活动、辩论和广告上使用品性攻击过于显著，以至于出现了反对这种现象的情况，感觉我们在这方面走得太远了，需要进行一些限制。

如上所述，负面竞选策略在政治修辞中都不是什么新鲜事物。林肯是他们攻击的一个经常目标。1860 年，林肯获总统提名后，他有很多名字，包括“类人猿”、“狒狒”、“低繁殖下流小丑”（维克特，Dixon Wecter，1947 年，第 87 页）。1861 年，南方报纸把他描述成一个“沙丘鹤和安达卢西亚公驴的杂交品种”（第 88 页）。在内战期间，有敌意的牧师称他为“篡位者、叛徒和暴君”、“喋血的”“老怪物”（第 87 页）。甚至在他去世以后，还把他描述成一个“笨拙、粗糙、不太干净、嗜好威士忌和散发威士忌气味的流氓”（第 47 页）。在这样持续不断的人身攻击论证的炮火下，人们期望林肯还击那些攻击他的人。实际上，按照最近的政治修辞标准，不这样做可能被视为不能显示他的实力。林肯对这一波人身攻击的回应展现了他的品性的一些东西。他没有使用人身攻击论证去反击对他的批评，事实上，他似乎并不讨厌这些攻击，或者觉得他应该作出回应。

> 在诽谤和中伤下，林肯显得并不痛苦，这是其他美国英雄人物，无论是华盛顿、杰弗逊还是西奥多·罗斯福、伍德罗·威尔逊，都根本无法与之相比的。他这个人好像没有个人恩怨。他曾经对尼古拉说："如果结果证明我是正确的，反对我的话将没有任何意义；如果结果证明我是错误的，十个天使发誓说我是正确的也没用。"他知道怨恨是没有用的（维克特，1947 年，第 88 页）。

按照当前的政治话语标准，林肯的态度和行为非同寻常。他用自身的例子显示了一个更高的标准。他的这种行为表明了在他的品性中有一种确定的无私品质。在他看来，人身攻击似乎表明存在不同观点。他好像没有感觉到他需要对此作出回应而反击攻击他的人。对敌人怀有仇恨和痛苦是正常的。当在个人行为中显示了一个更高的标准时，就表明了他的人格精神。这种高标准显示了一种超群的品质，一种超越职责要求或者超越正常伦理行为的标准。

当然，对于林肯未能就这些人身攻击给予相应的反击，可能有很多解释。但他自己的话是解释其行为的部分证据。他觉得他的所作所为可用来评价事情是怎样的，并且最终的结果是，与此相比，他的敌人对他的人身攻击将没有多大意义。这种态度与我们所知道的很多林肯的生活是一致的。他非常和蔼和宽容，尤其是没有怨恨，这都是人们所熟知的。不幸的是，时代看起来已经变了，最近的政治事件表明，总统和总统候选人都远远低于林肯崇高精神的标准。品性攻击论证不仅在民主政治最高层次上普遍存在，而且在各个层次上都普遍存在。

在克雷艮和卡特博斯（John F. Cragan and Craig W. Cutbirth，1984 年）提供的一个揭露竞选活动真相的案例研究中，人身攻击成为失败的候选人取胜的决定性手段。但自那时候起，政客们更加有效 26
地、更经常地使用品性攻击手段，从而引起了人们对"攻击性竞选活动”（negative campaigning）和“使用大量攻击广告”（attack ads）的很多关注。虽然品性攻击论证已经存在很长一段时间，现在比以往任何时候更加严重，如何以一种平衡的方式审慎地对待品性攻击论证是民主公共话语所关注的一个问题。现在需要的是一种方法或者规范性框架，使得政治修辞使用者可以利用它审慎地评价这些论证。

在克雷艮和卡特博斯所讲述和分析的案件中，总统候选人阿德莱·E·史蒂文森（Adlai Ewing Stevenson）的儿子阿德莱·E·史蒂文森二世（Adlai Ewing Stevenson Ⅱ）在伊利诺伊州州长竞选活动中遭到批评，其理由是，他是芝加哥男性俱乐部（all-male Chicago club）的成员。史蒂文森对批评者的反应有些过度，抱怨说他在某种程度上被当做了懦夫。他的这一评论发表后，此时此刻正在竞选中落后的对手充分利用了所谓的“懦夫因素”，把史蒂文森描述成一种爱挑剔的贵族，声称他只属于这个俱乐部，因为他找不到任何其他合适的地方吃午饭。史蒂文森败选了，按照克雷艮和卡特博斯的观点，认为“懦夫因素”的论调是导致他失败的重要因素。

人身攻击论证是品性攻击论证的一个延伸，对话中的一方当事人攻击另一方当事人的品性，然后用这种品性攻击试图贬低其他当事人的某些论点。但是，并非所有的品性攻击论证都是人身攻击论证。品性攻击必须被用于贬低一方当事人提出的某些具体论点，才是人身攻击论证。例如在史蒂文森的案子里，严格地说，如果攻击他的论证是用来贬低他提出的某些具体论点，这种论证才是人身攻击。

人身攻击论证通过怀疑论者的品性，能够以一种合理的方式质疑论者的信誉（尤其是诚实品性），用这种指控来怀疑他的论证在支持其结论上是否占有大的分量。但如果声称论者的结论是完全错误的（或者站不住脚的），这种论证的使用则可能是错误的，相对于缺乏说服力的主张，作为这种结论的论据，它是可以接受批判质疑的。换句话说，人身攻击论证是相对的，并且只要它变成一种绝对的主张，认为论者提出的主张是错误的，它就会陷入困境。批判思想家在进行评价时必须留意“当然”（certainly）和“必须”（must）这些词汇，它们能够把一个主张绝对化。就品性论证的一般情况而言，人身攻击具有两面性。在某些情况下，它能够提供支持某一结论的证据，而在其他情况下，它有可能是一种很偏颇的甚至是荒谬的论证形式。由于人 27
身攻击论证在逻辑学教科书中一直被归类于谬误，作为品性论证的一种特殊类型，关于它的研究被纳入了逻辑学领域。

1.8　推理与证据问题

如上所述，本书研究的开创性可以视为逻辑学或者认识论的一个内容。但从历史的角度来看，在乔森和图尔明（Albert R. Jonsen and Stephen Toulmin，1988 年）勾勒的大致图景中，它更应该被视为应用诡辩论的著作。问题是，在个别案件中，是获取一系列的事实或者观测结果，还是从给定情况下的行为描述中判断主体是否具有勇敢、正直、懦弱或者伪善等品质。上述内容是伦理学上公认的一项课题，也是一个涉及用于支持一项假说的证据类型。证据在这方面所涉及的是在获得这种道德判断中推理的正当性。需要说明是，是何种原因能够用来支持或者质疑这些道德判断，以及它们是如何以某种系统化的方式进行自我支持或者评价的。“系统化”（systematic）一词很重要，因为所需要的是了解推理框架的基本方式，在道德评价情况下，应该从正确的证据种类中得出这种结论。除非有这种从案件中的某些证据形式通过逻辑推理得出重现步骤的顺序，对于一个人的品性的假说，即使是最具有说服力和有充分的证据支持，也只是一个对案件事实的个别的、情绪化的反应。一般的情况是，争论沿着思想路线反复不停地进行，双方提出的热烈的争论没有任何确切的逻辑基础。

品性证据在审判中是否具有可采性的问题似乎与左派和右派之间的政治观点是一致的。所报道的在英国下议院关于刑事司法法案（criminal justice bill）的辩论中，对于品性证据在审判中是否应该允许的问题上，突出反映了这种情况（摩根和梅森，Vivienne Morgan

and Trevor Mason，2003 年）。在英格兰和威尔士法院的历史上，除例外情况以外，被告人的品性在庭审前通常不得作为证据提出。左派（自由民主党）和右派（保守党）在这个问题上观点相反。自由民主党坚决支持传统的观点。他们认为，公正审判不应取决于有关被告人以前生活的证据，包括以前被定罪和被告人的品性问题。据此，他们
28 认为不良品性证据在审判中不应具有可采性。他们认为，走上容许品性证据的道路将是很危险的，因为这意味着人们将会由于他们过去的历史而不是在法庭上的具体指控而受到判决。他们认为，承认以前的品性证据将为警察实施“围捕嫌疑惯犯”（rounding up the usual suspects）的做法提供了诱因。他们认为，惯犯可能更危险，并且将会受到不公正的审判。保守党则认为，不良品性证据在更多的案件中应当得到承认，并引用最近两个案例以显示有必要进行改革。在一个案件中，被告人是一名男子，他以前曾因在一名妇女身上捅了 81 刀而被控谋杀，陪审团没有被告知这一情况。在他这些以前的案件中，有些情况下，他使用的是一把刀，而其他情况下，则是殴打被害人。在另外一个案件中，一名妇女声称她被他的医生强奸了，但法庭不允许她讲述这一情况，因为这可能会暴露这名医生以前曾对九位病人进行性骚扰的前科。保守党认为，对不良品性证据进行过多限制会导致不公正，因为陪审团不了解案件的所有相关事实。

这些争论可以表明，在法律上关于品性证据的相关性的观点，正好可以反映观察家们和评论家们的个人偏见或者意见（因为经常出现关于个人品性的话题）。因此，对主观论、情感论和相对论的顾虑是有根据的，这些理所当然地成了道德判断的客观性的核心问题。令人担心的是，道德判断可能仅仅被视为是主观意见的东西，缺乏任何合理解决冲突的证据基础。伦理学明确地把这些问题当做一门学问认真对待，因为在价值观和品性的结论的道德合理性证明背后，明显缺乏推理结构。这种可感知的缺乏，似乎使道德结论个别化了。本书进一步分析的目的在于，通过提供一个理论框架来排除这种明显的个别化方式，在这个框架内，用必要的证据支持来支撑其中一个而不是其他的品性判断，以显示存在一个逻辑结构。

目前，据我所知，当试图评价已有的关于一个人的品性的道德结论时，还没有对溢美之词和品性中伤的极端性进行批判的逻辑方法。无论是溢美之词还是品性中伤，在任何明确的认识论结构基础上，都不可能受到真正的反驳或者批判。如上所述，这个问题影响到很多领域，包括法律和历史。但它肯定是伦理学的一个核心问题，引起了很多关于伦理学作为研究的一个客观领域的怀疑。其基本的问题是，在特定情况下，我们是根据一个人过去的一些行为来判断他的品性。但那种情况在过去发生一次，永远不可能以完全相同的方式再现。我们 29
只能根据事后的认识进行判断，这样总是有瑕疵的。因此，一个人要把自己的想法强加在他人身上，当他人按照特定的方式行事时，情况就会发生变化。对某人进行判断时，不会掌握与原来的人所有的与案件事实相同的全部信息。当一个人试图判断另一个人的品性时，在没有掌握全部知识的情况下，这一过程不可避免地会存在猜测和估计。很容易地耸耸肩说："好吧，这个人的看法与其他人的没什么区别。"结果，不论是以积极的还是消极的方式，歪曲某人的品性都很容易蒙混过关。在品性中伤时，强调和夸大不良品性的比重。在赞美时，讨好似地刻画一个人的品性，吹嘘他的优良品性，忽视或压制他的不良品性。除非有某种推理结构作基础，如何才能遏制或者批评这种吹嘘或者贬低某人假定品性论点的滥用呢?

1.9　法律上的品性属性与道德上的品性属性

所有的品性属性或者所谓的品性特质都是可以选择和研究的。在伦理学上，所谓的基本美德作为一个伦理概念成为很多品性讨论的中心话题。普通法所关注的主要集中在一种广义的倾向性上，即从同一个人的一个涉嫌行为转移到另一个行为上。在证据法规则上，排除某种品性判断的动机是它可能会误导陪审团。例如，假如一个人被指控犯有持械抢劫罪，并且有他以前犯持械抢劫的证据，这就表明他有犯这种罪的倾向。在审判中，这能够成为新的指控的证据吗?根据现行的证据规则，答案是："不能使用仅仅表明被告人犯了另外一个法律表述相同的罪的证据来证明他具有犯该罪的倾向”（帕克，Roger C. Park，1998 年，第 719 页）。按照这一思路，证据法禁止把一个人犯了某罪的证据当做他有犯这种罪的假定倾向的根据。在帕克所引用的这类品性属性中（帕克，1998 年，第 719 页），它们是“一个说谎者、暴力、值得信赖的、酒癖、盗贼、残忍、善良、懒惰、有良心、冷漠”。不难理解这些品性特质在那种非常重要的案件中很容易适合于证据推论。从对审判中使用的证据规则的角度来看，令人担心的是，陪审团可能很容易地认为某种观点非常重要，如“他是一个粗暴
30 的人，因此就本案的争议来说，他犯了持械抢劫罪”。尽管这种说法在平常推理中有些证明作用，不过，令人担心的是，在那些好斗的控方律师手中，它可能被错误地用来说服陪审团认定被控告的人有罪。问题在于，即使它可能是真实的，被告人是一个粗暴的人，或者至少有证据将他的过去行为与这种品性特质联系起来，尽管如此，但他仍可能不是本案中那个犯持械抢劫罪的人。这个问题是错误定罪的可能性之一。如果被告人看起来像是有罪的，如他看上去和很“古怪”、不可预测、可能很危险或者粗暴，这些可能足以打动陪审团迅速作出他肯定有罪的结论。因此，证据规则规定这种论据不具有相关性。它们微弱的证明价值被它们可能导致陪审团的偏见抵消了。因此，在证据规则上，是禁止适用品性的。

由于这些原因，有关伦理的文献都集中在品性的不同性质上，而不是证据法的法律文献上。证据法所关注的问题已经从排除有关一般品性特质的论点转移到排除特定个人是否实施具体行为的指控上。道德伦理所关注的东西是在判断行为时一般品性特质是好还是坏的道德输入方式，如诚实或者正直，以及应该用来支持或者批评关于某人的这种一般品质的主张的各种证据。证据法特别集中在从一个人所谓的品性特质得出他实施了某特定行为的推论上。因此，可以以一个合理的方式来看待这个问题。其核心问题是，在法庭上这种说法怎样才能依法成为证据，以及什么时候应该被认为是具有相关性的。在伦理学上，问题不仅仅是美德作为一般品性特质的地位给予特定行为正面或者负面价值。伦理学理论关心的是，看美德或者伦理学上正面或者负

面的品性特质是怎样提供一个评价行为正误的基础，作为功利论的替代方案，根据其可能的结果，从伦理学的角度判断其行为。美德伦理学的核心问题已经以某些清楚而准确的方式界定美德，从而根据推理把它们与特定行为联系起来，以便我们进行道德评价。

这些差异表明，法律和伦理上的品性存在共同的关注点和内容。例如，两个领域都非常关注诚实的属性，以及这种属性与说谎的例子是怎样发生关系的。在法律上，对于禁止品性证据最重要的排除规则是，在对证人进行交叉询问时，可以攻击证人品性的诚实（准确或者真实）。有人可能会认为这种推论很简单，并且可以成为研究品性证据在法律和伦理上共性的最好切入点。有人可能认为，诚实可以很简 31
单地被定义为一种说实话的倾向，不诚实则是一种说谎或者不说实话的倾向。因此，以下推论似乎很简单。

从说谎到不诚实品性的推论

他说谎了。
因此，他是不诚实的。

从不诚实品性到说谎的推论

他是不诚实的。
因此，他现在正在说谎。

但是，与上述证据法发展过程中产生的问题一样，伦理学上的诡辩问题表明，这种推论产生的问题比它们当初的情况似乎要严重得多。首先，界定什么是说谎并不容易。撒个谎并不仅仅是说了假的东西。发生这种情况可能是因为是不知情或者被误导。应该把说谎大致定义为带有欺骗意图，故意说假的东西或者他认为是假的东西（伯克，Sissela Bok，1978 年）。另一个复杂的因素是，一些谎言，如“善意的谎言”（white lies），在伦理上是错误的，可能不会成为做了某些事情的证据。说这样的谎言不能成为某人不诚实的证据。例如，有一个著名的骑士阿德里安·德·拉·利维耶尔（Adrien de la

Riviere）的故事，他在土耳其侵犯马耳他之前的早期冲突中被俘获（布拉德福，Ernle Bradford，1972 年，第 153 页）。在刑讯之下，他谎说卡斯蒂利亚堡（the fort of Castile）是防御中的薄弱环节。由于骑士撒了谎，当土耳其人攻击城堡时伤亡很重，损失大量精锐部队。当他们意识到德·拉·利维耶尔说了谎时，把他打死了。可以说，虽然骑士撒谎了，但不应该把这当做他不诚实的证据。恰恰相反，他的所作所为是无私的，可以被认为是非常勇敢的行为。还有一个复杂的因素是，伦理学上有一些著名的边缘性例子，说一些含糊的或者模棱两可的东西，可能会引起误导，但处于谎言的边缘上。克林顿总统的一句名言："我没有与那个女人发生性关系"就是一个很好的例子。可以说，他并没有说什么假话，或者通过说谎作伪证，因为"性关系"的表述是含糊的或者模棱两可的。这类案件在诡辩论上是很有名的。

仔细考虑考虑这些关于说谎的传统伦理问题，可以看出那些试图分析有关貌似简单的语句的推理形式并不像它看起来那么简单，如那些有关诚实的谎言的例子。因为一个人撒了谎，但不一定得出他是不诚实的结论。反过来，如果一个人是诚实的，不一定就得出他在特定
32 情况下会说实话的结论。界定一个品性特征或者行为类型的关键用语的定义也很成问题。从逻辑的角度界定什么是诚实或者什么是谎言，会产生很多严重的问题。不过，在这两个领域似乎存在共同的关注点，并且两者都特别注意关于被控告人的一般品性特质与其在特定情况下实施特定行为的关系的同类推论。共同关注的问题是要阐明这种推论的结构，并说明这种推论怎样才能够以某种可见的方式被表述为某种清晰而准确的推理模型。

这些难题的影响是深远的。一旦它们破坏了我们关于根据品性证据进行推理的某些理论假设，我们所面临的问题的严重性是很值得重视的。人们很容易地认为，上述两个推论属于归纳法。从说谎到不诚实的推论中，很容易认为，只要算出某人说谎的次数，然后就可以从该证据合理地推断出他在多大程度上是个骗子。从不诚实到说谎的推论中，很容易认为，从他可能撒谎的倾向性能够合理地预断他今后撒

谎的可能性。但这些推理的每一种观察方式都可以被证明是错误的。先看第一种推论：仅仅因为某人以前说过谎，我们不能断定他是不诚实的。这取决于说谎的目的和环境。只是由于利维耶尔骑士在战争中撒谎欺骗敌人，得不出他是一个不诚实的人。相反，我们认为他是一个非常勇敢的人，他坚持原则，他诚实和正直，在正常情况下，他值得信赖。关于后一种推论：仅仅比较某人过去所有撒谎的情况与他说实话的情况，就能够得出他可能具有不诚实品性的结论吗？似乎并非如此。例如，在某些情况下，如果他撒的谎无关紧要，只是为了避免被残酷折磨而伤害了某个容易受到伤害的人，就不能根据这种行为非常肯定地得出他通常不诚实的结论。但如果他在商业交易中撒谎，利用欺骗手段企图从交易中获利，就可以从这种行为中非常明确地得出他不诚实的结论。换句话说，从品性属性得出可能性结论，或者从可能性结论中得出品性属性的观点，这一简单的行为计算不是所涉及的某种推理问题。[9] 环境以及我们怎样描述环境似乎算作判断推论的优势或者缺陷的因素。

这类问题引起了安斯库姆（Gertrude E. M. Anscombe，1958 33
年）对我们在伦理学上的道德描述和评价贫困的抱怨。正如麦金农（Christine McKinnon，1999 年，第 103 页）所表达的问题，“当要求我们仔细描述坏人的动机和品性时，我们似乎全然不知。”关于好人的动机和性格，同样也可以这样说。所谓的伦理学上的美德，如勇敢、诚实和正直，尽管在普通的伦理学和法律推论中以及在日常的实践推理中很重要，但人们对它们的了解非常少。所谓的伦理学上的美德只不过是某种倾向性，或者积极或消极行为情况的概括。选择和养成善良的品性特质，并作为实施行动的激励动因而不是强迫理由（麦金农，1999 年，第 66 页）。善良的品性特质取决于某些条件以及怎样去解释，并且在某些特殊情况下它们受例外和失败的限制，据此，它们以某种非常复杂的方式与个案相结合作出推论。

⑨ 麦金农（Christine McKinnon，1999 年，第 67 页）提出了相同的主张，得出品性不是一个人天生性格的简单概括的结论。

1.10 法律中的品性证据与人工智能中的品性证据

品性证据在法律论证中显然是非常危险的。关于品性证据的一般禁止规则让人们很清楚地认识到这种危险。攻击被告人的道德品性或者攻击证人的诚实品性在法律上是非常有力的论证方式，从而证据规则对此进行了特别限制。但品性证据就像作为例外予以禁止所表明的那样，它在法律中也是极其重要的。再举一个例外的例子，证人的品性可能成为决定一个案件很多事实的关键证据。英美法在汲取了几个世纪的处理品性证据的审判经验的基础上，发展了判断品性证据的规则。但本书的主题是，我们应该怎样通过一些逻辑推理程序获得品性判断，以及一旦作出这种判断，应当怎样运用证据来支持或者反驳这种判断。这就是用于证明品性判断正当性的那种证据或者推理。如本节下面所示，品性证据的逻辑方面与计算机的最近发展密切相关。近来出现了人类与软件公司以及软件公司相互之间标准化交流的强烈需要。例如，在电子商务中，各方需要在一起有条理地进行思考，然后得出逻辑推理的条理化标准。在某些情况下，一个人的品性，不管他是否值得信赖或者是否有良好的信用评价，对于交流来说，可能都是有意义的。这些事态的发展为怎样进行品性证据推理提供了很多线索，应当将之作为一个明确的程序予以格式化。

品性证据具有很强的证明力，就像法律的历史所表明的那样，不可能轻易地将之抛弃或者摒除。如上文第三节所述，在罗马法中，审
34 判的全部内容都是被告人的品性。如果被告人被证明有良好的声誉，指控他犯罪时得出无罪的结论就有了充分的理由。如果他被证明有不良声誉，认为他有罪也就有了充分的理由。尽管现在证据规则禁止适用品性证据，但这种有关某人做了什么或者可能会做什么的论断在平时论证中极其普遍。例如，商业交易往往是建立在对他人诚实和可信性的认识基础上的。在商界也许最重要的技能之一就是作出这种判断的能力。然而，大约在 19 世纪初，对品性证据适用的普遍禁止开始成为英美法的重要组成部分。自那时以来，法律上牢固地确立了所谓

的“品性证据规则”。这里似乎存在一个根本性的冲突。品性证据在日常生活和商业活动的论证中是最重要的部分之一，似乎也具有可预测性。但就像我们所看到的那样，如果用于证明某种特定场合下的行为，证据规则是禁止适用品性证据的。即便如此，由于存在证据规则的例外，法律自身似乎也存在矛盾。

在很多审判中，对于品性证据是否应该被认为具有相关性的问题产生了严重的争议。例如，在电视转播辛普森案件的刑事审判中，双方与法官就辛普森在审判开始前曾经殴打和迫切想杀害尼科尔（Nicole Brown Simpson）的证据是否具有可采性展开了争论（帕克，1996 年，第 748 页）。被告方认为，这是品性证据，因而应该予以排除。控诉方认为，这是具有相关性的，因为它表明了被告人的动机。伊藤（Ito）法官根据加利福尼亚州支持在谋杀案中采纳先前的侵犯人身罪的规定，排除了一些证据，但采纳了其中的大部分证据。但总的来说，英美证据规则非常严格地限制品性证据的适用。允许或者禁止适用品性证据的规则很复杂，并且很多审判都涉及这方面的问题，一方的律师试图让品性证据被采纳，而另一方的律师则竭力排除它的适用。在法律上，为什么如此关注品性证据呢？上文所给的答案是，品性证据是一种有力的论证形式，它可能通过谬误论证被用于欺骗陪审团或者导致陪审团产生偏见。在我们的法律体制下，即便假定陪审团具有正确判断论证的能力，但为了获得公正审判，需要考虑到这种能力存在一些局限性。

品性证据规则近年来一直受到“严厉批评”和削弱，但仍有很多捍卫者（蒂勒斯，Peter Tillers，1998 年）。在刑事审判中排除品性证据的政策在英国法中受到挑战。雷德梅恩（Mike Redmayne，2002 年，第 684 页）报告说，在 2002 年，有人提议弱化品性证据不具可采性的推定。在 2001 年，一位英国法官甚至建议应当考虑在每一个 35
案件审判前暴露被告人的前科。由于英美法已发展到目前的这种状态，品性证据问题变得很复杂和富有争议。这个问题引起了很多关于为什么应该禁止品性证据的基本问题。但它甚至也引起了关于品性是什么以及根据一个人的品性能得出什么样的结论等更根本的问题。品性是一个人的内在属性。在审判中，法官或者陪审团是看不见品性的。但裁判者根据对一个人所作所为的描述，往往能从他的品性中得出重要结论。在弄清法律证据应该是什么的基础上，这样的推论怎样才能被证实或者证伪呢？

本书的主题是，我们怎样才能通过一些逻辑推理程序得出品性判断，以及一旦作出这种判断，应当如何运用证据支持或者批判这种判断。这就是关于那种用于证明品性判断的证据或者推理。品性证据逻辑方面的问题将被证明与计算机科学的近期发展是紧密相连的，在分布式计算新领域被称为多主体系统（multi-agent systems）。在主体交流中，两个软件实体要求主体必须互相沟通。为此，至关重要的是，一个主体能够对其他主体是否具有想象的合作精神和诚实或者其他品性特质作出判断或者处置。计算机科学尤其是人工智能（artificial intelligence）和语言学（特别是语用学）（pragmatics）的这些最新发展，对用于一个人基于他对另一个人的想象所得出的结论的推理结构有了新的认识。事实上，多主体系统领域已经围绕智能的主体共同的行动和计划这一基本思想发展起来了。一个智能的主体是一个实体，无论是一个人还是一个软件或者硬件实体，不仅能够实施行为，而且还能够感受他周围的环境，并具有一定的目标。拥有一个有用的多主体系统，要求主体不仅能够以一种有条理的可行方式进行推理，而且要能与其他主体一起进行思考。为了主体能够实现团队合作，一个主体不仅必须要掌握另外一个主体在他们共同完成某项任务时想的是什么，而且要能够进行沟通、提出问题以及给出答案。对主体来说，有意识地与其他主体探讨如何进行有计划的行动是很必要的。但要以明智的方式做到这一点，主体还需要掌握收到的信息，并有意识地使用这些信息。在计算机领域，通过这种研究，已经开发出几种新工具，这对人际关系推理非常有用，它们能够提供一个确切的推理结构。

本书依据计算机新领域的最新发展，推进了品性证据的设证法理
36 论采取的特殊方式，即所谓的计算辩证法（computational dialectics）。这一术语是罗恩·路易（Ron Loui）和汤姆·戈登（Tom Gordon）与约翰娜·摩尔（Johanna Moore）和卡佳·斯科拉（Katya Sycara）

1994 年在西雅图以计算辩证法为名举办的美国人工智能协会（AAAI）研讨会上创造出来的（罗德，Arno R. Lodder，2000 年，第 255 页）。研讨会（路易和戈登，1994 年）把这一领域描述为用于多主体交流系统的结构性对话研究，在多主体交流系统中，主体通过一种公平和效率的方式进行理性互动，为了实现共同的目标达成协议。该领域包括支持讨论、谈判和集体决策程序的智能计算机。这种互动包括为从其他主体处获取信息而提出问题、对作为形成明智决定的基础的信息价值进行评估，以及为解决问题或者分歧而进行共同推理。

规划理论尤其是规划识别（plan recognition）的概念在品性证据研究中是非常重要的。这一概念背后的理念是，第二主体通过观察其他主体的所作所为能够认识原始主体的计划和目标。在规划识别中，另一个重要理念是，这两个主体能够进行对话。因此，如果第二主体得出了一个关于其他主体想法的假设，他可以通过向其他主体提出问题的方式来获取证实或者反驳这一假设的证据。除了计算机科学，其他领域也发展了对根据移情研究推理的有用工具的资源。心理学和精神哲学研究了模拟推理的概念。语言学中的语用学领域考察了会话参与者从他们彼此的话语或者言语行为中得出可撤销推论的方式，这些话语或者言语行为则是他们互动的组成部分。格赖斯（Paul H. Grice）的会话暗示（implicature）概念认为，人类在日常生活中的沟通取决于一个人根据猜测他人说了什么得出的推论。例如，如果一个人问另一个人，哪里能搞到天然气，第二个人说，“拐角处有一个加油站”，第一个人就会认为加油站是开着的，就如第二个人所知道的。这种暗示通常没有明确说明，并在日常会话交流中被认为是理所当然的，重演作为一个逻辑过程，在此基础上理解推理，了解这种暗示是非常重要的。把计算机科学、心理学、哲学和语言学中的这些全部难题整合起来，能够发现品性判断不仅仅是主观的，而且是一种能够通过可复制的证据被证实和证伪的合理结论。来自各个领域的这些工具将被用来表明，品性判断背后存在一个推理过程。

提供一个走向未来的方式线索是，在日常推理中，品性证据经常

37 被用于根据一个人过去行为的已知事实来预测她的将来行为。这种推理本质上是一种基本的归纳法。它遵循从过去到未来的思路。社会科学家收集资料，如累犯的资料等，通过品性倾向进行从过去行为到未来行为的推论，来讨论它是一种很强的论证形式还是一种很弱的论证形式。但在典型的在审案件中，品性证据并不是以这种方式使用的。在审判中，品性证据只是一种容易出错的证据，它本身缺乏说服力，而且带有猜测性。但在审判中，当意见存在冲突时，以及当情况处于一种不确定状态或不了解全部情况时，它能够改变对一方或者另一方考虑的平衡。不了解全部情况是因为争议的问题是过去发生的事情。在正在审理的法律案件中，预测性推理和典型性推理之间的关键区别在帕克所举的案例中得到了很好的阐述（1998 年，第 723 页）：“在对妻子进行身体虐待的人中，只有千分之一的人会杀害妻子，也许这是事实，但如果妻子被杀而丈夫又是嫌疑人的话，虐待的证据肯定具有参考价值。”可以预言，从已知的虐待的前提到谋杀的结论，这种论证可能是缺乏说服力的。但在妻子被谋杀而丈夫是嫌疑人的案件中，哪怕是一丁点儿证据，与之相同的回溯性论证（从已知的事实作为前提回到假设过去发生的事情这一结论）肯定是相关的和重要的。

问题是这种证据本身可能容易出错并带有潜在的误导性。但在审判的法律背景中，将之置于一大堆证据的背景下，它可能是非常重要的。但这是哪一种推理呢？怎样判断它的强弱呢？以及在特定情况下怎样判断它是否具有相关性呢？要回答这些问题，我们还有很长一段路要走。第一步要做的是在哲学上界定品性是什么，清晰而准确地区分习惯、动机、倾向和偏见等这些有联系的概念。只有这样，我们才能够研究怎样才能在论证中正确使用品性证据，以及确定它是否被错误使用。

第二章　品性的界定与判断

品性是什么？对于这个问题，过去在试图定义这个概念时总是在两个极端之间摇摆不定。品性在传统上被当做一个人的内在属性。它是伦理学的“内部堡垒”（inner citadel）。由于它是内在的，因而是主观的，据说在法律上无法以任何有益的方式对它进行定义。[①] 但问题是，如果它是主观的和个性化的，怎样才能将之建立在客观证据的基础上呢？一个人如何判断另一个人的品性呢？品性判断是建立在对行为和材料的观察基础上的一种推论形式，这些行为和材料则是实施该行为的人的外在的东西。当然，鉴于对其他问题的考虑，这种推论通常是间接的，并带有猜测性。从材料到根据材料得出的结论之间总是存在一个逻辑飞跃。对那些未经观察很难把握、界定或者想象的东西，如果品性判断是根据对它们的猜测或者推论的飞跃，我们怎么能够确保每一个品性判断都是正确的呢？这些难题导致了第二种观点。按照这种观点，品性是一种实施某种特定行为的习惯、倾向或者性格。这种定义品性的方法是建立在可能性基础上的。它的逻辑是建立在归纳概括基础上的。例如，“甲具有诚实的品性特质”意思就是“甲

① 艾伦（Ronald J. Allen）、库恩斯（Richard B. Kuhns）和斯威夫特（Eleanor Swift），1997 年，第 677 页。

一般会说实话”。正如本章将要阐明的，这种定义品性概念的方法，其效果并不是太好。问题是其他方法的效果也不是太好。因此，我们被迫去尝试寻找一些新的方法。

本章提出了一种定义品性概念的新方法。据此，品性不仅仅是一种一般性的趋向或者倾向。它是一种与人际关系判断相联系的道德概念，在人际关系判断中，一个主体根据对其他主体的行为的观察和解
40 释，对另一个主体作出有价值的判断。大家会发现，本章通过重新定义主体的概念来解决这些问题，这与最新关于在人工智能上主体如何思考和实施项目任务的研究是一致的。主体是一个实施行为的实体，而且具有内部结构。他有目标和任务。这些可能是长期的，甚至在本质上是抽象的。主体根据目标实施行为。在有限范围内，主体还具有感知其外部环境的能力。特别是他在实施行为时能够看到自己的行为，并且至少能够看到这些行为的某些直接后果。主体是一个自治的实体，他根据自己的意志行动，不断地感知、实施行为和判断他自己与其目标和所看到的事情有关的行为。本章将把品性界定为主体的一种固有属性。

2.1 偏见与品性

在法律论证中区分品性证据和偏见是非常重要的。如第一章所述，按照《美国联邦证据规则》404，用于证明特定行为的品性是不可采的。例如，在刑事审判中，控诉方不能使用这样的论证：“他在某些方面具有不良品性，因而他肯定实施了被指控的犯罪。”与此相反，可以使用这样的论证，证人是不可信的，因为他有偏见，这在法律上通常被认为是具有相关性的。原因是证人证言在法律上是一种非常重要的证据形式。如果证人有偏见，对陪审团来说，为准确评价这种证据，知道这一点是很重要的。因此，同样的论证，作为品性证据可能是不具相关性的，而作为有偏见的证据则可能是具有相关性的。这一点在第一章介绍辛普森的刑事审判部分已经作了说明。被告方认为，侦探富尔曼的种族主义声明记录是具有相关性的，因为它表明了

对黑人的种族偏见。被告方意识到“为攻击证人诚实或者不诚实的品性，用于证明特定情况下的行为的证据是不可采的”，从而认为，富尔曼关于种族主义言论的证据“对于证明不诚实品性而言更具相关性，因为它表明了对被告人的偏见和敌意”（帕克，1996 年，第 757 页）。在这里，品性证据与偏见的证据的差别是很明显的。

但在实践中，如果你察看一下审判中的论证，要明确区分品性证据和偏见证据可能不是那么容易。艾伦、库恩斯和斯威夫特（Ronald J. Allen，Richard B. Kuhns，and Eleanor Swift，1997 年，第 677 页）所举的一些模棱两可的案件提出了一些问题。假如一个证人试图贿赂另一证人。这是不良品性证据，还是偏见证据？还是两者兼而有之？关于帮派成员的证据是什么样的证据呢？这是不是给品性证据或 41
者偏见证据下定义和作出判断呢？或者两者兼而有之呢？按照艾伦、库恩斯和斯威夫特的观点，这些问题是“难以解决的，部分原因是没有界定品性这一术语，并且可能不会在任何有用的意义上定义品性”。对证据法而言，缺乏明确的定义是一个问题，这给聪明的律师公然利用法律的漏洞开了口子。品性证据可能是不可采的。但如果完全相同的品性论证在偏见的名义下被偷偷地带到法庭，同样会对陪审团产生非常强烈的影响。律师明白一点，并且作为倡导者，他们会利用它。这个问题是一个难题，艾伦、库恩斯和斯威夫特甚至考虑是否可能抛弃品性与偏见的差别。

不过，在原则上，应该能够明确找出两者之间的差别。品性应该定义为主体所具有的一种长期的性格和普遍的道德本质。它是一种内部特征，通过考察主体的长期言行，能够进行外在的评估。而偏见则是主体的态度问题，在论证中通过他的表现来进行判断。在很多论证中，对论者而言，公开、公平地考虑对方的论证是非常重要的。例如，在一个批判性讨论中，参与人不得自行歪曲或者贬低其他当事人的论证。对于参与人来说，坦然面对失败也是很重要的，他应该认识到其他当事人拥有说服力的论据。论证中的这种素质通常被称为开明（open-mindedness）。论者必须考察和公正地考虑双方的论证。换句话说，在此意义上，偏见在论证中具有片面性。有偏见的论者往往只站在自己一边考虑问题，对于其他人的论证，即使论证合理和有很强的说服力，也会自觉不自觉地贬低他人的论证。

在特定情况下，怎样判断偏见呢？在主体的论证中，我们可以找到这种证据。如果他始终固执己见，即使他人的论证是合理的，也从来不承认他人提出的论证，这就是偏见的证据。如果他有一个利害攸关的利益，并且即使存在相反的证据，它也不断追逐这种利益，这就是偏见的证据。如果他使用带有偏见的语言以及他使用的定义只具有片面的说服力，这就是偏见的证据。在显示主体在论证时表现的对话记录中能够找到这种证据，因此，偏见要视情况而定。不管是正常的还是受正当的对话程序的影响，它取决于对话的环境。在某些情况下，偏见是正常的，这并不是论证的过错。如果我们进行谈判，我往往强调我的利益，这是一种偏见，但不是坏的偏见。但假如我们参与一次批判性讨论，而我总是不断地强调我方的利益，这就是一种坏的
42 偏见。这是一个在对话背景中如何提出论证的问题。如果对话是一个批判性讨论，使用的论证类形式应该是双面的。参与人需要坦然面对和考虑他方论证。有时候他应该被他方论证说服并改变自己的观点，因为自己被说服了。如果不能按照这种对话所要求的方式进行两方面的思考，这就是一种负面的偏见证据。发现这种偏见就能够正确地用于质疑或者攻击论者的信誉。

法律上品性证据的相关性也要视情况而定。它取决于当事人所进行的对话目的。在刑事审判中定罪的主要辩论阶段，除例外情况，品性证据往往不具有相关性。如上所述，《美国联邦证据规则》404 禁止一般性使用这样的论证：被告人肯定有罪，因为他具有不良品性。同样的品性攻击论证，在刑事审判的主要辩论阶段被认为是不具相关性的，但在随后的判决阶段可能具有高度的相关性。兰登（James Landon，1997 年）很好地阐述了在这两种对话中如何判断品性证据相关性的差别。在本质上，主要辩论阶段的目标与判决阶段的对话目标是不同的。在刑事审判的主要辩论阶段，其目标是回顾过去，试图确定特定场合发生的事情。相反，判决阶段的目标是展望未来，试图确定作出什么样的判决才是适当的惩罚（兰登，1997 年，第 613

页）。在这种对话中，罪犯的品性证据是具有相关性的。例如，不良行为或者过去被定罪的证据，在判断累犯是否是一个惯犯问题上，它可能是具有相关性的（第 613 页）。因此，作为法律论证的证据，判断偏见和品性均要视情况而定。

偏见是一种倾向，品性也是一种倾向，但两者的运作方式不同。在特定情况下确定两者的差别要看它们所处的环境，但这种差别的基础是存在的。偏见具有片面性，不能敞开考虑双方的论证。在他个人论证中以及在他对批评和反对意见的反应中可以找到这些证据。品性是一个人以特定方式行事的一般性格。从已知的或者报道的个人言行中能够找到品性的证据。但在论证中，通过一个人的行为方式也可以揭示他的品性。例如，他回答批判性问题的行为方式对于揭示他的品性非常重要。因此，品性证据与偏见证据存在重叠。企图贿赂陪审员的证据或者帮派成员的证据可能归为不同种类，这取决于它所使用的特定环境，以及它所要证明的东西。

如在第一章中所述，品性证据在审判中可用于证明动机、意图或 43
者计划。在这一标题下，品性证据通常被认为是不可采的，但它又可能变得具有可采性。因此，在法律论证中找出品性与动机的差别是非常重要的。这种差别的重要性在第一章所述的辛普森案件的刑事审判部分已作了阐述。被告方引用反对品性证据可采性规则，认为辛普森虐待配偶的证据不具有相关性。控诉方则认为，这种证据具有相关性，因为它能够表明辛普森具有控制和支配妻子的动机，在这里，品性与动机的差别很关键，它决定着证据的相关性。在原则上，这种差别在证据法上是非常重要的。

但是在实践中，如上文所表明的，决定偏见证据和品性证据是否属于同一种类或者不同种类，可能还存在问题。假如一个人被证明有不良动机，如欺骗或者杀害他人的动机，这种发现有助于表明他非常可能具有一种坏的道德品性。为处理这一问题，着手考察审判中一些关于使用和支持品性证据的法律论证是有帮助的。努力发现证据或者支持性论据在事实上是怎样支持品性判断的，也是有帮助的。

2.2 习惯、倾向和动机

证据法没有充分界定品性证据，但有关品性证据规则以公式化的方式明确规定或者表明了这一概念的某些关键特征。品性在法律上是容易理解的，它指的是一般性趋向或者倾向。在《美国联邦证据规则》404（a）中，品性被定义为："一个人的性格或者关于一个人性格的一般特征的概括描述，如诚实、克制或者生性平和。"但是，与习惯或者倾向一样，并非任何品性都会产生某种特定行为。根据理解这一法律概念的方式，品性也许存在一种道德要求。帕克等人（Park et al.，1998 年，第 132 页）对此作了非常明确的阐述。

> 关于品性特征的构成，在某种合理程度上，人们会觉得（虽然还没有定论）趋向肯定是源于个人的道德存在——从这种特质中，一个人有一种实质性的选择成分，并且造成旁观者认为他更有利于或者不利于获悉个别行为。

帕克（Roger C. Park）、雷纳德（David P. Leonard）和戈德伯格（Steven H. Goldberg）（第 132 页）也提供了一些不被视为品性特征
44 的一般趋向或者倾向的好例子。例如，中风患者的忘事倾向不会被视为一种品性特征，而是被看作医学上的一种状态。尽管咨询委员会把"克制"当做一种品性特征，人们可能会认为，酗酒是医学上的一种状态，而不是一种品性特征——虽然这种观点并没有得到普遍接受。因此，虽然在一些模棱两可的情况下存在争论的余地，一般来说，品性不仅仅是某种性格或者倾向，而它是主体选择的结果，导致旁观者就相关行为作出正面或者负面的道德判断。

证据规则禁止在审判中使用品性证据的做法是很复杂的，也是很微妙的，因为存在几个重要的例外，并且判断某些东西是否属于例外往往需要仔细考虑。所不允许的事情是从品性到被控行为的争论。更具体地说，按照规则，当用于论证特定行为与一个人的品性的一致性

时，禁止使用品性证据。例如，在普通案件中，如果引用一个人的先前不良行为来表明他具有不良品性，以及用这种结论作为证据来论证他实施了特定犯罪，这种论据是不允许的，因为它是建立在品性或者性格基础上的。但是，假如先前不良行为的证据用于确定犯罪的动机或者实施犯罪的机会，只要这种先前不良行为的证据不是用于证明性格的，这种观点就将被采纳。因此，正如在帕克等人（1998 年，第 134 页）的评论中所指出的，在这种情况下，存在很微妙的界线。

> 在基于品性的一般性格和特殊性格之间存在一个不断变化的和难以界定的界线，一般倾向包括诚实、性格温和等特质，特殊性格则包括一个人的“习惯”证据、作案手法的证据和其他较为狭隘的倾向证据。

下面是帕克、雷纳德和戈德伯格列举的禁止品性规则的例外。当品性成为最终争点时，如在诽谤品性的案件中，并不禁止品性证据（第 134 页）。被告人可以提供证据来证明自己的良好品性（第 139 页），但此举可能会打开对方进行品性攻击的闸门，此时品性就具有了相关性（第 141 页）。在一些刑事案件中，可能允许使用有关被害人品性的论据。例如（第 144 页），在谋杀案中，被告人可能声称是被害人先挑衅的。为了查清事实，允许引用前科或提供证人不良品性的证言来攻击证人的诚实品性（第 151 页）。关于声誉的证据有时可以用来证明某些主张。例如，如果证人有关于他声誉的个人知识，一个人在社区或者工作场所的声誉有时可以被用作相关性证据（第 152 45
页）。只要过去犯罪的证据不是以被告人的品性为根据，它可以用来证明犯罪方式或者作案手法（第 157 页）。这种区别是相当微妙的。例如，你不能认为被告人是那种实施了抢劫银行的人，因而就认为他更有可能犯了这个抢劫银行的罪。但是你可以说，由于他在其他案件中使用了一种独特的银行抢劫方法，更可能的是，他在正在审理的案件中使用了同样的方法抢劫了银行。另一个例外是，过去的行为或者倾向可能被用来证明动机（第 163 页）。在这里，有必要仔细区分动机和品性的差别。过去的行为在刑事案件中还可以用来证明实施犯罪的机会（第 168 页）、犯罪意识（第 169 页）或者犯罪预备（第 175 页）。

需要这种细微差别是源于品性证据禁止规则。帕克等人（1998 年）确定了两种对比这类推论的一般模式。第一个（第 158 页）是基于过去行为的品性推论。

从品性到被控犯罪行为的推论

事实前提：被告人实施了武装抢劫。

一般前提：被告人是那种实施武装抢劫的人。

结论：被告人更可能实施本罪而不是他罪。

在特定情况下，第二种推论表面上与第一种推论非常相似，但其一般前提存在细微差别，它不是建立在对品性概括的基础上，而是根据关于使用一种重复的行为模式的概括，即一种作案手法，确切地说，是一种有条理地操作或者实施某些行为的方式。帕克、雷纳德和戈德伯格（1998 年，第 158 页）建立了这种对比推论类型的精确模式。

从作案手法到被控犯罪行为的推论

事实前提：被告人使用完全相同的方法抢劫了其他银行。

一般前提：被告人是一个使用独特方法实施犯罪的银行抢劫犯。

结论：被告人是那个实施待定犯罪的人。

46 请注意，从作案手法到被控犯罪行为的推论是建立在主体以特定方式实施一定行为或者根据特定方法行事的习惯或者倾向基础上的。如果品性也被定义为倾向或者性格的话，那么，这两种推论之间的差别是什么呢？

这种差别是概念上的，品性是一个比行为模式或者方法或者以特定方式实施行为的一般倾向更窄的概念。因此，从品性到被控犯罪行为推论的一般前提，不仅仅是一个关于主体性格或者通常的行为方式的主张。这种推论是建立在品性这一术语的更加完整的意义基础上的。但这种更加完整的意义是什么呢？当然，其中一个意思是，它是与褒贬的价值和判断密切相关的某种道德概念。但这可能阻碍而不是帮助正确理解品性的概念，因为它也暗含着这样一个问题：如果从品性到被控犯罪行为的推论本身就依赖于对行为是好还是坏的判断的观念上，它怎样才能被用来证明实施犯罪（坏的或者可罚行为）的证据呢？因此，还存在对这种推论模式的困惑，以及怎样评价它在具体案件中作为证据来发挥重要作用。

2.3　主体、实践推理与品性

看如何通过证据证实或者证伪一个人品性的判断，关键在于主体的概念。根据一定的标准，主体是一个进行理性思考和行为的人应该表现出来的抽象模型。这个标准就是一种实践推理（practical reasoning）。在法律上，“理性人”（rational man）的表述在特定情况下往往用于提出一种特定标准，如果一个人是理性的或者通情达理的，判断他可能会怎样实施行为，以及当时他（大概）会做什么样的合理的事情。理性人的设计往往在假说中使用，得出在特定情况下可能（或者似真地）发生什么事情的结论。在提出假说以及证实或者反驳这些假说时，需要以相同的方式使用主体的概念。

主体是一个独立个体，他具有在特定情形下实施行为的目标和能力。主体也了解特定情形的信息。这些信息可能是不完整的，甚至可能是错误的，但随着形势的变化，主体具有引进新信息、纠正和修改
旧信息的能力。主体还有两个重要特征。特别是一旦实施了行为，他 47
具有预测行为结果的能力，并且一旦预测到这些结果，他具有改变其行为的能力。最后这两种能力被称为“反馈”（feedback）。例如，假如主体是一个具有击中靶心目标的机器。他先前的行为未能击中靶心，他能够看到这结果，就会相应地纠正他的准星。

如下所述，主体技术被广泛应用于计算机科学，尤其是机器人和人工智能领域。在这方面，主体可以是一个机器或者软件包。但当主体实施人类行为时，我们也能够看得到。当然，要采取一种特定的视角来观察人类行为方式。主体是可预测的，但在很多情况下，人类行为将不是那么容易预测的。不管怎样，主体往往会理性行事。当然，在任何特定情况下，可能很难判断所做的合理事情是什么。因为情况的细节可能会非常复杂，而且在某些关键方面一无所知。然而，对主体要做什么可能会作出评估，而且在有关人类行为的任何实际情况下，这种评估可以与他将要做的合理行为进行比较。反过来，就像法律理性人模型一样，这一信息可以用来提出关于一个人（假定他是“理性的”）可能会做什么事情的假说。反过来，这一发现又可以用来帮助创制有关个人品性的假说。

那么，当主体实施目标行为时，他使用的是哪一种推理呢？答案是实践推理。哲学家们对这种推理多少有些熟悉，并且在计算机科学上日益为人们所了解。事实上，这就是众所周知的亚里士多德的实践性（phronesis）或者实践智慧（practical wisdom）（德雷夫肯斯基，Shane Drefcinski，1996 年）。现在它通常被称为实践推理（奥迪，Robert Audi，1989 年）。实践推理的基本单位是传统的所谓实践三段论（practical syllogism）推论类型，这可以解释为下面关于推论的一般形式（第一人称代词如“我”和“我的”指的是主体）。

> 我的目的是为了实现某一特定目标。
> 这项行为是实现该目标的手段。
> 因此，我应该实施这项行为。

这种推论方式被称为三段论式的推理，因为大前提说是一般的目标或者目的，小前提说的是一个符合实现该目标的具体行为或者行为原因，因而得出结论。但不像严格意义的三段论，这种推论形式不是符合逻辑的演绎推理，至少不是典型意义上的逻辑演绎。当假设案件数据库完整时，这种推理形式可能是符合逻辑的演绎推理。但在实践

推理的典型案件中，例如在道德推理中，当条件不确定时，才使用这
种推理。数据库不能是被假定关闭的。这类案件典型的推理形式就是
威尔曼（Carl Wellman）所描述的传导推理（conductive）。它代表着 48
一种不同于传统的演绎推理和归纳推理形式，而这两种推理形式在逻辑学上一直占据着主导地位。传导推理是不确定的，并且如果加入新的信息，它会作相应的修改。在问题可能存有争议的案件中，传导法是在通盘考虑的基础上作出判断的。当主体需要在不确定的情况下实施行为时，不应该固执己见，而是应当意识到其推理存在会犯错误的天性。主体需要灵活和慎重。

如果主体有一个目标，并认为在特定情况下，一个具体行为是实现这一目标的手段，那么他就会实施这一行为。但主体推理时需要考虑很多因素。如果主体认为，能够作为实现目标手段的行为不止一个时，他就会从自己的角度考虑采取哪一个行为会更好。或者他以一种毫无创意的方式实施了行为，但发现还有更好的办法，一旦他认识到其先前行为的后果，他就会根据反馈来纠正自己的行为。他将“改变主意”，并转而实施新的行为。但一般来说，主体所做的行为都是机械的和可预测的，作为对比，在同样的情况下，任何一个人都可能会这样做。人往往是非理性的，至少从主体的角度看会作出这样的判断。一个人可以发现实现目标的最佳手段的行为，但由于存在意志上的弱点或者其他原因，只是不能实施这种行为。在特定情况下，主体的观点只是一种关于实际上所做的合理事情的抽象模型。这不一定符合任何真实的人在那种情况下实际上会做的事情。

目标与动机非常相似。这两个概念与意图的概念也很接近。在这里，再次出现了区分动机与品性的问题。确定什么是主体的目标或者动机，其实是作为用来支持或者反对有关该主体品性主张的证据的重要组成部分。然而，目标即使可能是一般性的和持久性的，它与品性特质也是不同的。因此，即使在主体模型中，我们所提出的如何区分主体的目标（动机、意图）与其品性的问题仍有待解决。这似乎是主体模型的不足，它不能或者至少不能马上提供这种区分结果的明确根据。

尽管存在这一不足，但总体上看，主体模型对于品性假设和目标假设均具有重要作用，它能够表明两者是怎样以对主体所做行为的观察为根据的。主体模型对于人的动机和品性以假设的方式进行设证推理得出似真结论是有帮助的。计算机技术的最新进展之一就是出现了多主体系统。在多主体系统中，一组主体为完成任务必须共同行动。为了以协调和有效的方式共同行动，其成员必须互相沟通，了解其他
49 人手头的工作。为了做到这一点，主体必须对另一主体的品性进行推测，然后据此采取相应的行动。例如，为了沟通和协调以便完成一项任务，主体可能需要对另一主体的诚信进行推测，然后再采取行动，其意思是，当他说了什么，就是他说一些他认为是正确的东西。换句话说，主体推测另一主体没有撒谎，根据这一推测，他能够实施相应的行为，这对主体来说可能是很重要的。但事实上，这种假设在特定情况下是否合理呢？如果存在不合理的证据，第一个主体在决定采取什么步骤时需要考虑实现其目标的信息。于是令人感到奇怪的是，关于品性的假说在主体技术中发挥着重要作用。

2.4　品性是主体的固有属性

计算机科学使用的“主体”（agent）一词指的是被称为主体结构的一种人工结构（胡恩斯和辛格，Michael H. Huhns and Munindar P. Singh，1998 年，第 5 页）。主体结构允许一个人造的实体来执行事先编程好了的任务。随着互联网的发展，在信息公开的环境里，代表用户利益执行任务的软件实体开始被称为主体。它们帮助人类用户处理复杂的互联网环境，这里可以获得大量的信息以及人类用户想要做的特定工作。这项技术的广泛使用改变了我们看待主体的方式。在过去，行为主义和实证主义是主流观点。按照这种观点，所有可以观察的事物都是外部行为或者所谓的主体的“行为”，根本不可能客观地说出主体“内心”的东西。随着主体技术的出现，软件主体编程成为必要，它能够做些有用的工作。这种新方法意味着要克服行为主义的思想，并要探索主体内部的“黑匣子”（black box）。演绎推理无

法捕捉主体所需的这种思维，通过编程来实施这种必要的实际任务。主体开始被视为一种实体，他根据有目标导向的实践推理来行事。当使用“推理”一词时，人工智能领域现在已开始主要考虑这种模式。当前很多主体理论都在使用“承诺”（commitments）（胡恩斯和辛格，1998年，第14页）来指代主体内部的信仰和意图。另一个重要的观念是主体具有社会承诺或者对他人的承诺（第15页）。尤其重要的问题是知道把协调性（coordination）当做主体群的一个固有属性，他们要在共享环境中工作（第15页）。

这些发展表明了把“主体”作为伦理学概念进行界定的一个新方法。主体大体上被认为是具有勇敢的品质。但主体是什么？主体软件 50
在计算机科学上的发展已经到了不仅提出这个问题的程度，而且还对此给出一些答案。富兰克林（Stan Franklin）和格雷塞尔（Art Graesser，1996年）已经调查了由计算机科学家进行所谓的主体研究时提出的很多定义。在这些定义中，所列举的特征都是主体自动实施行为的能力（第22页），包括“执行主导领域的推理”（第22页），“通过传感器感知其环境”（第22页），“根据环境实施行为”（第22页），“实现一系列的目标和任务”（第22页），“自动实施行为”（第22页），感知、影响和解释环境动态状况（第22页），在执行某些系列操作中“利用用户的目标或者愿望的知识”（第23页），“进行对话和谈判以及协调传输信息”（第23页），开展“现实世界中自主的、有目的的活动”（第24页），成为“有目标导向、协作、灵活、自行启动以及有品性、适应性、流动性和交际技巧”（第24页）。这个清单中的名目是复杂多样的，但伍尔德里奇（Michael Wooldridge）和詹宁斯（Nicholas R. Jennings）阐述了主体的核心概念，全面总结了主体的所有特征。在计算机科学文献中，这些作者区分了“主体”一词的两种含义（伍尔德里奇和詹宁斯，1995年，第116—117页）：在较强含义上和较弱含义上使用该词。按照较弱的含义，主体是一个计算机系统，具有以下四个属性（第116页）：

1. 自律性（Autonomy），即能够控制自己的行为和内心状态。

2. 社会性（Social Ability），即与其他主体进行语言交流。

3. 反应性（Reactivity），即感知其周围环境并随着环境的改变而作出反应。

4. 自发性（Pro-activeness），即能够在其目标导向行为中发起行动，而不是仅仅随着环境的变化作出反应。

按照较强的含义，主体不仅是具有以上四个属性的实体，而且还具有以下属性（第 117 页）：

5. 流动性（Mobility），即能够围绕电子网络运动。

6. 真实性（Veracity），即不会故意传达虚假信息。

51 7. 善意性（Benevolence），即会按照要求做事，而没有相反的目的。

8. 合理性（Rationality），即为实现目标而行动，而不是妨碍目标的实现（与其关于这些事情的信念相一致）。

按照伍尔德里奇和詹宁斯的观点（1995 年），“主体”较弱含义的使用在计算机科学上已经很好地被确立下来了，且争议性不大，但其较强含义上的使用可能存在较大的争议，且不被广泛接受。

我们应该怎样评价这个清单呢？其中有些内容存有疑问，并且对于主体概念的特征的定义也不是很明确，而明确给出定义在伦理学上是很有意义的。尽管如此，该清单显示了一个可能具有价值的方向。主体的较弱概念与实践推理结构有密切联系（沃尔顿，Douglas Walton，1986 年），当主体被视为与其环境相互作用，并且在这种环境中为实现目标而不断克服障碍和危险时，主体的较弱概念得到了很好的应用。有些在较强含义上使用的内容，尤其是第 6 项和第 7 项，表明了可能难以分析品性的那种更持久的属性。特别是理性的固有属性使得区分品性与偏见的差别会成为问题，而主体可能被认为具有偏见。

该清单显示了主体概念的另一个方面，即主体的特征当然地分为两个亚类。第一亚类包括进行推理的主体的特征，他按照自己的意思行事，与自然环境相互作用。环境被视为被动的。这一亚类包括主体使用的推理，他感知到了其外部环境，在进行有目标导向的行为时能够把对这些情况的了解考虑进去（感知它们对不断变化的外部环境的影响）。第二组特征是与其他主体相互交流。使用同样的推理，但在被动的情况下，根据其他主体的行动采取相应的行动，而其他主体也会根据该主体的行动采取相应的行动。这两种情况的关键差别是，在第二种情况下，存在两个主体交流的可能性。重要的是，不仅仅有肢体行为，还有语言行为。通过考虑多主体推理的情况，引入了一个全新的领域。

多主体推理引起了很多哲学问题，并提出了很多道德领域能够扩展且应该扩展的方向。但即使在计算机科学领域内，在这方面如何继续下去还存在一些基本问题。按照伍尔德里奇和詹宁斯的观点（1995年，第 364 页），多主体系统的一个主要问题是，“整个系统是不可预 52
测的和不确定的：主体相互交流要达到什么结果事先无法确定。”按照他们所说的，所需要的是“一个处理不完整的和冲突的观点的复杂手段”，以便主体能够帮助决策以完成任务（第 365 页）。所需要的是某种系统化的框架，据此能够理解主体是怎样以各种方式进行相互交流的，以及主体怎样推断这种交流行为的意图。现在发现越来越有助于实现这一目的的工具是论证理论。两个（或者更多）主体被要求以论证的形式在所讨论的问题上提出个人意见。第二方被要求问一些批判性问题或者采取其他适当举动，以便对第一方提出的论证作出回应。这一构想（格赖斯，1975 年）是，双方对合作的有目标导向的交谈都作出努力。按照格赖斯的会话原则（Conversational Principle），每一方在对话的任何特定阶段都要作出适当的举动，以保证朝其目标前进。因此，将有规则或者准则来规制一项有礼貌的和富有成效的对话行为。利用这种对话框架，计算机科学家已经开始更深入地了解到主体怎样才能在团队工作上相互合作，团队工作不仅要求协调的行为，而且要求主体之间相互交流，这样能够把优先事项和决策分离出来，作为明智行为的基础。

2.5 证人证言的评价

证人是具有这样一种身份的人，他通过直接观察或者其他方式了解事实的一些情况。证人作出的陈述大体上是对他看到的或者了解到的事实所作的准确叙述。但作为证人证言的使用者，我们怎样才能作出有根据的推论认为证人的陈述是真实的呢？在进行这种推论中，我们确保证人所说的最佳解释是，他的陈述是就实际发生的情况的真实陈述。因此，诉诸证人证言可以被视为一种论证形式。下面的论证结构代表它的形式。它表现为一种可废止的论证，其大前提具有一种正当理由形式。这种正当理由（图尔明，Stephen Toulmin，1958 年）是存在例外的一般规则，但通过与其他前提相结合，能够支持论证。在下面，变量 A 代表一个陈述。

诉诸证人证言

认知地位的前提：证人 W 处于知道 A 是真还是假的地位。

53 说真话的前提：证人 W 说的是真话（W 对此是知道的）。

陈述的前提：证人 W 陈述说 A 是真的（假的）。

正当理由：如果证人 W 处于知道 A 是真还是假的地位，并且 W 说的是真话（W 对此是知道的），以及 W 陈述说 A 是真的（假的），那么，A 就是真的（假的）。

结论：因此，（可废止的）A 是真的（假的）。

诉诸证人证言的论证模式代表一种工具，在特定情况下，当评价证人证言时，它可以被当作证据使用。有人可能会问，上述三个前提在某种情况下是否有特定事实支持。如果每一个前提都有充分的证据予以支持，或者至少没有充分的证据削弱这些前提，这一作为支持结论的论证还是可以被接受的。当然，这种论证从来都不是结论性的。但它作为证据可能具有一定的效力和证明价值，它能够为形成决定提供合理的基础，尽管缺乏事实依据。在不确定和不知情的情况下，如果保持开放的态度，这种论证仍然能够为暂时接受一个结论提供充分的理由。但案件有繁简之分。在复杂案件中，存在冲突意见，并且双方能够提供理由充分的论证。在复杂案件中，对所发生的事情，双方往往有不同的“故事”或者陈述，并且一方的故事与另一方的可能直接矛盾。

例如，证人在法庭上作证时往往不是只作一项单独的陈述（statement），而是提出一种描述（account），黑斯蒂（Reid Hastie）、彭路德（Steven D. Penrod）和潘宁顿（Nancy Pennington）（1983 年，第 22—23 页）将之称为“故事”（story）。在一个似乎是真的故事中，一整套相互连接的陈述将串在一起。潘宁顿和黑斯蒂（1991 年，第 526 页）通过引用三个关键因素：目标、身体状况和精神状况，提出了一个关于怎样将这种描述变得似乎合理的分析。潘宁顿和黑斯蒂（1993 年，第 197 页）概括地表述了他们所谓的一个抽象情节图解。在这个图解中，精神状态就像动机或者目标一样引发行为，继而导致结果。这个抽象情节图解解释了有目标导向的实践推理是怎样解释故事中的事件和行为顺序的。例如，一个人可能有一个目标，我们能够理解她就其在某些场合所做的事情的描述，因为我们知道她是想实现这一目标。但身体状况可能阻碍一个人奔向目标，这让她很愤怒。而愤怒有可能作为精神状态起作用，这又需要她去克服这种愤怒。用逻辑术语说，该描述对个人是有意义的，因为对她来说，故事的讲述使得双方都能够掌握实践推理的顺序。双方都熟悉目标，也都熟悉为实现目标所使用的那种手段与目的的推理。潘宁顿和黑斯蒂（1991 年）将这一理论应用于法律论证，尤其是证人证言。如果证人 54
提出了串在一起的证言，其中的行为和目标全都与一个连贯的故事相吻合，这种故事对陪审团是有意义的，陪审团往往会觉得这种故事是可信的。如果陪审团根据他们经历的事物的正常情况，认为该故事很奇怪，或者与他们的期望不相符，就会认为该故事是不可信的。陪审团就会倾向于对其提出质疑，甚至拒绝作为证据使用。黑斯蒂等人（Hastie et al.，1983 年）进行的实证研究表明，向陪审团提出故事内容的次序将影响陪审团评价证言是否是可信的。潘宁顿和黑斯蒂（1991年，第522页）通过研究证人证言的案例发现，陪审团将从证人们对抗性的描述中挑出一个故事。陪审团会得出一个结论，接受这一具体描述，将之作为所发生的案件情况的最佳解释。

在历史和法律上，最重要的证据种类是建立在证人证言基础上的。但证人证言是一种容易出错的证据形式。如DNA证据显示，近来很多不公正定罪的案件表明，证人证言经常是错误的。由于人类记忆容易犯错，目击证人的证言往往是非常容易出错的（洛夫特斯，Elizabeth Loftus，1979年）。并且，证人经常撒谎。为了最大利益，他们会经常说谎。有时候他们也会有偏见，为迎合他们自己的利益或者偏好，也可能存在撒谎与歪曲事实相竞合的问题。如果证人证言是如此容易出错，那么，怎样才能对其进行验证或者评价呢？毕竟，证人处于一种了解案件情况的特殊地位。陪审团没有获取事实的直接渠道。能够采用什么评价标准呢？正如潘宁顿和黑斯蒂所表明的，其中一个标准就是怎样很好地将故事内在地连串起来。但是也存在另一种评价方法。一个故事可以通过比较其他证据进行检验，例如，像独立于证人证言中特定描述的物证。这个与独立的证据相关的核对故事的过程，瓦格纳亚尔等人（Wagenaar et al.，1993年，第39页）称之
55 为"锚定"（anchoring）。按照他们的分析，如果有他们所说的"安全锚"（safe anchors）予以支持的话，证人提供的故事可以被编造得更加可信。他们举了刑事案件被告人有不在犯罪现场证据的例子。被告人主张案发时他在其他地方。如果没有进一步的支持，这一主张可能不太可信。但假如两名警官宣誓作证说，他们看到被告人正好在他所说的地方。于是警官们的证言就为被告人的故事提供了一个锚（anchor）。与没有这种证据支持相比，这个锚使得故事更加可信。

因此，锚定故事或者缺乏锚定是评价任何诉诸证人证言的一个重要因素。但正如这种诉诸证人证言是一种可废止的论证形式一样，锚定本身也是一个可废止的论证过程。按照瓦格纳亚尔等人的观点（1993年，第39页），锚定涉及一种证据，而这种证据是建立在一般规则的例外基础上的。例如，作为一般规则，可以假定警官是可靠的

证人，他们的证言对法庭上所作的主张将提供强有力的支持。当然，也有警察在法庭上撒谎的情况，他们提供的证言最终被证明是错误的。锚作为证据，其本身可能受到削弱，甚至被进一步的论证推翻。

当评价诉诸证人证言时，通过亲自对事实的观察直接证实是不可能的。与建立在观察和实验基础上的科学证据不同，证人证言是不可复制的。检验的结果可能与事实不符。但在法律和历史上的典型案件中，尤其是在有争议的或者疑难案件中，事实真相是什么以及应该怎样描述事实真相可能受到诠释和辩驳。根据不同的论证，对作为证人证言提出的陈述进行审查。陈述的一致性是评价证人证言的重点。但一致性指的是陈述是怎样被作为一个故事串接起来的，以及该故事是怎样被锚定的。审查证人陈述的一致性可以通过提问正确的批判性问题程序来进行。可以使用以下五个批判性问题（CQ）。

CQ1：证人的陈述有内在一致性吗？

CQ2：证人的陈述与已知案件事实一致吗（根据证据而不是证人作证的内容）？

CQ3：证人的陈述与其他证人（独立地）作证的内容一致吗？

CQ4：证人有某种偏见吗？

CQ5：证人宣称的陈述A有多大的可信性？

如果证人的陈述存在偏见，就会发现将削弱证人证言作为证据使用的证明效力。[②] 第五个批判性问题关涉主张的可信性。如果证人的陈述是非常不可信的，这会对他或她提出的整个陈述的可信性产生不利影响。但第三个批判性问题在这里也可以发挥重要作用。如果两个独立的证人提出了同样的不可信的论断，这在一些案件中可能表明，他们的观察是认真的和准确的。

② 当质疑证人的陈述时，很多偏见会露出马脚。其中一个发现就是通过检验，能够得出证人具有某种偏见。

56 在诉诸证人证言的形式中，如果满足了支持该前提的要求，起初的论证是具有证明效力的。通过转移从前提到结论的证明效力，那么，这种论证将会发挥作用。当其发挥作用时，这一过程就会使得结论看上去是可信的。但如上所述，这种论证是可废止的。这不是一种结论性的论证形式，尽管在适当条件下它可以起到证据的作用。在这种情况下，该论证被认为是可信的。但通过提问一些适当的批判性问题，能够消除或者削弱这种可信性。如果所问的批判性问题得到适当回答，所使用的证人证言就再次变得可信了。但如果批判性问题没有得到适当回答，该论证就被挫败了。

2.6 设证推理的结构

设证法是一个假说的形成过程，它用在科学调查的发现阶段。作为一个被观察的事件或者一组材料的解释，构想出这样的一种假说。它仅仅是一个猜测，但通过设计一个实验来检验这个假说，或者通过收集与之相关的经验证据，能够支持或者驳斥这种假说。但设证法在日常推理中也是常见的。假如我的汽车不能发动了，可能有不同的解释。可能是没有汽油了，可能是电线短路了，可能是碳堵住了火花塞。这些可能的解释中每一个解释都是一个假说。哪一个是正确的呢？为了回答这个问题，可以收集经验证据。我检查油箱，里边有汽油。我检查线路系统，它看起来完全正常。我取出一个火花塞，我看到塞子的底部有一种黑色的东西填满了火花隙。那么，我可以归纳出这样一个推论，其他塞子可能存在类似的状况。正确的假说是碳堵住了火花塞。对这一假说的推论不再仅仅是一个猜测，现在它有一些支持它的经验证据作基础了。

经过抽象的描述，设证法听起来很神秘，但皮尔斯（Charles S. Peirce）给的两个例子对于解释这一概念具有很大帮助。以下所引用的第一个例子显然是源于个人的经验，并且是一个在日常推理中如何使用设证法的例子（皮尔斯，1965 年，第 375 页）。

> 我曾经在土耳其的一个省的海港上岸，当我走向我曾访问过的房子时，我遇到一位坐在马背上的人，他被四个骑兵围起来，在他头上举着华盖。能够享此殊荣的，我所能够想到的唯一的一个人就是这个省的总督，我推断这个人就是他。这是一个假说。

以下所引的第二个例子（第 375 页）是科学上使用的设证法的例子。

> 有人发现了据说像是某种鱼的遗迹的化石，但迄今为止在该国境内尚未发现。为了解释这一现象，我们假设这片土地曾经被 57
> 大海淹没冲刷。这是另一个假说。

在这两个例子中，推论是建立在这样一个前提基础上的，即引用了一个对“奇怪情况”（curious circumstance）的观察。推理模式就是现在通常所称为最佳解释（the best explanation）的推论。为了解释初步的观察，就要以假说的形式作出假设。在化石的例子中，请注意，事实上皮尔斯用的是“解释”（explain）这个词。特定的观察表明了以假说形式的假设，这一假说解释了这种观察，并成了该推论的结论。按照皮尔斯的描述，解释的过程是建立在使用“一般规则”（general rule）基础上的。在四个骑兵的例子中，一般规则可能类似下面的情况：只有非常重要的人物（如总督）才可能有四个骑兵为其举着华盖。在化石的例子中，一般规则可能类似下面的情况：任何发现像那种鱼的遗迹的地方都可能曾经有水。

“设证法”一词最近成为计算机科学特别是在人工智能中一个很常见的词语。作为一种特殊类型的推论，约翰·约瑟夫逊（John R. Josephson）和苏珊·约瑟夫逊（Susan G. Josephson）（1994 年）提出了关于设证法的完整理论。按照他们的描述，设证法相当于最佳解释的推论。在他们所列举的很多例子当中，下面一个（第 6 页）推理是以简短对话的形式帮助解释这种推理，他们把这种推理归类为设证法。

乔伊（Joe）：这个加油站已经挤满了，你为什么还要开进来？

泰玛奇（Tidmarsch）：因为油箱快空了。

乔伊：你怎么知道油箱快空了？

泰玛奇：因为油表显示快空了。另外，我没有理由认为油表坏了，并且自我加满油箱时起已过很长时间了。

不难看出，在这种情况下，怎样才能作为最佳解释的推论来描述这种推理。泰玛奇对于油表提供的指示考虑了两个可供选择的解释。一个是油箱快空了。一个可供选择的解释是油表坏了。但正如泰玛奇在对话中所说的，没有明显的理由认为油表坏了。也许泰玛奇不记得上一次加满油箱的时间了，或许他记得有很长一段时间没有加满油箱了。鉴于这种证据情况，最佳解释就是油箱里的汽油快没了。这个推论始于一个看到的事实，即看到油表的指针指向“空”。考虑到其他相关数据，如泰玛奇对上一次加满油箱的时间的记忆。然后根据从所看到
58 的情况进行推论，从而得出结论。这就是油箱快空了。根据这一结论，可以采取适当的行为。泰玛奇可以把车开到最近的加油站。

皮尔斯（1965 年，第 372—375 页）举出了下面的例子来说明归纳推理、演绎推理和设证推理之间的差别。假如你有满满一袋豆子。你随机地抓了一把，且全是白色的。您可以通过归纳推理推断出袋子里的豆子全都是（可能）白色的。假设你根据袋子里的豆子都是白色的这一前提进行推理，这粒豆子是从那个袋子里拿出来的，因此得出结论，这粒豆子是白色的。按照皮尔斯的观点（第 374 页），这个推论是一个演绎推理的例子。设证推理不同于演绎推理和归纳推理。假如你在一袋白豆附近发现一粒红豆，你可以根据设证推理推断这粒红豆来自那个袋子。你不知道这粒红豆是否真的来自那个袋子，或者更确切地说，不能确定它是从哪里来的。但在没有任何相反的合理证据的情况下，你可以假定它就是来自那个袋子。有些人可能认为设证推理是归纳推理的一种特殊类型。皮尔斯（1992 年，第 142 页）并不这么认为。他写道：“不存在这种可能性。这只是我们暂时采用的初

步建议。”在描述设证推理时，皮尔斯也使用“假说”（hypothesis）和“最佳解释”（the best explanation）等术语，这表明他把设证推理当做一种在本质上不用于归纳推理的特殊推理类型。

皮尔斯（1965 年，第 375 页）把设证法定义为这样一种推论：通过假定一个假说来解释一些观测材料所进行的推理。他把设证推理描述为这样一个过程：“在我们发现一些非常奇怪的情况时，根据假定将之解释为这是一种特定的一般规则情况，于是就采用这一假定。”这一描述很有意思，因为它包含了三个术语：“假定”（supposition）、“一般规则”（general rule）和“采用”（adopt）。“假定”看似另一个词“假设”（assumption）。如果这样的话，设证推理就关涉一种以假设为基础的推理，这使得它有别于演绎推理和归纳推理。你可能会作出回应，认为演绎推理和归纳推理也是以假设前提为基础的。这的确是事实。但设证推理可能是与推定有关的一种特别假设方式。皮尔斯经常把它与其所说的“猜测”（guessing）相联系。因此，设证推理作为一种暂时性推理形式，也许是假定的概念是它的一个重要特征。“采用”一词也表明了设证法的暂时性质。即使一个假说将来可能被撤回，即使你对它不能确定，你也可以把它当做一个暂时性的承诺。最后，“一般规则”这一词语有重要意义。不是所有的情况都属于一般规则，甚至在大多数或者多数情况下没有一般规则。可能只在正常情况下有一般规则，并且超出这个正常情况的范围，就不再有一般规
则了。无论如何，皮尔斯所使用的三个术语表明，设证推理产生的结 59
论只是一个假定，该结论可能很容易被推翻，并且如果它超出了“一般规则”的情况范围，就不得不予以放弃。

设证推理经常被等同于最佳解释的推论（哈曼，Charles L. Harman，1965 年）。在豆子的例子中，假说可能作为下面最佳解释的一个推论发挥作用。首先存在给定的材料。我看到了桌子上袋子附近的豆子。根据这些材料，我建构这样一个假说：桌子上的豆子来自那个袋子。这个假说将解释豆子是怎样被放在桌子上的。它不仅仅是出现在桌子上，还可以知道它从什么地方来的。但什么东西可以解释它是从哪里来的呢？比方说，没有任何其他信息。除了那个袋子、桌

子和那粒豆子，房间里什么都没有。表面上看，那粒豆子可能来自那个袋子。这将有一个关于豆子是从哪里来的解释，并且根据给定的材料，没有其他的解释。这一解释设想了一个关于豆子来源的假说。

设证推理的结构是什么？尽管在当前计算机科学中有很多关于设证推理结构的著作，但就怎样定义设证推理或者对其结构作出准确描述，仍然未能形成一致意见。设证推理往往是与归纳推理和演绎推理进行对比，并相对于这两种人们更熟知的（在逻辑学上）推理，它被认为是一种本质上更缺乏说服力和更具临时性的推理。设证推理据说是通过三步得出结论。第一步，它从报告看到的结果或者事实这一系列的前提出发。第二步，选出一个主张，描述关于这些事实的所谓最佳解释。第三步，得出结论：选定的主张是真实的，或者作为一个假说，至少是可以接受的。设证推理是可以废止的，这意味着该结论只是一个假说，如果有了新的事实，表明这一假说不再成立了，它就会被推翻。在所了解的情况不全面和正在增加的条件下，当暂定的假说成为临时采用的最好的结论时，这种推论是最有用的。设证推理往往与美国的逻辑学家和科学家皮尔斯有关系，并且一个关于设证推理的不错的初步构想可以从检查皮尔斯对它的一些有见地的评论获得。不过，皮尔斯的评论尽管有高度的原创性，但它是有争议的解释，也许是因为他在原创性思想方面远远领先于其他人，这些原创性思想后来在逻辑学和科学上成为极其重要的思想。设证推理成为最近人工智能方面的著作中极其重要的概念。即使在这里，如何运用逻辑学上适当的严谨方法界定或者分析设证推理，有很多问题亟待解决。

按照约翰·约瑟夫逊和苏珊·约瑟夫逊的观点（1994 年，第 14 页），下面的模式代表了设证推理的一般形式。下文的 H 是一个假说。

设证推理模式

60 （约翰·约瑟夫逊和苏珊·约瑟夫逊）

D 是一组材料。

H 解释 D。

没有其他的假说能像 H 一样解释 D。
因此，H 可能是真的。

在油箱的例子中所使用的推理是从观察资料开始的，即油表显示油箱快空了。泰玛奇构想出解释该资料的第一个假说，即油箱快空了的假说。于是他又构想出第二个假说，即油表坏了。但第二个假说不像第一个假说那样能够解释该资料。因此，泰玛奇得出结论，第一个假说可能是真的。

按照约翰·约瑟夫逊和苏珊·约瑟夫逊的观点（第 14 页），与设证推理相关的可能性判断应该考虑依据以下几个因素：

1. 如何判断 H 肯定优于其他备选方案；
2. 单独考虑其他备选方案，如何判断 H 本身是适当的（如果一个假说本身不足以令人相信，即使我们显然有最好的假说，我们也应该谨慎地接受这个假说）；
3. 判断材料的可靠性；
4. 对于已经想到的认为合理的所有解释有多大信心（寻找其他解释是否彻底）。

除了可能性判断，约翰·约瑟夫逊和苏珊·约瑟夫逊（第 14 页）还列了另外两个考虑因素，使人们愿意接受设证推理的结论，也是设证推理应该依据的两个因素。

1. 务实的考虑，包括错误的成本和正确的收益；
2. 对于结论究竟有多强烈的需要，特别是考虑在作出决定前寻找进一步的证据的可能性。

约翰·约瑟夫逊和苏珊·约瑟夫逊关于设证法的描述表明，这种论证形式具有相对性的一面。应当考虑两个或者更多的互相竞争的假说，且这些假说是解释相同材料的。对于哪一个假说是最好的问题，

存在意见分歧。问题是哪一个假说能够对材料作出更好的解释。因此，约翰·约瑟夫逊和苏珊·约瑟夫逊提出的设证推理结构不像演绎
61 论证或者归纳论证那样，只从一套确定的前提中得出结论。相反，设证推理或许有两个可能的结论，一个结论与另一个结论相反，或者至少在某些方面有所不同。所接受的结论是材料调查或者收集的某些阶段的最佳解释，这些材料可能会不断地增加，新的材料可能意味着有新的可能选择的解释，这种解释甚至可能是比现在接受的所有解释都好。结论不必是肯定的或者毋庸置疑的。即使是一个猜测或者假说，如果它是一个明智的猜测，在特定情况下，根据大量信息，被推定是真实的和准确的，它就可能被证明是合理的。

2.7 品性是一种人际概念

人们很容易认为，品性在伦理学上被当做一个心理学概念来对待。但在伦理学上，品性的概念扮演着不同的角色。它更像是一个证据法上的概念。在伦理学上，最重要的是对行为以及在某些情况下对人作出正面和负面的评价。例如，如果一个人被认为是勇敢的，从道德的角度看，这种强烈的正面评价对于判断该人与其行为有很多种含义。在法律论证上，关于品性归属的证据推理框架是相似的或者类似的。如果一位证人就诚实问题而被认为具有不良品性，如上文第二节的例子所表明的，对于他的品性的评价，可能与审判中争议的结论是相关的，因为证人证言的效力取决于证人的信誉。这种相同的推理，其核心内容是，我们如何从伦理的角度思考法庭外的行为，我们怎样判断这种行为，以及我们从这些行为中能够得出什么样的结论。

按照尤利乌斯·斯通（Julius Stone）的观点（1991 年，第 254 页），“品性”一词在法律上至少有三种不同含义。第一种含义是“心理学家认为的一个人的实际倾向或者性格”。在伦理推理中，对于勇敢、善良或者丑恶等其他品质来说，与以下两种含义相比，这层含义实际上没有这么重要。第二种含义是“熟人认为的某个特定人关于人类倾向的看法”。这个意思与伦理学上的品性概念和法律上的品性概

念基本相同。其基本意思是，一个人根据他本人对其他人的了解，是怎样看待另一个人的。正是这种个人情谊因素提供了得出关于品性结论的材料。第三种含义（斯通，1991 年，第 254 页）是“与该人接触的那类人即邻居的未署名意见或对‘声誉’（reputation）的感觉”。
第三种含义是从第一种含义抽象出来的。声誉是社区大多数人对某特 62
定人的品性所作的评价，因为它是以最熟悉的人的证据为根据的。

关于品性，在现代文化中，还存在另一种观点，它涉及人们所认为的公众人物，如一位著名的政治家在公开场合的外表形象或者气质（有时被称为形象）。这样的人被认为具有某种特定品性或者某种品性的特质，如勇敢，这是根据公众通过媒体对该人零星的了解，而媒体的报道可能具有高度的选择性。例如，政治家在位时，这种公众形象是不断变化的。另外，政治家们都有公共关系专家，这些人操纵着这种品性的公共形象，就像他们所说的，在它上面贴上一层特定的面纱。他们的目的可能是在他们自己人的品性上贴上一层正面的面纱，在政治对手的品性上贴上一层负面的面纱。这种对公共舆论的操纵成为 20 世纪的一项巨大产业。

但重要的是，这种品性归属需要别人看得到，这在伦理上和法律上是一样的，当根据一个特殊的推理对一个人作出结论时，该种品性特质具有正面的或者负面的价值。这种正面的和负面的品质特征在伦理学上非常重要。你甚至可以说它们是伦理学的全部。因此，我们必须弄清楚它们是怎样运行的，它们的逻辑是什么，需要什么样的证据来支持或者狠狠地攻击它们。在法律上也是同样的道理，事实上，在这种情况下，伦理学和法律上使用的推理非常相似。从某种伦理学的角度看，得出的结论是，某某是个好人或者是个坏人。这种结论所根据的基本材料是，与该人有过一段时间亲密的社会交往或者可能在危难中与该人有过亲密的社会交往的人，说他是个好人或者坏人。对于这种推理的基础，尤利乌斯·斯通（1991 年，第 254 页）将之称为“褒奖意见法”（testimonial opinion medium）。认识该人的那些人讲述事实以支持他们对他或她的道德评价，如勇敢或者怯懦。在第二层意义上，我们其他人则自由地批判质疑这种评价以及给予其支持的原因。不难看出，这种评价的框架是一个对话，或者是一个挑战与回应（challenge-response）的模式。某些论证及支持它们的理由被提出来，然后没有直接参与提出该论证的我们，也许可以通过各方得出的相互矛盾的结论能够质疑和评价所作出的判断，这些人对被讨论对象的个人素质最为熟悉。一个不好的感觉是，这一切听起来有点像是它可能会沦为谣言，并且确实存在沦为谣言的危险。为了排除这种危险，关于一个人的道德品性的结论，必须以证据为基础。接下来，将更多地显示关于怎样把相关信息当做证据使用来证明或者挑战关于一个人被认为的品性假说。

63 那么，问题仍然是：品性到底是什么？答案是：品性是一个主体感知的另一个主体的“内在”的东西。可以这样理解，品性是建立在两个主体之间关系上的。它不仅仅是一个主体所具有的一套稳定的特征或者性格，它还是一个主体为解释、预测和评价另一个主体的行为而构造的东西。品性不是在一个主体的内部，根据本章的考察，从某些角度看，它是能够被看见的。它是另一主体根据他所能够看见的证据构造的东西。这种定义品性的新方式可以被称为品性的人际概念（the interpersonal concept of character）。主体被定义为一种结构或者平台，这可用于定义品性的概念，尽管有点儿人为的因素，但非常实用。主体是一个进行有目标导向推理的实体。他可以被视为一个可程序化的实体，当他从环境中收集到信息时，包括所感知的自己行为结果的信息，他就会在其目标和行为之间不断反复循环地进行推理。这就是主体所做的全部，也是主体的全部。因此，主体不是一个真正的具有真实信念或者意图的人。他只是一个将怎样进行思考和行为的人的抽象模型，在一个特定的信息数据库和特定目标的情况下，他就是一个实践推理者。因此，这种用人际关系定义品性的新方式是人为的。这只是一个模型，有助于说明怎样才能通过可复制的和可验证的逻辑推理程序，根据证据从特定的数据库得出关于品性的判断。这种人际关系的定义为“品性是什么”提供了一个答案。但像所有的定义一样，它有一个目的。哲学定义意在处理道德问题，以及相关的法律和历史问题，关于品性的判断被认为是建立在某些根据证据进行的逻辑推理上的。因此，该定义有一个规范的目的。它旨在提供一个理论，告诉我们应该怎样进行这种推理。

为了解释品性的人际概念，需要两个主体。一个主体，即原始主体（the primary agent），实施一定的行为。另一个主体，即第二主体（the secondary agent），处于观察这些行为的地位。第二主体往往不能直接看到原始主体的行为。第二主体可能获得证词，在特定情况下，可能是一种描述原始主体的行为和讲话的书面记录。正是这种证词或者所观察的行为和讲话记录提供了品性判断的证据。第二主体根据设证推理，用它得出一个关于原始主体品性的假说。但第二主体怎样才能用一种可检验的和可证实的推理来完成这一壮举呢？答案是，在实际处境相当的情况下，第二主体认为原始主体会怎样进行思考和行为，然后他自己据此进行思考和行为。两个主体都有目标，在很多情况下，两者的目标是相似的，都涉及诸如安全的共同需要。因此， 65
一个主体可以根据另一个主体的行为和状况进行推断。第二主体可以得出结论："这是她现在做的事情，以及这是她为什么这样做的原因。"这里有在两个层次上解决问题的办法，使之成为可能。原始主体正在考虑怎样解决某些问题。第二主体审查给定的材料，并掌握了该问题，或者至少知道原始主体正在采取措施解决某些问题。这两个主体可能会截然不同。他们甚至可能是处于不同的历史时代。但他们将分享一些共同的推理框架。因为他们都是主体，并且他们都使用同一种实践推理来试图解决问题。而且两者往往可能具有各种相同或者类似的问题。因此，这里存在一个特定的共同推理框架。正是因为这样，第二主体可以就他所认为的原始主体的品性进行推论。

2.8　品性判断的证据

我们每个人都可能会认为我们了解自己的品性。但实际上我们并不了解。我们所知道的是，我们有一定的目标，或者我们认为重要的事情，以及我们已经了解到实现这些目标的途径。其他人看得见这些习惯和常规，并尝试将它们置于某种模式之中。这些人试图构设某种假说，以便使他们所观察到的事物符合某一包装或者模式。他们使用的这种包装或者模式就是品性。有人可能会说，鲍勃（Bob）非常有耐心，并且在困境和压力的情况下很镇静，或者可能会说，雪莉（Shirley）是一个勇敢的人，她经常冒着自己的生命危险，在危险环境下做救生工作。这些都是我们所说的其他人的情况。我们对自己不说这些。如果我们这样做，似乎有点儿不合适。另外，当我们对于他人说这些时，其他人根据他们所看到的或者他们对其行为的了解，仍然可能会证实或者质疑这些说法。

我的品性是通过我的所作所为形成的。但它并不是我建造的东西，或者引入一个能够表达品性是什么的公式。我的品性是由那些观察我的行为的其他人所创设的。他们概括和解释我的行为信息，通过制造某些方面的陈述，从而建立了我的品性。因此，我的品性只是别人通过设证推理建造的一个设备，以便将材料压缩成某种在伦理上有用的和有趣的包裹。但这种设证推论有无可能呢？是有可能的，因为进行推论的人和品性被推论的人都是主体。常见的主体结构是建立在库伯曼（Joel Kupperman，1991 年）关于思想和行为通常模式的概念上的。比如说，第二主体看见原始主体处于危险状态，他怎么知道情况是危险的呢？答案是，他会知道什么是正常的以及预期情况是怎样的，因此可以判断情况是不是不正常。如果一个主体在远离海岸的一个小船里遭遇了风暴，那么我们就可以判断，这种情况构成了危险，并且我们能够明白为什么在船上的人会感到害怕以及害怕的理由。因此，正是这种背景的共性和思维使得一个主体能够体会到另一个主体的处境，并进行推论，判断其他人在那种情况下会作出怎样的反应。第二主体能够考虑到那种情况，他可能没有掌握所有的信息；但对原始主体的假定品性，他可能足以作出推论。应当怎样进行这种推论呢？推理链条上的环节是什么呢？迄今为止，所使用的推理被证明都是设证推理。它导致了通过从给定的事实中选出最佳解释的程序，得出一个结论。为什么她要做她正在做的事情，我们需要一些这方面的解释，并且需要知道她做这种事情的原因，在特定情况下，对她来说存在风险或者危险。对于她要做的事情，我们可以判断在道德上是好的，并且她也认为是好的，我们对此应感到满意。我们还需要知道关于她的品性的其他方面，以便最充分了解这个人大体上是一个什么样的人。这种描述应该是可信的和一贯的，也应该是适度的。

根据主体的行为，信念能够显示其目标或者意图。这两个因素的结合构成了实践推理的组成部分。目标与所实施的行为相适应，我们可以对主体实施的行为结果作出一个合理说明。如布莱曼（Michael E. Bratman，1987 年，第 54 页）写道："倘若是一个有意识的行为，在正常情况下，我们就能够找到指引该行为的意图，然后找到形成该意图的思考和习惯。"正如布莱曼所指出的，这种从一个行为到一个假定意图的推论方式涉及一个理性的假设。通过假定主体的目标或者意图有意地指导他或她的行为，我们从他或她的行为推断出他或她的意图。当然，即使在某种情况下证据使得推理的结论是可信的，在特定情况下，这一假设也可能是错误的。

第三部分是我们的一套假设，即在这种情况下，关于什么是正常的或者应该合理地预测会发生什么事情的假设。理性主体是一个相对持续地努力完成其设定的目标的人，并且是一个能够正常预见其行为的预期结果的人。但在某些情况下，常态的假设可能被打破。被说成勇敢的行为，不会是那种任何人发现自己在那种情况下都正常期望的东西。相反，如上一节所指出的，被说成勇敢的行为，作为例外以及 66
很多时候作为超出职责要求的东西，它是很醒目的，或者在那种情况下，一个人通常将被寄予什么样的期望。如上所述，对最佳解释的推论是在两个层次上进行的。它涉及一种"多元推理"（meta-reasoning），在这种推理中，一个人试图研究另一个人的想法。推论的这一飞跃怎样才能成为可能呢？答案似乎是双方有一个共同的参照框架。对一个人来说是正常的、常见的和可预期的，对于另一个人来说也是正常的、常见的和可预期的。当有人告诉我一例事实，说某个人的行为表现得很勇敢，通过换位思考，我能够将自己置于他或她所面对的情况。我不能真正进入那种实际情况，但在某种程度上，我可以想象它是什么样的。怎样才能做到这一点呢？答案是，尽管我可能没有身临其境，但那种情况的许多方面我都熟悉。我知道在没有什么保护的情况下冲进一栋着火的大楼会造成怎样的后果。我可以很容易地意识到这种情况将会对我造成怎样的危险和威胁。我甚至可以感到很可怕。因此，我能够领会到该原始主体在那种情况下肯定进行了思考和推理。这种心理上的跳跃是可能的，因为我们都有一个共同领会事物的方式，能使我们在熟悉的环境中对事物进行正常预期。我们大家可以在某种合理的范围内预测特定行为的正常结果。

对于个人行为以及对于通过关于常态和理性的假设推断出的意图，上述这些说法是对的。但我们怎样才能从中确定属于何种品性以判断某某勇敢或者是一个勇敢的人呢？这的确是一个棘手的问题，努斯鲍姆（Martha Nussbaum）是对的，她把它描述为“一个复杂交织的信念、充满动机的渴望和情绪激动的反应”。两个显而易见的因素是：（1）考虑到主体的其他行为，这种品性属性具有长期稳定的特性；（2）不只是在特定情况下，而是更加普遍地深入探究主体的目标和意图。但是，这并不是所有的情况都是这么回事。耶利（Lee H. Yearley，1990年，第107页）指出，这涉及人的性格概念，并且这个概念在其他因素包括行为和能力的复杂结构中须被视为一个因素。库伯曼（Joel Kupperman，1991年，第103页）提出，形容某人慷慨或者勇敢是一个复杂的问题，这不仅仅是对该人能力的描述。汉布林（Chales L. Hamblin，1987年，第206页）很好地概括出了这个问题的界限，他注意到亚里士多德的实践智慧（practical wisdom）的组成部分大体上分为四组：（1）知识群，包括知觉和直觉原因；（2）艺术或者技能群，包括机智；（3）关于两端权衡群，包括协商的优点和判断；（4）伦理美德（德性）（arete）。在特定情况下，这些一般因素的整个复合体必须以正确的方式组合在一起，用以支持这样的结论，即其行为被描述的那个人可以被称为勇敢的人。库伯
67 曼（1991年，第152页）也表示，某个人不能被认为是一个真正的有道德的人，除非他具有权衡和平衡各类相关因素的能力。

2.9　根据设证推理从给定材料中得出结论

上述所研究的这些情况表明，实践推理不仅仅是一个抽象的能够符合特定情况的结论，也不仅仅是用于得出或者反驳这样的结论，即被谈论的主体具有一种像勇敢这样的品质。如果我们确实得出这样的结论，往往就会涉及大量的材料，并且它与一个持续的主体相结合的方式是非常复杂的。例如，一位传记作家可能写了一本书，把该书的主人公描绘得很正直。该传记作家可能叙述了一系列事件，从故事主人公的孩提时起，到她的职业生涯，再到其人生后期的一些经历。整本书可以被视为一个很长的信息介绍，正直的主题贯穿其中。此人的行为和假定目标是整个画面的主要部分，但不是全部。读者都被引导得须同情主人公，并且作者必须能够处理很多读者将可能具有的某种保留意见。如果该主人公被看到经常由于个人原因而改变她所宣称的观点，从而造成对别人不必要的伤害，这些感觉将是负面的或者反证的证据。它们将背离该主人公很正直这一结论。

倘若有大量的材料记录了一个主体在不同情况下是怎样实施行为的，一个假说也许可以自证其身。一个人可能被视为具有正直的品性。但这一假说是怎样被构建的以及有什么样的证据来支持或者挑战这一假说呢？答案是，证据来自大量的描述该主体行为的材料。这个人使用实践推理模型，她写的历史记录能够解释这些材料。她看到该主体参与了一种能够检验该主体的环境，并且她看见该主体是怎样作出反应的。使用这些资料，历史学家（或者可能是任何读者或者评论员）构想出关于被描述行为的解释。历史学家或者该系列事实的读者须理解这个被谈论的主体是怎样作为一个主体实施行为的。因此，历史学家或者读者也需要被视为一个主体，即第二层次或者第二主体。为了使这个程序有效运行，第二层次的主体必须通过一个移情行为（act of empathy）置身于第一层次的（原始）主体的实践推理。在第二层次上，她则可以根据描述第一层次的行为和事件的材料进行推测，并构想假说，来解释该主体是怎样实施行为的，以及她为什么要以某种方式做某些事情。这些假说都是对主体品性特征进行的归属。

68 按照上文提出的模式，有一套给定的历史材料或者假定的材料，它们在一定情况下构成了知识基础。除了描述一个原始主体实施的行为，这些材料可能蕴含很多其他事实，这些事实显示该主体有多种信念。第二主体可以用实践推理建立假说，解释原始主体是怎样实施行为的以及他的目标（大体上）是什么。这些假说将是对品性特征的表述，这些品性特征可能被归因于那个原始主体。但如上所述，这些都是猜测或者推测，通常可以进行讨论和批评质疑。在很多情况下，可能存在几个对于给定材料互相矛盾的解释（competing explanations），问题往往是选择一个最合理的解释。可能存在很多支持和反对那些互相矛盾的假说的论据。为了评价彼此矛盾的假说，进行批判性的讨论似乎成为最好的办法。这包含着设证论证，并且这些互相矛盾的观点的前提来自某种情况下一些假定的事实。明显的事实是，在这种情况下的论证往往能引起极大的争议，这经常被当做不可知论的证据。但可能是对不可知论的飞跃考虑得不周密，所应得出的结论是有简单的情况和复杂的情况，而复杂的情况将会引起争议。在某些情况下，材料本身甚至可能前后矛盾。

把勇敢当做一种品性特征进行判断往往非常需要处理大量明显存在矛盾的材料。例如，林肯的品性似乎就是一个矛盾，巴顿（William E. Barton，1947 年，第 51 页）对此发表了以下评论。

> 林肯很出色地将谨慎和勇敢结合在了一起。他的谨慎完全不太正常。他在优柔寡断时突出表现为好像几乎不具备满足职位的能力。当他准备结婚时，他与梅·欧文斯（May Owens）的关系以及又与玛丽·托德（Mary Todd）的关系显示了他的犹豫不决，这不是他非常谨慎的唯一事例。在他早期承诺反奴隶制时显示了他的谨慎。亚伯拉罕·林肯一次又一次地令人失望，甚至直言不讳地表示对废奴主义者感到厌恶，这似乎并没有表现出他的勇敢。而在他自己个人以及作为公共政策和军事行动的行为方面，林肯表现得很勇敢。

在讨论把勇敢作为林肯的品性特征时，巴顿察看了大量的关于林肯生活的许多方面的历史材料，包括他的个人行为，与公共政策有关的政治行为，以及他作为战争领袖的行为。在政治和战争中的很多行为都可以称为勇敢。他常常表现出一种无私和不顾个人安危。但在另一方面，如巴顿所指出的，他的许多行为显示出不寻常的谨慎，甚至可以认为是优柔寡断。从这些关于林肯生活的材料来看，似乎可以得出两个相互矛盾的假说。他异常谨慎，在一项重要决定面前行动迟缓。然而，他的许多行动表明，他是勇敢的。如何才能调和这两个结论呢？ 69
因为勇敢与能够被称为谨慎甚至犹豫不决的品性特征似乎是矛盾的。但是不是这样呢？要解决这个问题，有必要分析一下勇敢是什么，即应该如何把它界定为一种美德。谨慎能够表明一种细心慎重和深思熟虑，这与勇敢并不矛盾，而实际上可能支持勇敢。也有必要看看大量的关于林肯生活的传记资料。可能是，尽管他很谨慎，但如果时机成熟，他就会以周到而明智的方式采取行动。或者可能是，他有时按这种方式行事，而有时没有。这种显见的矛盾仅仅是那种经过深思熟虑的传记应该探讨的问题。这些材料是有关不同事件的传记信息的主要部分。假说都是来自这些材料，然后审查事实证据，看它是否支持一个假说，或者更倾向于有效地支持一个相反的假说。该传记可以看看两方面的证据，让读者来决定得出什么样的结论。

在这里，必要的方法是，分别审查每一种情况，并认识到，对于每一种情况的特点提出假说，然后进行设证评价，这是最好的方法。根据实践推理得出关于品性的结论，但使用逻辑推理得出这样的结论是设证法。第二主体建立一个或者一套关于原始主体理应信奉的假说。当然，对于一个人来说，很难说出甚至难以试图猜测另一个人的信念事实上是什么样的，或者曾经是什么样的。如果所写的事件是过去发生的，作出这样的判断可能会更加困难，并且能够获得的资料因而也会很有限。有必要将价值观和伦理目标归因于另一个人。根本原因是，勇敢来自内心的信念，是个人价值观产生的一种习惯。但对于某人所在的社区作为一个整体进行评价，它与利他主义密切相关。库伯曼（1991 年，第 152 页）强调，在道德上的良好品性，其内容包括关注和承诺。一个行为不是通过某种透明的计算程序就能够判断的东西，在这种计算程序中，明确或者清楚地体现主体的目标和基本价值观，并据此实施了行为。值得尊敬的品性特征来自对他人的承诺，来自那种自然地和未经思索而非常明确地表现出来的价值观，而且这可能是这个人在很年轻的时候就学到的东西。

如上所述，在任何情况下，提出一个传记或者历史主张，说一个人具有良好的品性，都会有一些“故事”或者对他生活中的某些小事的描述，据此来证明或者支持这种主张。故事通常是一连串的关于一
70 些小事的叙述，描述这个人在困难或者险境中是如何战胜逆境的。它作为证据提出来用于支持这个人具有值得尊敬的品性特征的主张。在表面上，似乎是经过实证地证实或者证伪的历史事实作为证据发挥作用的，来支持关于该人品性的结论。但这里又出现了溢美之词的问题。这些故事很多是基于“吹捧”(puffing up)英雄的思想策略，以支持某项事业或者鼓吹某些利益。战争期间，在英雄簿中描绘战斗机飞行员功绩的精彩故事，以鼓舞士气、鼓励征募新兵和兜售战争债券。即使在和平时期，每一个宣传小组都必须有自己的英雄和角色模型。但是，据说值得尊敬的品性和英雄行为，就像这种英雄簿里所描绘的，是可以进行怀疑和猜疑的。这样的描述往往具有高度的选择性和偏见，忽视会引起麻烦的细节，而这些细节可能是有问题的。

应该考虑从一个传记和历史数据库中推断出关于品性的判断。从特定事实经设证法得出的某些结论可能会受到一些争议，并有证据予以很强烈的支持。任何传记都可以用来证明一组材料怎样表明一个人品性中的显见矛盾。但林肯的品性在这方面很有趣。巴顿（1947 年，第 49 页）曾写道：“林肯品性的某些方面都显现在表面上了。”巴顿（第 49 页）所列举的清楚地表明林肯品性的东西是他的“显而易见的诚意，他的坚定不移的诚实，他的崇高的荣誉感，（和）他的善良的心”。但在其他方面，巴顿发现林肯个人的品性特征似乎是反复无常的。他（第 50 页）写道：“几乎没有人像亚伯拉罕・林肯那样一贯地反复无常。”林肯经常承认自己的缺点，“有时带有悲痛”（第 50 页），这显示了他的谦逊。另一方面，他又常常表现出他很在意自己的个人

权力和力量。他表现得也非常有野心。有时候他会听从、顺从和宽容别人，而在其他时候，他会很固执和坚持到底。他在很多情况下显得非常谨慎，而在其他情况下，毫无疑问，他显得很勇敢。他经常表现得毫无条理和杂乱无章，但他的思考和判断则简明扼要和清晰明确（第 50 页）。这些明显的矛盾也许可以用巴顿所说的林肯的“实践睿智”（practical sagacity）（第 55 页）进行解释。但对林肯的传记作者来说，这些矛盾仍然是个不解之谜。在一个品性判断中，传记材料的主要部分提供了能够支持相反假说的证据。这种明显矛盾的解决带来了一个问题，这一问题只能通过深入研究这些材料以及研究从已知事实中得出的推论来处理。传记作家似乎就是对这种矛盾特别感兴趣，因为它是一个通过不同的解释能从事实中得出什么样推论的试金石。
在林肯的例子中，研究这些明显的矛盾，在判断一个人的基本品性 71
时，能够揭示他的精明和明智，在某些方面，他是简单的和亲切的。林肯受人爱戴和尊敬，因为他不断地表现出一种简单的诚实。他在某些方面是不加粉饰的，并且当时没有想到自己的举止应该像个绅士。但是，通过导入大量的政治利益和强烈的个性，把一群人团结在一起，并有所成就，林肯的这种能力得到了充分显露。这些能力与其生活中的很多其他事件一样，显示了他的确具有高度复杂的社交技巧。

在审判中的法律论证方面，如第一章所示，品性往往是一个有争议的问题。假如某人认识一个人，这个人的被谈论的品性可以通过提供品性证据进行证实。例如，有人可能会就另一个人的诚信进行作证，或者可能证明第二个人不具有诚实品性。在这里，就像在一本传记或者一项历史研究的情况中那样，证据是建立在证人证言基础上的。在法庭上，假定一名证人说的是实话，并作了真实的描述，但如何验证这一假定呢？什么样的证据适合于支持或者反驳这种假定呢？如本章第七节指出的，证人证言往往采取一个“故事”形式或者一连串的事物描述的形式。这个故事的可信性可以通过在法庭上询问证人的程序予以验证。弱点能够受到质疑。明显的矛盾可以被指出来，并可能被解决。这个故事可用其他证人的陈述和其他证据如 DNA 证据进行验证。我们所看到的是，这里存在一套推定的事实或者材料。但描绘事实的陈述是建立在证人证言和其他论证形式基础上的，这些论证在一定程度上是推测的，不是结论性的。我们假定证人处于了解事实的地位，但作为事实的发现者，我们自己并不处于了解事实的地位。不过，我们能够通过询问一些正确的问题来验证证人的陈述。一个主体不能直接看到另一个主体的想法，但一个主体可以根据另一个主体的陈述或者证言，通过深入研究，判断它的可信性有多大。如果一项陈述自然地组合在了一起，即主体正常地和熟练地描绘事件和行为的顺序，它就是可信的。如果陈述的内容前后不一致，它就是不可信的，除非能够消除这种矛盾，或者至少能够给出合理解释——这也许可以通过设证推理做到。

主体执行实际任务，在这方面，他们需要进行审慎的判断。为此，在不完全了解的情况下，他们需要认真地推理。这意味着使用设证推理。他们还需要收集资料，并与其他可能提供这些资料的主体进行对话，而且他们必须不能太教条。当有了新的信息改变了案件事实时，他们需要准备修改一个假说或者废止一个先前的结论。但为了顺
72 利地完成这些任务，主体需要更聪明些。他们需要判断其他主体的品性特征，为了完成集体任务，他们将互相沟通，相互依赖。对于其他主体的假定品性特征，他们须构想特殊类型的假说，即使只能间接地推断出支持或者反对这种判断的证据。问题是，为判断另一个主体大概进行的设证推理，在特定情况下，认识到须以特别的方式行事，一个主体必须使用设证推理。换句话说，作为情况的评估者，我们需要在一个更高或者最高层次上审视给定的情况。使用某种可复制的证据或者可证实的痕迹，怎样才有可能来评价所涉及的各种推理呢？

作为一种标志，其答案开启了品性的定义，对某一情况留下了持久的印象。关于主体品性的证据，能够在该主体的行为和信念中找到，因为不仅在他或她的推理中能够显示出他或她的品性，在对话的上下文中也能显示出他或她的品性。作为一个主体，你不能直接观察另一个主体的大脑，看看里边的品性特征，你必须间接地推断他的品性特征。即便如此，可能存在大量的与品性判断有关的充分证据。这些证据是容易出错的，并依赖于对已知的或者假定的案件事实的最佳

解释的推论。这些假定的事实可能被证明是错误的。设证法是一种猜测，它可能被证明是错误的。正确认识到了品性判断容易出错的特性，这造成了几代思想家把它们作为主观的东西予以抛弃了。但无论如何，我们在政治、法律和日常的个人和商业交易中都在进行品性判断。我们需要做这样的判断。我们只能以有效的团队合作为基础进行有组织的工作，根据这种审慎的判断进行实践推理。但是，只有当我们掌握了在这种判断中使用的推理的合理结构，我们才能克服对错误结论的跨越，这种错误结论是根据不正确的评价证据和拙劣的判断技巧作出的。

按照设证论证的辩证模式，关于一个人品性特征的结论首先是建立在一套假定的事实基础上的，在传统的诡辩论上，被称为特殊情况。第一个潜在的错误是，得到的事实是错误的。此外，在特定情况下，当增加新的信息时，事实可能会发生变化。对于一个表示关于主体品性假说的结论的设证论证，需要被视为有限制的或者相对受限制的案件事实。它是基于所谓的有限理性（bounded rationality）。第二个要考虑的重点是，任何设证论证，相对于目前已知的案件事实，都是一个对最佳解释的推论。在这里，最佳解释的意思是“最佳时刻”（best for the moment）。第三，品性判断的证据在特定情况下应当始终被视为一个权衡的负担。拿破仑是一个恶棍还是一名英雄？他为自己的个人荣耀不惜冒巨大风险和牺牲很多人的生命，他是勇敢的还是只是一位自负的暴君呢？显而易见，对于这两种结论，都能够找到很 73
可信的历史论据。历史解释和论证只能从假定的事实中进行推断。我们从历史学家的描述中所了解的关于拿破仑在特定情况下的言行，其大部分证据都是以这样或那样的证人证言形式存在的。但这里还是有历史证据的。我们称之为证据还是对的，尽管大部分证据是有问题的，而且还要受到揣测和推敲。

设证法从一套既定的事实出发，然后对这些事实进行解释。在某些情况下，资料库很小。在其他情况下，资料库很大。在某些情况下，一个解释旗帜鲜明，可能没有其他任何真正的对手。另外，资料库可能很大，甚至很完整或者近于完整。在这种情况下，设证推理可能具有很强的说服力。在其他情况下，资料库可能很小，也可能是不完整的，并且似真假说的数量可能很大，那么，设证推理的说服力就可能很弱。品性判断可能依赖于大量的或者少量的证据。如果你和别人结婚已经30年了，你就会有大量的关于你配偶在不同场合的行为的证据。但在许多情况下，我们判断另一个人的品性是根据非常有限的证据。我们可能刚刚遇到一个人，对他几乎一无所知。但如果我们看到他以某种特定方式行事，我们可能会立即得出其品性的结论。在政治上，有一个人，我们可能从来没有遇到过，根据媒体的报道，以及他在电视上的表现，对于我们对他的品性的看法，我们可能非常确信。但是，这些证据可能具有很强的选择性。另一类的情况涉及历史判断。我们对一位历史人物的品性或许具有相当坚定的观念。但是，关于这个人的著作或许非常多，它们可能主要是根据一些原始素材。此外，很多著作可能反映了作者的兴趣和成见。这些著作的某些主张或许与其他著作的主张存在尖锐的矛盾。在这种情况下，原始证据的坚实基础可能微不足道。

根据设证推理进行品性判断没有错，只是有时要面对令人困惑的矛盾问题。当然，非认知主义者们可能举出这一事实作为证据，认为这种判断仅仅是主观的。这些怀疑论者可能会说，对于一个设证推理的品性判断，可能经常存在相反的假说。他们可能得出结论，设证推理的判断是一个不断进行的主观过程，结果是产生了不同的观点，但从未形成一个主张的结论性证明。这种异议的问题是，它是根据一种实证哲学的观点，对于成功的辩解来说，这种观点显得有些好高骛远。只有当它提供了一个演绎证明，建立了一个不容置疑的结论，辩
74 解才能被视为成功的。在余下的章节中，将建立一个品性判断的方法，通过证明在一个资料库中存在矛盾不一定是件坏事，来逐步驳斥这一异议。因为在演绎逻辑中，矛盾不应被当做一个放弃的信号，而应被视为需要探讨和评价的东西，因而往往提供能够支持或者反驳关于一个主体品性的设证推理假说的证据。

2.10　品性、动机和偏见的甄别

鉴于本章介绍的品性分析，现在要重点解决的问题是，一方面，如何区别品性与动机的差异；另一方面，如何区别品性与偏见的差异。区分的标准之一就是它们的定义。亚里士多德关于优秀品性的定义是一个很好的起点，它作为一个具有选择性的固定陈述，相对于我们来说，是一种简单的定义。按照这样的定义，品性是一个主体的实践推理问题，该主体按照其目标行事，但根据良好的判断，弥补了很多复杂的真实情况。根据主体已知的案情，实践推理是一个具有目标导向的推理，为谨慎行为作出一个决定。主体的目标体现了他的行为动机。主体可能是有偏见的，或者他可能以一种开放的和平衡的方式审查所有的案件证据，即公平地审查争议双方的论据。偏见与论证有关，论证有两方当事人，偏见也与主体是否愿意接受双方的论证有关。③ 品性是一种长期的以特定方式实施行为的道德倾向，发展成为一种整个一生的特定模型，品性也是一个习惯和性格问题。动机是一种目标或者意图，在实践推理上，它是主体行为的基础。从理论上讲，这三个概念是不同的，尽管它们都关系到主体的实践推理。

在特定情况下，怎样才能判断出某种东西是不是品性、动机或者偏见呢？例如，在审判中，怎样才能判断对证人的攻击是对他品性的攻击，而不是这样一个论点，即说他有偏见，或者说他出于某种动机实施行为，如牟利的动机？攻击的目标和用于支持该目标的证据都是需要审查的。指控动机就是认为主体的行为可以通过证明它需要建立在某些假定的目标基础上进行解释，他这样做符合当时他实施的行为。重点是在具体行为和实践推理或者手段与目的推理上，这种推理大概能让主体去实施这种具体行为。要建立这种论证，就要创造一个

③ 因此，把法律论证视作一个对话过程是很重要的。在人工智能方面的最新著作中，把对话方式引入法律论证分析的，包括普拉肯和萨特（Henry Prakken and Giovanni Sartor，1996 年）、普拉肯（Henry Prakken，1997 年）、弗特瑞斯（Eveline T. Feteris，1999 年）和罗德（Arno R. Lodder，1999 年）。

75 主体在实施该行为时其心理状态的推测性解释。从描述该行为的假定事实进行设证推理，通过一个实践推理程序，回到关于该主体心理状态的结论。在品性判断中使用的推理类型与这非常相似。它也是从给定的事实材料，以主体心理状态假说的形式，回到对该材料的最佳解释。但是，品性是一种稳定的心理状态，它与一个人的整个一生的道德素质和判断技巧有关。尽管品性具有稳定性，但它也可能发展和变化，它能够以不同的方式适应不同的环境，但它不是一个单一的行为。

区分偏见和品性之间的差别是另一个不同的问题。偏见可能与品性有关，因为在某人的判断中，封闭意识或者教条和僵化可能是品性的一个特征。但是，偏见证据与品性证据有不同的收集和评价方式。在对话的上下文中，偏见基本上是论证的一个固有属性。如果对话应该是两方面的，如一个批判性的讨论，偏见就成了问题，但是，论证是单方面的。因此，通过在对话上下文中审查一个人的论证，可以对偏见作出判断。它能表明公正地审查争议双方论证的证据吗？它能对于一个与争论者的观点或者利益相反的论点给予重视和适当的考虑吗？这些都是与偏见判断有关的问题。在如何使用证据以及从证据中得出结论上，用于品性评估的证据都与偏见判断的证据有所不同。品性证据把主体或者个人视为一个稳定的实体，或者通过很多事件，表明一个反应、决定和行为模式。它作为一个有两个主体参与的人际关系的判断被提出来。在上文第二节研究的法律案件中，证人提供的品性证据可能证明其他人的品性，因为他对这个人很了解。品性证据需要在一方当事人了解另一方当事人的基础上进行评价。在一项法律调查中，为品性证据奠定基础是通过事先确定事实来完成的。如上文第二节所指出的，需要事先问四个问题。一个人认识另一个人多长时间了？一个人与另一个人多久近距离接触一次？在亲密的社会环境中，两人的交往有多紧密？一个具体的品性特征，如诚实或者勇敢，以一个人看到另一个人实施行为的方式多久被验证一次？这些问题都是为品性证据的要求设计的，显示了应该怎样验证品性判断，以及应该怎样使用证据来支持或者反驳品性判断。

偏见证据在这方面则是完全不同的。一个人对他人的了解程度在这里并不是特别重要。重要的是，被指控具有偏见的人在那种论证中是怎样做的，对双方的对话才应该是适当的。当然，可能存在重叠。在辛普森案件的刑事审判中，侦探马克·富尔曼被指控有种族偏见， 76
偏见证据也是富尔曼的品性证据。持续的种族偏见，表示不公平地对待他人，这是不良品性的证据。因此，法律论证的微妙之处在于它涉及供述证据问题或者在审判中判断它不具有相关性。在特定情况下，偏见证据可能也是品性证据。因此，从一个人具有偏见的证据中，陪审团能够得出有关他的品性的所有含义。同样的事实可以使用其中一部分用来证明该人或者他人的品性。

用于支持法律论证中的品性判断的证据具有其特殊性。通常存在一个涉及双方当事人的人际关系判断，一个是作出品性判断的人，一个是品性受争议的人。我们把前者称为证人，把后者称为主体。第一个要求是，证人处于了解主体品性的地位。为了获取这种地位，证人要了解主体的状况，在这种状况下，他能够观察主体在不同情况下是怎样实施行为的。双方相互认识的时间跨度因而可能成为一个重要因素。这样，证人能够看到主体在各种情况下的行动。律师通过造访证人，获得品性证据，在审判中，律师将使用一个论证技巧，即所谓的“奠定基础”（laying a foundation）。在询问主要问题之前，将事先询问几个问题，为的是让主要问题的答案更具说服力。观察这些技巧在品性证据案件中是怎样运作的，就引出了其中的一些特征。

穆迪（James Moody）和库彻（Leellen Coacher）（1998 年，第 165 页）提出了一个有助于如何将奠定基础的技术应用于询问应该提供品性证言的证人的例子。在这个例子中，对证人品性的诚实（真实性）产生了怀疑。

问：琼斯（Jones）先生，你认识证人亨德森（Henderson）先生多久了？

答：我认识亨德森先生四年了。

问：你是怎么认识他的？

答：他是我的隔壁邻居。

问：你多久能看见他一次？

答：我几乎每天都能看见他。

问：在什么情况下？

答：哦，在过去的一年，我们在一家邮局的同一个办公室工作，我每天在那里都与他打交道。此外，当我们在院子里干活或者做其他类似的活动时，我们都能互相看到。我们在几次社交场合互相碰见过，并且我们的儿子是同一个童子军的成员。

77 问：在他与你交往时，他是否有机会向你表述有关工作或其他问题的事实？

答：是的，他有机会。

问：根据你对亨德森先生的了解，你是否有关于他具有诚实和真诚品性的看法？

答：是的，我有。

问：什么样的看法？

答：我的看法是，他不真诚。

提问者的策略是攻击亨德森先生的真诚品性，为的是增强对他作为证人的诚信的怀疑。如本章第七节所表明的，诉诸证人证言是论证的一种形式，这种论证依赖于证人讲真话这一前提。如果这一前提可能受到了怀疑，证人的诚信也将可能受到怀疑。如果证人的诚信受到指责，作为一个论据，证言的使用将受到削弱，作为证据甚至会受到质疑。假如亨德森先生的诚实品性受到攻击，就像上述对话的结果那样，它将对陪审团产生什么样的影响呢？陪审团将有充分的理由得出结论，认为他在这件事上作证时可能没有说真话。

提问者怎样通过证人证言为其指控奠定基础呢？它是通过让证人回答几个初步的问题确立一些事实来完成的。

1. 证人已经认识主体很长时间了。
2. 主体与证人每天都有近距离接触。

3. 主体与证人在密切的社会环境中（如工作）交往。

4. 主体经常对证人说一些事实情况。

这四个条件一旦成立，就为向证人提问最终的问题奠定了基础。证人的品性是诚实的吗？如果答案是，主体是一个不诚实的人则是令人信服的，因为证人先前的断言提供了这种要求支持最终陈述的证据。

关于在法律论证中通常是怎样运用证据支持品性判断的，这些认识为如何直接区分品性与动机的差别以及如何区分动机与偏见的差别提供了一些线索。在品性论证中，在提供证据的人和品性被评价的人之间存在一种特殊的对话型人际关系。前者需要处于了解后者品性的地位。上文所列的四个条件是这种了解地位要求的具体化。但能不能 78
也将这些条件应用于对一个人的偏见或者动机的判断呢？在很多情况下，它们所考虑的东西好像可能是相关的。因此，区分品性与在法律和伦理上那些与之密切相关的内容的问题还没有得到解决。要解决这个问题，需要对品性的概念进行深层次的哲学分析。

本章关于品性的分析，加上关于动机和偏见的附带评论，为区别那种旨在提供证据证明一个关于品性而不是动机或者偏见的主张，提供了一个哲学基础。品性是很难界定的，也很难与法律论证和证据上的其他很重要的概念区分开来。但原则上，也不是不可能对它作出界定，或者从这些相关概念中区分出来。同样的事实有时被用来支持或者驳斥关于品性的主张和关于动机与偏见的主张。而同样的设证推理用来从证据事实中得出结论。然而，其目标即推理针对的结论是不同的，此外，即使有时是重叠的，证据本身也是不同的。品性证据是建立在主体之间的一种特殊的人际关系基础上的。

第三章　正直与虚伪

79 并非所有的美德或者品性的道德素质都是以相同的方式进行判断的。一种与勇敢、慷慨、诚实或者耐心等似乎有所不同的美德是正直的道德素质。当原始主体判断出第二主体是正直还是不正直时，原始主体就会得出结论，即第二主体表明了她具有特定的道德价值观。他的结论是，她表明了一种坚持这些价值观的模式，甚至以牺牲她狭隘的自身利益为代价。正直是一个相当广泛的品性特征，例如，与勇敢相比，通常趋向于涉及一种更窄的判断。正直包括品性的许多其他特征，因为它代表了一种整体性，其中品性作为一个整体结合在一起。一个正直的人是一个可靠的人，他或她在某种程度上言行一致，按照一个具有道德的人的原则和标准所期望的那样，他或她能够被信赖会做什么。另一方面，因其行为与其所公开声称的原则不一致而被攻击的人，被认为是一个伪君子。虚伪是正直的反面。如果某人的正直受到质疑，就等于一种批评，即他的良好品性的整体声誉受到破坏。如果某人被认为是正直的，这是一种很高的道德赞誉形式，表明他不仅具有良好的道德品性，而且是一个思想成熟的人，并具有深刻的品性。指责某人表现出虚伪的证据是一种品性攻击。

正直与虚伪可以被界定为品性特征，但存在很多悬而未决的问题，即关于那种应该用于支持或者反驳一个人是正直还是不正直的说法的证据问题。本章首先把正直定义为一个人的品性特征，然后提出一些关于如何判断一个人是否具有这种品性的问题。正直是通过主体 80
的行为与其公开声称的道德信念之间的关系进行判断的。本章还将审查被指责虚伪的情况。认为一个人是个伪君子的依据是他的行为与其公开声称的道德信念存在不一致性。正直和虚伪判断引起了很多与勇敢和怯懦判断相同的问题。两种判断都需要一个这样的结构，即一个主体判断另一个主体的品性。两种判断使用类似的推理方法。使得正直与虚伪判断有所不同的是，它们依据的不仅是简单的从行为到信念的设证推论，而且是一个关于主体的被观察和报告的行为并列的东西，这种行为带有该主体对一些道德价值或者目标的应有信念。所研究的是言行之间的一致性或者不一致性。

3.1　正直的三个主要特征

正直是品性的最重要的素质之一。作为品性的一个素质，正直有三个主要的决定性特征。首先，如上一章所示，它是人的一个固有属性。更具体地讲，它是个人品性的一个固有属性。其次，它依赖于人们拥有的道德立场。再次，它要求人们所坚持的道德立场具有某种程度的一致性，尽管在某些情况下，作为权宜之计，可以有所偏离。哈尔丰（Mark S. Halfon，1989 年，第 13 页）在问谁有资格作为一个有道德的人时，提出了苏格拉底（Socrates）、圣雄甘地（Mahatma Gandhi）和马丁·路德·金（Martin Luther King）作为答复。当问这些人的共同点是什么时，哈尔丰（第 14 页）回答说："他们共同的一个特征是，每作出一项承诺，就要采取一些客观和一贯的行动来坚持这种承诺。"那么，看起来好像是哈尔丰同意上文提出的三分法的分析。为了进一步展开这种分析，这三个组成部分，即人、承诺和言行一致（稳定感），需要澄清和配备一些方法或者结构，以便能够用于评价一个人是否具有正直品性的情况。

在具体情况下评价正直的问题，这种言行一致不是固定不变的。需要有一定的弹性，以便处理道德上存在问题的情况，如那些规则的原则和例外存在冲突的情况。要保持正直，一个人必须坚定不移地履行承诺。但过于倔强的坚定不变可能会是一个盲信者或者狂热者，而不是一个有道德操守的人的标志。正直往往与诚实有关联，但如麦克福尔（Lynne McFall，1992 年，第 80 页）所指出的，“诚实明显的核心内容可能反映了一个对良好道德原则的一般性但可废止的信念，允许存在欺骗的情况，这在道德上是可以被宽恕的，或者在道德上需
81 要这样……”麦克福尔引用下面的例子来说明正直在某些情况下与欺骗并行不悖，如果不是彻头彻尾说谎的话：“如果你生活在第二次世界大战期间的德国，在你家的地下室躲藏着一位犹太人，如果你在门口告诉纳粹家里只有你一个人，除了康德外，没有人会认为你缺乏道德上的正直。”这种例子表明这样一种结论，即那种要求定义正直的言行一致不是僵化的。它涉及一般规则或者原则的实施，如做诚实人或者讲真话的规则，在特别情况下，存在例外。这些规则或者原则是可以被废止的，这意味着，尽管在通常情况下，它们会被坚持，但在特别情况下，它们则会被放弃。问题是，如何在适当意义上界定言行一致，即指一种坚定不移地坚持一般的道德原则或者立场，而在某些情况下又要有些灵活性。

另一个问题是，持有该信念的人必须是坚定不移的，必须是我们能够接受的在道德上是正义的，甚至是值得称赞的。斯大林和希特勒对他们的信仰坚持到了最后，但这并不意味着我们有资格说他们具有道德操守。他们即使在非常危险的恶劣条件下，也不懈地坚持和追求他们的目标，确实显示出了言行一致，而这可能构成一种“正直”。但我们还是得说，在将来意义上，这两个人是没有道德操守的。理由大概是，我们认为他们的信仰不能代表我们所要提倡的那种良好的道德价值。哈尔丰（1989 年，第 133—136 页）提出了一个具有献身精神的纳粹是否可以被说成具有正直品性的问题。答案是，只有评价他的人也是一个纳粹，或者至少认为纳粹主义在道德上是可接受的，那么，他可能被认为是正直的。我们大多数人认为，纳粹主义在道德上是不可接受的，并且应该受到强烈谴责。在此基础上判断这个问题，一个具有献身精神的纳粹不是、也不可能是一个正直的人。相反，克

劳斯·冯·施道芬伯格（Claus von Stauffenberg）是一个最为正直的人，尽管他作为一个德国军官，曾宣誓效忠于希特勒，但他坚持不懈试图杀死希特勒，尽管没有成功。这种证据在一定程度上能够表明他言行不一。然而，正确的判断是，施道芬伯格是一个正直的人，而希特勒不是。希特勒在坚持其目标反对所有的对手以及对待逆境上表现出苛刻的一致性，但要说他是一个正直的人则是完全错误的。相反，用哈尔丰的话说，苏格拉底、甘地和金都在“逆境中致力于他们所认为的令人钦佩的目标”（哈尔丰，1989 年，第 14 页）。不仅如此，我们作为对这些人是否正直进行评价的人，赞成他们的目标是令人钦佩的。苏格拉底致力于哲学对话，创造出深邃的新思想。甘地在印度致 82
力于对不公正的非暴力抵抗。金致力于反对偏见和种族隔离非暴力运动。这些代表了我们大体上能够作为道德上有价值东西予以接受的道德立场。这倒不是说这些信仰没有争议或者每个人如何实现这些信仰没有争议。但一般来说，这三项目标作为道德上的信仰全都被认为是值得的。

正直指的是一种特定的整体性，使得一个人的品性结合成一个道德整体。“正直”一词源于拉丁文 integritas，意思是“作为一个整体”。整体性要求必须有一定的连通性（connectedness），使一个人的品性的构成部分作为一个道德整体结合在一起。但这个整体是什么？它的构成部分又是什么？这就是把正直定义为一个人的品性特征所存在的问题。这里所给的答案是，整体是人的整个道德立场，即该人在她认为的是其人生中重要的伦理问题上的信仰。正直必须处理好如何坚持和遵循这种整体的问题。

3.2　正直的判断

这里提出的问题是根据一些相关证据来判断一个人的正直。要想正确地做到这一点，需要做一些假设。当判断某人的正直品性时，假定你有一些关于以下两方面的信息。首先，假定你有关于这个人公开声称的或者被推定的道德原则方面的信息；其次，假定你有一些关于这个人与上述道德原则有关的具有伦理意蕴的行为信息。

在一个典型的例子中，关于个人行为的信息是来自其生活或者特定场合的所作所为的某些记述。这可以采用可能很长的传记形式，或者采用对他据说曾经参与的一些活动的记述形式。但是关于该人公开声称的或者被推定的道德原则的这类信息来自何处呢？它可能有很多来源，可能来自他所做的演讲，或者一些其他的他所声称的特定道德价值的话语，也可能仅仅来自我们在与他人进行日常交流时对其所做的伦理推测。例如，如果没有相反的证据，我们会假定一个人有礼貌、诚实、合理公平，等等。这些仅仅是我们对与之交往的人的正常的道德期望。我们使得这些与之交往的人保持一定的水准，如果他们
83 在某一特定情况下低于这些标准，我们就会对其行为作出相应的判断，并可能在以后的交往中更加谨慎。我们假定人们对个人行为持有特定的道德标准。如果根据他们的行为，有证据表明与之不同，发现的情况是在表明一个人应该如何与他或她进行个人交往这方面的兴趣。一个人的道德立场的证据正是来自这种信息。当然，在有些情况下，我们对这种证据的解释可能是完全错误的，或者可能从中得出错误的结论。

假如一位妇女告诉她的儿子吸烟有害健康，并告诉他不应该吸烟。从这一告诫中我们将适当地判断出这位母亲信奉这样的主张，即“吸烟是一个坏习惯”。但是，假如她的儿子指出她自己也吸烟。我们从这一说法中能得出什么样的结论呢？儿子可以得出结论，他的母亲没有以身作则。换句话说，他母亲的信念不具连贯性。他可能进一步得出结论，认为她关于吸烟的观点毫无价值，并认为他可以对此不予理会。此类情况引起了很多问题，即由于对他或她行为的描述，能够从其信念中得出结论的问题。

关于这个例子，有一点要注意的是，可能会过于草率地作出这样的推断：因为母亲吸烟，甚至对此直言不讳，因而她致力于把吸烟当做一项政策。当面对儿子的指责时，她可能回答说她曾努力戒烟，但吸烟会上瘾，从而至今都未能成功地戒掉烟瘾。她甚至可能进一步说，因为吸烟上瘾，并且由于吸烟一旦形成习惯就很难戒掉，这就是

为什么儿子不应该吸烟的另一个充分理由。这一回答告诉了我们什么呢？它告诉我们，根据我们对一个人行为的观察，得出关于其信念的结论需要非常小心。事实往往胜于雄辩，但并非总是如此。在特定情况下，好像行为暗示的东西可能存在限制性条件和例外。

在这个例子中，如果儿子认为他母亲是一个说一套、做一套的伪君子，他的论证（即母亲的行为与其言论不符）的根据可能是非常准确的。然而，如果他草率地得出结论，认为他母亲关于吸烟的整个观点毫无价值，他就将会犯下一个错误。母亲可以提出充分的证据表明吸烟是不健康的。把她的观点当做毫无价值的东西置之不理将是错误的。在一定程度上，儿子的论证是对的。但如果他过于极端，这一观点将成为一个糟糕的观点。不幸的是，这种论证很容易走极端，并从中得出错误的结论。

总的教训是，一个人的行为一般情况下确实能够表明她的承诺，或者在没有相反证据的情况下，可以推定她会这么做，但是，一般情况下是正确的东西，在特定情况下可能是错误的。一个人的行为表面上可能会显示出她对某一特定政策或者主张的承诺。就我们所知，这
可能是一个合理的推定。但是，如果某人更加充分地解释其立场，这 84
可以清楚地表明她根本就没有真正地致力于该项政策或者主张。假如她必须致力于该项政策或者主张，这将可能是一种偏见。当原始主体判断第二主体具有或者不具有正直的品性时，言语可能与行为同样重要。原始主体可以观察第二主体的行为，并试图对此作出解释，从这一资料中进行设证推论。但如果原始主体自己提供解释，并且试图以口头的方式表达其承诺，我们不能忽视这种讲话资料。一旦原始主体有机会表明其立场，通过解释往往能够消除这种明显的不一致性。

3.3　承诺与正直

有人可能会把正直界定为对原则的坚持，并坚信这些原则在道义上是正确的。但是，信仰是心理上的实在物。在特定情况下，判断一个人真正信仰什么或者不信仰什么，是一个心理学的问题。心理学是

一门与正直研究高度相关的重要学科，但是，通过确定一个人的真正信仰来判断其正直品性，使得这门学科要比其实际上更加困难。要对一个人的品性和正直作出道德判断，这也许没有必要。这可能足以获得关于该人公开声称的其所信仰的原则或者道德主张的证据，并且可能足以对其实际所做的或者过去所做的相关的这些原则和道德主张进行评价。重要的事情不是这个人是实际上相信什么，而是他把什么样的主张作为他的道德立场。重要的事情是他认为任何人包括他自己应该遵循什么样的原则。简而言之，我们应当把赞成与信仰区分开来。这里所采用的方法是，根据其所赞成的东西判断他的正直，或者根据我们所知道的他的言行判断他可能赞成什么。

据此，主体的言行在特定情况下提供了一组另一个主体据以判断该原始主体的承诺是什么的证据。根据这些证据，原始主体的承诺是他可能被推定所赞成的那些主张。一个主体的承诺是从其行为中推断出来的。而行为包括言语行为。例如，假如一个叫比尔（Bill）的人，答应在某日付给你一笔钱，那么，比尔就以下主张作出了一个承诺，即他在该日将付给你那笔钱。我们是怎么知道他作出了这一承诺的呢？对此有什么证据证明呢？这是比尔通过一个所谓作出承诺这种仪式化的行为完成的。这种语言行为通常包括说出特定的字眼，如“我
85 答应在某某日期付给你这笔钱”。在适当的情况下，一旦比尔作出这种陈述，他就作出了一个承诺。

对一项主张的承诺和对一个行为的承诺是不同的。如果你公开发表见解，认为某项主张是正确的，那么，确实可以说你会恪守这一主张。积极追求这种主张要为其承担证明责任。如果要证明该主张是真的，你就有义务提供证据对其进行证明，或者撤回对该作出的承诺。在对行为承诺的情况下，你要致力于实施该行为，或者至少不要辜负了你的承诺。我们将在下文中讨论怎样才算是没有辜负承诺。这里的问题是，你可能无法实施该行为，即使你仍致力于实施该项行为。在这方面，对作出的承诺比较容易对付。

在某些情况下，一个人致力于某项具体主张是显而易见的。但在其他情况下，判断起来更麻烦些。例如，抽象地说，一个人可能致力

于一项一般性政策，但在具体情况下，可能很难判断他所致力的主张或者行为方针。比如说，一个人可能宣称信奉安全，但有时会骑着自行车去上班，他知道这样做多少存在一点儿危险。我们能够得出他并不是真正信奉安全的结论吗？不一定。该人可能声称他个人的安全所产生的危险相对很小，或者他能够忍受这种危险。并且他可能说，他也信奉健康，骑自行车上班对他的健康有益。此外，他可能会说，由于他的健康与他的安全密切相关，如果他骑自行车锻炼，他就不太可能得心脏病。那么，我们应该怎样评价这个人的信奉呢？一般来说，他信奉安全，但此特定情况下，看来他不太在意自己的个人安全。但是，一旦他解释了他的立场，我们可以看到，最初的表象是个误导。他对安全的信奉可以与其骑自行车上班的个人行为并行不悖。

从这种例子中我们能够看到，对某些抽象的政策或者目标的一般性信奉是一回事，而对一个人在具体情况下信奉的政策作出准确的判断是另一回事。具体信奉不完全取决于一般信奉，反之亦然：在一般政策和具体情况之间存在偏移或者不确定性。在判断一个人的正直品性时，这一观察是非常重要的。正直要求某种特定的连贯性。但通常情况下所涉及的不仅仅是逻辑上的连贯性。正是这种连贯性将一般政策与特定情况下的行为联系起来。一般与特殊之间的不确定性为这种判断产生问题留下了空间。尽管通过行为与所宣称的政策或者一般信奉之间的冲突可以表明缺乏正直的品性，但情况的进一步细节可以解 86
决这种明显的言行不一。

在任何特定情况下，可能有很多需要探索的问题要问，并且有些主张，即可以准确地表达出某人在某种情况下被认为确切地会做什么，这可能非常难以捉摸。例如，上文提到的苏格拉底，他被视为一个具有正直品性的典范。毕竟苏格拉底坚持不懈地从事他的哲学问题研究活动，乃至达到了走火入魔的程度，尽管如此，如果他放弃这种活动的话，他能够避免这样的结果。他表现出的这种信念似乎会使苏格拉底成为一名杰出的具有正直品性的人。

问题是，虽然历史上的苏格拉底可能确实符合这些要求，但我们对于他的正直品性的判断主要源于柏拉图所著的对话中关于其活动的描述。这些对话都是文学作品，并且为了柏拉图自己的哲学和伦理观点，苏克拉底往往被描绘成一个“完人”（poster boy）。苏格拉底本人宣称信仰什么的观点往往是否定性的和慎重的。例如，他没有说他知道，而只是说他具有知道他不知道的智慧。因此，如果确定他的具体观点和信仰尚有些困难，提供证明他是一个具有正直品性的人的确切证据可能很难。

按照卡泰的说法（George Kateb，1998 年，第 78 页），“苏格拉底的奇异”是因为他的否定性。作为这方面的证据，卡泰指出，苏格拉底没有任何作品，并声称一无所知（第 78 页）。他质疑各种教义和别人的理论，但没有宣布创造出自己的学说（第 14 页）。尽管存在这种否定性，卡泰认为，把苏格拉底当做一个具有正直品性的人，以下两个理由可能是有帮助的（第 79 页）：（1）在坚持不懈地追求智慧上，他显示出了智者的正直品性；（2）在严格避免不公正方面，他表现出了道德操守。但这两种说法都受到了质问和怀疑。卡泰使用柏拉图与克里托（Crito）的对话文本和《愧悔》（the Apology）作为证据来支持各种假说，即苏格拉底是怎样在其言与行两方面均表现出传说中的正直品性的。总的来说，有证据表明，不难理解苏格拉底被认为是一个正直的人，但他的正直品性究竟应当包含哪些内容，以及柏拉图的对话所转达的他的行为和话语是怎样显示其正直品性的，还都存在很多疑问。对于所有这些证据，为了哲学和文学的目的，苏格拉底在对话中仍然被刻画为一个虚构的人物，至少部分是这样。在其学生柏拉图撰写的对话中，对话把历史上的苏格拉底与作为哲学家参与对话的苏格拉底混在一起。我们所能做的最好是从给定的数据库中去判
87 断其正直品性。不过，就数据库的真实性，我们当然可以问其他的问题。历史证据可以表明，苏格拉底在对话中以各种方式显得像或者不像个哲学巨匠。

3.4　一个质疑正直的案例

研究判断正直或者缺乏正直的真实案例能够揭露出大量的事实。

在一个有趣的例子中（克兰霍尔德，Kathryn Kranhold，1999 年），一个名叫约翰·布莱森（John Bryson）的人，他是首批环境公益律师事务所之一的共同创始人，当他成为爱迪生国际电力公司（the electric utility Edison International）负责人时，他被誉为“环境保护”（green）公司执行官。布莱森宣布计划减少废气排放，转而使用电动车，并引进强硬的烟雾控制政策。他声称自己是“国家电力公司领导人中信奉环境的少数派”（克兰霍尔德，1999 年，第 1 页）。然而，布莱森的很多环境主义追随者把他说成“叛徒”或者“变色龙”，说他和他的公司在污染大峡谷上助纣为虐，杀戮加州海岸的海洋生物，并阻碍替代能源的发展。这些批评者之一，詹姆斯·科特维尔（James Caldwell）质疑布莱森的正直品性，他说：“在这里，约翰·布莱森以一个环境管理员自居，他投资燃煤发电厂，他们正在建设燃煤发电厂。他在哪里开始称自己是环境保护者的呢?”（第 1 页）。科特维尔称，布莱森“绿得像阿斯特罗草皮（AstroTurf）一样”。

在这个例子中，布莱森的批评者都在用布莱森宣称的环保立场与其行为或者他作为爱迪生国际公司负责人的业绩进行对比。在他们看来，这些辜负了他的立场，即在绿色环境问题上长期全力以赴的信念。换句话说，批评者称，他的真实信仰或者我们可以从他的行为证明其真实信仰是他的公司，而不是环境事业。另一方面，既然布莱森在他的演讲中仍然声称信奉环境保护的立场，他所说的与他所做的在某种程度上就缺乏一致性。指责他没有践行其所鼓吹的东西，这项指责不仅仅是没有一个逻辑上的一致性，还存在一个道德主旨问题。基本的批评是布莱森缺乏正直品性。

值得注意的是，在这个例子中，品性判断不是最终的结果，而是传达了一种对其正直品性遭到怀疑的人的道德进行极其强烈的批评。布莱森大概能够对这种攻击用多种方式作出回应。他可能辩称，公司在他的领导下，在环境问题上实际做的比批评者指责的要好得多。或者他可能辩称，他领导公司在环境方面取得的成就可以和任何人相媲美，但怎样以这样或者那样的方式掌控一家大型组织存在很多限制。 88
这是很多这种例子中的典型例子，因为在两方面都有相关性证据。讲述批评布莱森的正直品性，但这只是故事的一个方面。整个例子采取的是一个道德问题的两个方面的形式。当然，布莱森应当具有对批评作出回应的权利，并且很有可能他的回应对他的正直品性问题将阐述一个不同的解释。

这个例子是可用于怀疑一个人的正直品性的典型论证方式。所用的论证是，案件事实显示了不一致性。首先，关于布莱森的出身背景和他拥护的观点的事实，引述他的演讲作为证据予以支持，显示他致力于环境保护或者环保主义者的立场。但引用布莱森作为负责人时公司所做的其他事实，这些措施表明，当归结到布莱森实施的实际行为时，似乎他并没有真正致力于环保主义。换句话说，该论证引用了一个经过实证的在布莱森的公开声明与其实际行为之间的不一致性。运用这一矛盾要表明什么呢？要表明布莱森是一个伪君子。

在如何评价这一论证上，我们有很多话要说。该论证确实提供了相关性证据，并形成了一个牢固的支撑点，除非它可以被推翻。但该论证最大的弱点是，这样一个推论，即因为公司在布莱森领导下做了很多的事情，这些行为实际上表明了布莱森的真实信念。作为一个组织的负责人，领导不可能完全控制该组织所做的一切。在很多情况下，是远远不能控制的。因此，评价这种论证，应该质疑这一推论。另一方面，这里还存在一个合情合理的关系问题。如果布莱森意识到，公司所实施的行为违背了他的原则，或许他应该辞职，或者以某种方式抗议。

该论证的基本主旨是攻击布莱森的正直品性。其底线是布莱森缺乏正直品性，因为他辜负了他公开声称的信念。布莱森被指责是一个伪君子——他提出了适用于所有人的原则，但后来他的行为显示他本人并不遵循这些原则。指责某人虚伪，就意味着这个人在道德上是一个坏人。就像在这个例子中的，该论证承载着一个对某人信誉的攻击。这就是为什么这种论证形式具有如此强大的效力。因为如果一个人的信誉遭到破坏，那么他或她在今后的任何辩论中都将不会被认真对待。

3.5　履行承诺

正直并不总是完全遵循自己的承诺，因为很难说某人实施的哪一个具体行为算得上遵循他的承诺。例如，假如我信仰和平。我可以实 89
施什么样的行为才算是遵循这一信仰呢？有些人会说，解散军队是信仰和平所必须采取的行为。其他的人会说，保留军队是信仰和平所必须采取的行为。但不管我采取哪种行为，要成为一个正直的人，我需要做的是把我的行为与我对和平的信仰联系起来。在作出这样的联系时，将涉及手段与目的的推理（实践推理）。然而，将要涉及的还有履行承诺的观念。

按照查尔斯·汉布林（Charles L. Hamblin，1987 年）的观点，履行承诺不一定是完全按照承诺的要求去实施任何一个行为。根据他的分析，为实施与承诺一致的行为，履行承诺要求作出战略性决策和对部分情况的战略性预测。为说明这种情况，我们已经提出了一个简单的例子（沃尔顿和克拉伯，Douglas N. Walton and Erik C. W. Krabbe，1995 年，第 18—20 页），比方说，约翰（John）作出一个清理垃圾的承诺。例如，比方说他向玛丽（Mary）承诺上午 7 点钟前倒掉垃圾，把垃圾倒在经常收集垃圾的地方。如果约翰睡觉睡到了 8 点钟，那么他就没有履行自己的承诺。但如果约翰的儿子比尔（Bill）意外地在早上 6 点半把垃圾倒掉了呢？约翰有没有履行他的承诺呢？那么，约翰自己没有履行他的承诺。但如果他醒来时看见比尔去倒垃圾，并意识到他没有必要再亲自去倒垃圾了，那么，似乎有理由认为他履行了承诺。当然，说他违背了他的承诺也是不合适的。通过扩展这个例子，可以提出很多其他令人费解的问题。假如约翰按时起床，并认为他是在清理垃圾，但是他清理的是别人留下的一袋毛衣，袋子里的东西看起来和垃圾是一样的吗？约翰有没有履行清理垃圾的承诺呢？假如当约翰把那个袋子送到外边去时，他认为他是在清理垃圾，并且没有明显的证据表明他没有在清理垃圾，答案似乎是肯定的。

汉布林（1987 年）围绕履行承诺的观念构建了一个命令理论（theory of imperatives）。沃尔顿和克拉伯（1995 年，附录）阐释了汉布林的理论在对话中是怎样符合承诺理论的。诺曼和里德（Timothy J. Norman and Chris Reed，2000 年）阐释了汉布林的理论在计算机中是怎样符合多主体系统的。这一理论非常有助于重建这样的案情，即在主体的作为或者不作为与该主体应有的某些先前承诺之间假定存在一个推理连接点或者链条。汉布林的理论把世界视为一个国家的链条，或者被他所称作的行为和事件连接起来的所谓可能世界（possible worlds）。一个指令，如“倒掉垃圾！”，通过那种垃圾被清
90 除的条件，在表面上能够得到满足。换句话说，垃圾在适当的时间被放在了适当的地方，这种巧合的事实在表面上满足了这项命令。但是，表面上满足是一个很弱的概念，对于充分解释什么是履行承诺没有太大帮助。汉布林的完全满足（wholehearted satisfaction）的概念对此更好些。根据诺曼和里德（2001 年，第 136 页）对于这一概念的解释，它是根据汉布林所说的部分策略，即一套为满足一项指令的不完全确定的策略，主体完全满足一项指令，被定义为该主体采用一项部分策略并根据该策略实施行为。在关于垃圾的例子中，约翰通过采用各种部分策略，能够完全满足玛丽的“倒掉垃圾”的命令。例如，约翰意识到自己可以不倒掉垃圾，而知道比尔通常起得早，并且如果付钱给他，可以相信他会干家务活，那么，约翰可以出钱让比尔把垃圾倒掉。

3.6 正直与履行承诺

假如你要采取某项行动，但基于超出你控制的原因，你没有实际完成该项行动。例如，假如早上鲍勃（Bob）告诉丽塔(Rita)，他将于当天下午 4 点钟在哈里斯礼堂（Harris Hall）跟她见面，但在下午 3 点 45 分去哈里斯礼堂的路上发生了一起交通事故而被耽搁了。比方说，鲍勃直到救护车到来前需留在现场，以便帮助伤者。结果在 4 点钟的时候他没能在哈里斯礼堂见到丽塔。鲍勃履行他的承诺了吗？

鲍勃没有履行他 4 点钟在哈里斯礼堂与丽塔见面的承诺。但假设他来晚了，发现丽塔还在等他，并向她解释所发生的事故，应该说鲍勃履行了他在约定的时间去见丽塔的承诺。在那种情况下，他尽力了，但由于外界因素的介入，他被耽误了。他本来可以不理会事故的情况，4 点钟到达哈里斯礼堂，但是这样做是不对的。所以，鲍勃没能在 4 点钟到达哈里斯礼堂有了充分理由，即一个正当的借口。因此，在一定意义上，我们可以说，鲍勃履行了他在 4 点钟到达哈里斯礼堂的承诺，尽管他实际上并没有按时到达那里。

另一方面，假设鲍勃在中午乘火车去奥海尔机场（O'Hare Airport），并于下午 2 点钟登了上去阿姆斯特丹的航班，那么，我们在 2 点 15 可以确定地说，鲍勃没有履行他 4 点钟在哈里斯约见丽塔的承诺。为什么？因为他已经采取了更加远离 4 点钟在哈里斯礼堂约见丽塔的行动。大概在某些程度上，变得他不可能履行该承诺了。当然，91
鲍勃也许有某种非常充分的理由去阿姆斯特丹，并且这能够改变他是否履行约见丽塔的承诺的问题。但事实证明，有证据充分表明鲍勃没有履行他的承诺。

事实上，履行承诺不同于通过实施必要的具体行为来完成该承诺，似乎更加接近完成该承诺，除非你事先用其他一些承诺代替该承诺。问题是当我们判断正直的时候，以及当我们考虑一个人对于某些计划、政策、行动或者价值的承诺的证据时，我们评估他履行承诺的程度。我们没有必要因为某人没有实施某些行为，就得出他没有真正试图实施该行为的结论。

一个人的承诺可以被解读为积极性的或者消极性的。积极承诺是一个人明确作出的已记录在案的承诺，以及在很多情况下，甚至作为重要的和有价值的东西予以捍卫和辩护。消极承诺是一种间接作出的或者是简单承认的承诺。例如，如果我做热情洋溢的政治演讲，说每一位妇女都应有堕胎的权利，这将有理由断定，我致力于每一位妇女都应有堕胎权利的主张。或者如果我曾声称，在其他行星上存在外星人，并试图与我们联系。该声明已经被记录在案。那么，我就对这样的主张形成了一个积极承诺，即其他行星上存在外星人并试图与我们联系。如果有人怀疑这种说法，并要求我来证明这一点，于是要求我提出支持我的承诺的证据。消极承诺不太确定。例如，在堕胎问题上的讨论，为了论证的目的，我可能承认 3 个月的胎儿已经是一个人了。我自己可能并不真的相信这一说法，但我可能会承认这一说法，因为你相信这一说法，我没有必要或者不想花力气在这个问题上进行争论。一旦我承认这一说法，我就致力于这一主张，只不过仅仅是消极地承认罢了。如果我质疑这一说法，我可以很正当地回答说，我没有义务来证明这一说法，因为我的论证并不依赖于这一说法，并且为了推进我的论证，我只是接受这一说法。

在平时的道德评论中，往往可能改变或者甚至收回自己的承诺。例如，鲍勃打电话给丽塔，说 4 点钟见面对他来说有点问题，从而两人约定改为 5 点钟。但是，在没有可接受的解释或者正当理由的情况下，你不能因为你改变了主意，就总是收回承诺。事实上，如果没有比像便利或者自身利益更好的理由，那种经常无缘无故收回承诺的人
92 被认为缺乏正直品性。另一个极端是，当可能存在改变主意的原因时，严格地坚持信念也是一个错误，这可能表明你不是一个正直的人。

例如，假如你自己正致力于与另一家公司的合并计划，拟定协议的许多细节已经由双方的律师制定好了，这次合并看起来对两家公司都有利，但你发现另一公司隐瞒了一些有关公司债务的事实，以及一些有关过去的违法经营活动。对你来说，这种新的信息表明合并将是非常有问题的，并且一旦这些问题被曝光，可能会使你的公司陷入诸多麻烦之中。在这个节骨眼上，你决定收回计划合并的承诺。你向公司的董事会披露这些新的信息，试图说服其他董事会成员不签署合并协议。在这种情况下，你可能有一个坚定的信念，但当有了新的信息时，如果你收回了该项承诺，你可能只是做了件正确的或者明智的事情。

一般来说，一个正直的人一旦作出承诺，就会坚持自己的诺言。但在特定情况下，她可以撤销承诺，但仍然被认为是一个正直的人。在某些情况下，对她来说，撤销承诺甚至是适当的事情，保持正直可

能是她义不容辞的责任。但是，这种必要的收回承诺甚至能够超越在特定情况下应该做的事情。对于一个人来说，可能会改变他的整个立场，并采用一个与先前完全不同的信念。从判断正直的角度看，当这种立场改变发生时，人们普遍对此表示怀疑。尽管如此，但它是可能的。例如，假如一个自由党的老党员“倒戈”（crosses the floor），加入了保守党，并且后半生是一个坚定的保守派，叫嚣着反对他先前支持的政策。从根本上看，他好像是自相矛盾的，并且他可能就是自相矛盾的。他可能经常因为这些原因被他的对手攻击。然而，这可能是因为他的政治信念真的发生了转换或者改变。如果是这样，他收回以前的信念可能被认为是合理的，或者至少是可以理解的。

一个人很容易坚守一个承诺，但其行为可能会引起他或她对该承诺的信仰程度究竟怎样以及对该承诺的严肃态度是怎样的怀疑。如上所述，尤其是在一定条件下，其行为而不是其说了什么，往往被作为一个人真实承诺的更加可靠的指标。有三类情况作为检验承诺的标准，特别具有说明意义。一是实施的行为对一个人不利，二是在逆境下实施的行为，三是抵制某些诱惑的行为。

一个人可以信守一些崇高的目标或者道德原则，但人们可能想知道他们对其目标或者道德原则的承诺究竟如何？事实上，实施一个行为是为了在一定情况下实现这一目标，就其个人而言，有多大意义， 93
这将是确定其真实信念的一个非常好的指标。这种情况往往是与利他主义有关的。例如，一个人可能坚持认为，孩子的培养对每一人来说都极具重要意义。但是，假如当她自己的孩子需要她照顾的时候，她却决定去工作，因为她想延续她的职业生涯。她可能就儿童权利和儿童的“黄金时间”（quality time）的价值发表演说，但她的个人行为可以更加准确地暴露其真实的信念。

第二类标准是与逆境有关的。如果一个人仅是在困难情况下仍然坚持履行对某些原则的承诺，而这些困难情况将使其他人望而却步，那么，这表明了他对该原则的信守程度。另一个特别的标准是危险标准。如果一个人做一些有价值的事情，如帮助别人，甚至在当时情况下对她构成危险，那么，她的行为清楚地表明了她的承诺。勇敢的行为都属于这一类。假如在战斗中极度紧张的情况下，此时人人都有理由恐惧，即使在自己身受重伤的情况下，仍能按照医疗的要求，有条不紊地、冷静地且小心谨慎地包扎别人的伤口。一位二战老兵想起了类似这样的情况，当他描述这种情况时往往是满眼泪水。这种恶劣的环境是检验所讲的很多有关医疗秩序品性特质的信念的一种非常好的标准。最能够检验承诺的标准是恶劣环境，如发生洪水、地震、战争等等。最恶劣的环境能够造就最优秀的品质。

第三类标准是与诱惑有关的。一个人可以真诚地承诺一些原则或者价值，比如对婚姻的忠诚。但是，当相反的行为看起来极具吸引力并且令人愉悦时，以及似乎不会被抓到的话，他或她还能够或者还会坚持这种承诺吗？如果能，那么就表明这个人真的是很坚定地承诺他所宣称的价值或者目标。与这种标准有关的，也可以说是意志薄弱，或者哲学家们所称的无自制力现象（akrasia）。假如一个人在节食，并坚定地致力于减肥，但现在给他一盒巧克力。他可能喜欢这种特别的巧克力，尽管这些巧克力很可能使人发胖，当没有人看见他吃的时候，他可能会吃掉一整盒巧克力。他可能真的是致力于减肥，并且坚信减肥对身体是必要的。他可能把健康看得非常重要。但是，尽管如此，在某个意志薄弱的时刻，他可能会吃掉全部的巧克力。这种情况提出了一个哲学问题，因为很多人都会坚持认为，他对所有这些价值的信仰都是真实的，尽管如此，在某个意志薄弱的时刻，他实施了违背这些承诺的行为。事情的真相是，他吃巧克力成了他严重违背其关
94 于健康价值以及把减肥作为其健康策略的承诺的证据。无论如何，如果他抵得住诱惑，并且无论如何都要扔掉那些巧克力，而不是将之吃掉，他就给人们一个很好的迹象，表明他确实信守所讨论的价值。这种情况提供了一个检验他该价值的真实信念，以及他对这种承诺有多么真诚。

在特定情况下，整组证据建立了这样一个推理网络，即在特定案件中，主要主体的任何主张的所有正当理由，都可以被说成是像勇敢之类的那些品性道德素质。假定主体有这种内在品质，似乎可以通过设证推理过程予以证明。假定他很勇敢，在个案中似乎成了对全部事

实的最佳的或者最合理的解释。但这一假定似乎是可以取消的。如果案件有了新的事实，该假定就可以被推翻，尤其是相关事实表明该主体是在困境下经过严格检验的。对于一个假定所作的推论，将特定的信念归于该主体。但是，正如我们所看到的，承诺是可以被撤销的。在这一点上，案件的评议人员把一定的承诺作为已知事实的最佳解释归因于该主要主体。但是，如果持续的调查得到了新的相关事实，一个更好的、更令人信服的解释可以表明其自身。深挖案情，更能检验其所揭示的品性，更是能够坚信将要作出的解释。

例如，假如一个政府高级官员作为一个战争囚犯，多年生活在极其恶劣且有辱人格的环境之中。并假设在这种情况下，他的行为长期被他的被俘同胞密切观察。在这种情况下没有丧失道德价值观而幸存下来的人，以及那些显示了特别信守这些价值的人，经历了我们这些人几乎无法通过的考验。在这种情况下，有非常充分的证据将之归于勇敢是最好的解释。当然，这个人可以改变，或者在不同情况下作出不同的反应。但在这种艰难的环境下表现很好，表明其非常严格地信守道德价值观。在这种情况下，证据非常充分。在伦理学上，就像在法律推理中一样，有简单的情况，也有复杂的情况。

3.7　根据虚伪指控的品性攻击

目前本书所研究的很多有关品性的判断都是它的值得称道的方面，如勇敢、正直的美德。但是也有很多涉及品性的所谓负面特质的情况。在第一章第四节研究的弗朗西斯·培根（Francis Bacon）的例子中，通过指责他的不诚实、野心和腐败，数百年来，他的品性遭到攻击，其声誉备受诋毁。在上述研究的约翰·布莱森的例子中，说他
“绿得像阿斯特罗草皮（AstroTurf）一样”，质疑他作为一位公用事 95
业公司执行官的正直品性。在这个例子中，攻击的根据是布莱森的言行不一致。他被攻击为是一个伪君子，就像他的个人行为所显示的，他表现出了他所热情鼓吹的东西与他实际信奉的东西不具一致性。有人说他不仅没有履行他的承诺，而且事实上是背其道而行之。

虚伪是与正直相对立的。正直指的是品性的整体，作为信念来说，其言与行表现为一致性。虚伪是指言与行的不一致性。一个伪君子主张一项政策或者一个立场具有普遍意义或者对每个人都有利，但其随后的个人行为在某种程度上违反了这一政策或者立场。为了证明某人是个伪君子，品性攻击是一种强有力的形式。因为它表明了该人对其主张的东西没有诚意。品性攻击揭示了一种不诚实或者言行不一，即一种伪善，这种伪善是品性的一种道德缺陷。此外，这种缺陷一旦被发现，就会对倡导者的信誉产生怀疑。因为如果他在其个人行为中不坚持自己的原则，肯定就会怀疑他是否真的相信或者私下里信守自己的原则。因此，指责虚伪是攻击一个人品性的一种极其有力的方式，特别是在政治舞台上，演讲者的说服力是建立在他的原则和公认的品性基础上的。让我们来研究一个根据他是个伪君子而攻击一位政治家的品性的案例。

这个案例来自 1996 年 11 月 18 日的《时代》杂志的“选举纪要”（Election Notebook）（第 16 页），《时代》杂志有一版把“1996 年竞选活动奖”（Campaign'96 Awards）留给了“表彰杰出成就的政治家及其家属和质问者”。有关这两个奖项的评论的直接引述如下：

> **轻微的言行不一奖章：**对于阿尔·戈尔（Al Gore），当他在民主党全国代表大会总部说他的妹妹死于因吸烟引起的肺癌时，没有一个人不流泪的。戈尔没有提到，在她去世以后的很多年，他的家人继续种植烟草，他本人则继续接受从烟草利润中提供的竞选资金。
>
> **最令人作呕的杜撰：**对于以上情况，戈尔解释说，“我感到震惊，该悲剧所蕴涵的真正意义从生活的整体上到各个方面都提醒着我。”

“选举纪要”版页没有披露作者是谁。它只是作为一个社论栏目出现，并附有相关照片（其中包括戈尔的一张摆有演讲姿势的照片）。

如果对这种案例归属讨论的对话类型进行分类，有人可能会说，它应该放在那种社论版中，而不是放在新闻故事栏目中。该版作品的意图可以说是讽刺挖苦，但每一篇都肯定有政治内容，在这个意义上讲，这一论证表示了一种特定的观点。每一种观点都是一种社论性的评论，表示一种特定的具有倾向性的看法或者意见。因此，话语功能可以被列为政治评论的一种，相对于信息寻求或者新闻报道，它在本质上是具有党派性的。例如，就上述案子来说，对问题争论的一方提出了一个观点。相比之下，在关于政治报道的报纸中，期望双方都会提出观点。 96

在这个案例中，争论的是对戈尔的品性攻击，根据是所谓戈尔的言论与其行为实际的言行不一。这种明显的矛盾使得戈尔看起来像个伪君子。针对他的论证如下：首先，戈尔有关他妹妹死于肺癌的讲话被用来表明他认为吸烟是一个非常不好的事情——这是他强烈反对的。但该论接着说，戈尔“没有提到”两个关键事实。一个事实是，在他妹妹去世后，他的家人继续种植烟草。另一个事实是，他本人继续接受从烟草利润中获得的资金。这两种说法所列举的行为与被报道的戈尔在演讲中所说的话是冲突的。这一冲突表现为一种实际的不一致形式，通过暗示，读者可以从中得出结论，戈尔并不是真正认同他（眼泪汪汪地）所说的东西。结论表明，戈尔肯定是个伪君子。

对于这种实际的言行不一有没有一种合理解释呢？社论实际上给了一个解释，但它使得戈尔听起来更加缺乏诚意。读者不禁会得出结论，认为戈尔肯定是个坏人，即一个伪君子，他在演讲中提出的价值观和政策与他自己的行为所表现出的政策截然相反。在许多情况下，这种言行不一是可以解释的。但在这个案例中，该论证似乎无懈可击。更加严密地讲，戈尔（假定）的答复提供了进一步证明他伪善的证据，表明他充满泪水的演讲仅仅是一种带有修辞色彩的华丽辞藻，并且你不会真正相信或者接受这种不诚实的人在政治上所说的任何东西。

在这个案例中，为分析上述观点，第一步是确定对言行不一的指控，即指控戈尔的行为与其观点实际的言行不一，一个与另一个相反。如上所述，“格赖斯暗示”（Gricean implicature）所表明的进一步含义是，戈尔反对使用烟草产品的观点并不是其真实意思。其观念是，他说一套，做一套，因此，“事实胜于雄辩”。该观点的人身攻击内容表明，戈尔是个伪君子——表明他的观点仅仅是一种政治姿态，
97 并不表示他个人真正接受这一结论。但是，根据格赖斯暗示，从该观点提出的间接矛盾中究竟得出怎样的人身攻击呢？被指控的实际的言行不一源于以下两个命题之间的冲突。

1. 在演讲中，戈尔眼泪汪汪地讲述他妹妹死于吸烟引起的肺癌。

2. 在他妹妹去世很多年后，戈尔的家人继续种植烟草，并且他继续接受来自烟草利润的资金。

第一个命题的言下之意是，戈尔强烈反对吸烟。事实上，他眼泪汪汪地叙述他妹妹的去世是其政治演说的一部分，这意味着这一叙述是与政治相关的。换句话说，在这样一场公共演说中，戈尔大概是关注这件事情的，因为他向美国公众鼓吹这样的信息，即吸烟是一个坏习惯，他反对吸烟，并且公众也应该普遍反对吸烟。但第二个命题则是说，在戈尔演讲之后（并且时间因素在该论证中非常重要），他个人从烟草利润中收受了资金，他的家人从种植烟草中获益。但是，这种联系所隐含的矛盾对于揭示其虚伪究竟有多大意义呢？

当然，种植烟草与吸烟习惯之间的关系是众所周知的。对于吸烟来说，种植烟草是一个必要的手段。我们都知道，香烟是由烟草生产的，并且大规模生产香烟的通常方式是把种植烟草作为其最重要的组成部分之一。因此，如果有人真的反对吸烟，对该人来说，如果他不反对种植烟草，这将是非常令人怀疑的。吸烟和烟草之间的密切关系使得同一个人对于上述命题一和命题二都予以支持是非常令人怀疑的。这迫切需要合理解释。如果没有一个合理解释，结论表明（通过暗示）这个人是那种最坏的伪君子，他甚至会利用他妹妹的死来感动听众，以便获取政治利益。这种言行不一的影响使得戈尔不仅成了最坏的恶棍，而且也很荒谬。

在所提供的戈尔的照片上，他表现出一幅经过修饰的姿势，在他脸上呈现出一种关怀和热情，增加了该论证所表达的讽刺意味。一个演说者寻求这种真诚并以这种虚伪的方式行事的想法是具有讽刺意味的和滑稽的，正是以伏尔泰（Voltaire）和莫里哀（Moliere）的嘲弄方式使之感到滑稽可笑。一个无赖的观念是，他可以通过讲各种可笑的事情，以最真诚的方式向容易受骗的和毫无猜疑的买主兜售他的产品或者思想，而他本人根本不会相信这些东西，这对人们来说似乎是非常具有讽刺意味的和滑稽的。其戏剧性的一面也许是这个恶棍说的 98
时候看起来是用了最大的诚意，而买主则对这种荒谬的表演给予了极大的关注。

3.8 虚伪指控的案例评价

接下来，我们需要对戈尔的案例中品性攻击的论证进行分析，看看根据证据的品性攻击为什么至少是有些说服力的以及是怎样表现其说服力的。重要的事情是要在证据上找准差距，以表明这些观点如何才能受到挑战。该论证最薄弱的环节涉及命题二的一个方面，即两个命题的结合。其中之一是指控戈尔的家人在他妹妹去世多年后仍继续种植烟草。在这里，需要问的问题是，为什么戈尔需对其家人所做的事情负责。例如，在其家庭成员中，有可能是他不喜欢的人在种植烟草，或者他反对其种植烟草，或者甚至他不知道其家人在种植烟草，等等。个人控制其家庭成员的所作所为可能是微不足道的，甚至是不存在的。这些家庭成员是谁，以及他们与戈尔是什么样的关系？戈尔在其家庭烟草种植企业中有什么经济利益？只有这些问题被提出并得到回答，我们才能知道戈尔与烟草种植是什么样的关系，以及这种关系是否是不管怎样都可以用来表明戈尔在某种程度上支持或拥护烟草种植。

因此，品性攻击论证的某些特定部分是非常脆弱的，并且按照实际情况来说，充其量，可能是误导和荒谬的。联系到命题二结合点的其他部分，即戈尔接受了烟草利润的竞选捐款，对于戈尔家人的这一指控又是一个额外打击，因为这引出了戈尔与烟草有了又一个联系。但经过仔细审查，这似乎是该论证的又一薄弱环节——人们应该对之仔细审查和批判质疑。

结合点的其他部分是什么样的呢？在这里，结合点很牢固，因为当前我们希望政治家们作出合理努力，至少知道他们的竞选资金是否来自某种特定的利益团体。最大的问题是，戈尔是否知道这些资金来自烟草利润。如果他知道，那么，不用对这些资金来源做任何进一步的评论，尤其是考虑到（前面）他就吸烟的害处作激情演说，他接受这些资金似乎就有问题了。而根据这一假定，“格赖斯暗示”（格赖斯，Paul H. Grice，1975 年）表明，戈尔是一个骗子或者伪君子，
99 他利用这一家庭悲剧，使他的政治演说激起人们的怜悯情绪，毫无疑问，产生了重大的影响。因此，指控言行不一的论证是一种旧的手法，通过暗示，提出一个品性攻击的观点，结果是戈尔是个不诚实的人，不要相信他会在其政治演说中告诉我们他的真正信仰。作为品性攻击形式的典型案例，指控实际的言行不一产生了这样的暗示，即被攻击者是一个具有不良品性的人。

在这个案例中，需要提出的一个一般性问题是，该观点是否是对戈尔的品性的一种人身攻击（ad hominem），或者仅仅是一种道德攻击。作为一种人身攻击的论证，它要求是一个用于破坏对方论证的人身攻击（沃尔顿，1998 年）。例如，攻击某人的正直，甚至把他称作骗子或者伪君子，不一定就是人身攻击的论证。人身攻击不仅仅是对某人品性的诋毁，而且应当是针对该人的论证进行诋毁（通过攻击论者的信誉以便达到此目的）。重要的不是攻击者的真实意图，而是在特定情况下怎样使用该论证。那么，在这个案例中，我们需要问的问题是，对于他的品性攻击，戈尔是什么样的观点（通过指控间接矛盾的方式），这才是反驳时要关注的。大概正是他的激情演说，如果完全与政治有关，向人们传递了他反对吸烟的信息。那么，《时代》杂志上的只言片语（如上所述）是否就意味着是在攻击其反对吸烟的观点呢？这是否是一种禁烟的信息呢？大概不是。而它引发的问题是，社论是否真的含有一种人身攻击的论证。这是一个微妙的问题，需要

用推理的形式进行分析（论证模式），来界定人身攻击论证的概念。这些问题将在第六章讨论。

这个案例看起来是一个在政治演说中使用的非常典型的品性攻击论证的例子。而在某些方面，它确实是很典型。这里面有不良道德品性的指控，并且它被安排用于对政治人物的正直品性的人身攻击。但是需要看到论证的一些对话背景因素。在政治辩论中，这不仅仅是一个政治家攻击另一个政治家的政策或者观点的一种比较典型的例子——例如竞选活动中的“负面广告”（negative ad），这是普珐和伯格（Michael Pfau and Michael Burgoon，1989 年）研究的那种竞选方式。相反，这个案例中的观点是国内重大新闻杂志社论版中的一个具有讽刺意味的匿名评论。其目的尚不太明确。也许是试图挑起争议，或者是为了吸引读者对政治人物的冷嘲热讽，而不是为了攻击戈尔的政治立场或者他提出的一些具体观点。但品性攻击绝对是具有吸引力的部分。

这个案例所表现出来的微妙之处因而特别有趣的手法是，用两个命题的结合作为支持指控的实际的言行不一的双重根据。该结合由以下两个命题构成： 100

(P1)：在戈尔的妹妹去世多年后，戈尔的家人继续种植烟草。

(P2)：戈尔继续接受烟草利润的资金。

如上所示，对于言行不一的指控而言，在命题一中指控的根据是很薄弱的，而且是有问题的。我们不能因为他们的家庭成员（如他们的父母）所做的事情去责备他们。因此，除非存在某些进一步的联系，命题一不是那种建立言行不一的根据，用以表明戈尔是个伪君子。攻击戈尔品性的真正基础是命题二。虽然有很多其他政治人物可能在当时也接受来自烟草利润的资金，但戈尔这样做仍然与关于他妹妹的演说存在冲突，在某种方式上多少支持了反对他言行不一的指控。

因此，这个案例的微妙之处在于，为了品性攻击论证，要结合一个微弱的但具有说服力的根据和一个较有力的根据。较有力的根据本身给人的印象似乎并不深刻（可能是因为所有的政治人物当时大都这样做）。但当它与较弱的根据（不知怎地，它看起来更令人印象深刻，尤其是与较强的根据结合时）结合时，其效果是非常明显的。作为一个整体，该观点成功地把戈尔搞得看起来很愚蠢。虽然经过分析，从严格的视角看，能够发现这一观点是不能令人信服的，但当你猛一看它，还是非常有说服力的。首先，它至少对那些对政治人物冷嘲热讽的人，或者对那些已经怀疑戈尔是在兜售一种肤浅的说辞来支持他自己及其同党的利益的人，将肯定是有说服力的。在一定程度上，读者会产生这种冷嘲热讽的态度，读者可能会发现，在这种情况下，品性攻击论证是容易被接受的。

在这种特定情况下，一个特别有趣的方面是它的简洁性。在给定的对话文本中，话说得很少，而隐含的东西很多。重复使用“格赖斯暗示”表明了命题成为该观点的精妙之处，这显示出根据很少的证据组成一个品性攻击论证是多么容易的事情，而且能够产生一种可怕的诋毁效果。“格赖斯暗示”起了作用，因为观众和两个主要参与人员都很熟悉正常行为方式的脚本（scripts）。观众可以识别被攻击的人的计划和行为的关系。也就是说，可以把两者进行结合，无须攻击者
101 按照顺序完成所有的论证步骤。观众的规划识别能力填补了缺失的论证步骤。其优点在于，为证明他的指控，如果挑战压迫性过大，攻击者可以否认说他从来就没有真的想攻击其他人。因此，对于这种论证，为自己辩护非常困难。如果被害人的攻击太有力，被告人似乎是有罪的。但如果不作任何回应，或者只是作出一种无力的回应，其损害与糟糕的或者比较糟糕的回应并无二致。在这种情况下，对于挑战的通常策略似乎是有限地支持挑战的前提条件。诋毁一旦产生，即使其证据后来被质疑或者驳斥，也可能造成伤害。

根据“格赖斯暗示”，这种强大的诋毁效果就是品性攻击论证作为说服手段为何如此有用的原因所在。如果观众觉察到这一论证没有证据支持，它可能会弄巧成拙，并使得提出该论证的人看上去很糟

糕。看起来就像提出者本人也具有不良品性，因为他用肮脏的诋毁手段贬低了自己。但如果有少量的证据支持该品性攻击，则足以引起观众的猜疑。在这种情况下，品性攻击论证在言词辩论中可能具有极强的说服力。其部分原因是，在典型的政治和法律案件中，观众或者陪审团没有接触案件事实的直接途径，他们根据不准确和不确定的情况作出决定。问题是，应该相信这一方当事人，还是那一方当事人。存在意见分歧，并且双方各持己见。想要理解品性攻击如何才能成为具有如此强的说服手段，你必须从政治上的旁观者或者陪审团的视角来审视它，他们须在权衡的基础上作出决定。

3.9　判断正直与虚伪的证据

正直是需要经过长期甚至一生时间的相对稳定的表现进行判断的一种品性特质。但是，如何牢牢地固定品性特质是伦理学上一个颇有争议的问题。按照内格尔（Thomas Nagel，第 32—33 页）的观点，诸如怯懦、自负或者嫉妒等品质都"超出了意志的控制"（第 33 页），所以，一个人不能改变或者修正他的品性。但根据穆迪-亚当斯（Michele Moody-Adams，1990 年，第 117 页）的说法，"人们可以改变或者修正自己的品性，至少在直观上是可能的"。在这个问题上，还存在一些折中立场。虽然品性特质确实具有相对稳定性和持久性，但不应该认为它们完全是固定不变的或者是不可修正的。当然，品性在走向成熟时会发生变化，甚至是在此基础上发生变化。并且在某些情况下，一个人的品性的改善是绝对可能的，尽管一个人的品性的特定基本要素是与生俱来的或者根深蒂固的，你已有的品性必将对所要作出的改变发生限制作用。有很多在某人余生中改变其品性的例子——例如，像在一些战争中前线士兵受伤的事件。在研究一个人的 102
生活和个人发展的过程中，在很多情况下，看起来可能会发现品性改变的证据。

例如，在个人传记中可以研究和评价某人的正直品性。但这并不意味着这种信奉正直的品性从来不会发生变化或者从不承认有例外。

例如，个人传记可能表明，一个人在其一生中改变了其基本的道德信念。例如，他可能出身卑微，到其青年时期，他发展成为了一个信仰保守的政治哲学的人。但在其晚年，他的思想可能经历了一个深刻的变化，而变成了一个社会主义者。或者某人在她年轻的时候可能有各种各样的问题，并陷入麻烦之中，但经过一次宗教信仰的转变之后，她过着一种令人赞赏的助人为乐的生活。

但是，总的来说，正直是建立在一种履行承诺的言行一致基础上的，而其信念又是建立在长期的道德立场基础上的。当信念发生变化或者出现明显的不一致时，应该对此给予可能的合理解释，以便其立场可以被视为具有必要的稳定性。经过努力，正直的品性是可能取得的。而一个人是应该能够质疑他的道德信念的。因此，在特定情况下，判断一个人的正直品性远远不是简单地对其一辈子的逻辑一致性的思考。其危险性在于，某种信念的一致性是趋于稳定的，但在一定条件下则可能发生变化。问题就是要说明这些条件。

道德信念不是绝对的。它们可能会改变，或者可能会存在例外。在有些情况下，一个人没能遵循其道德原则可能存在各种各样的原因。或者虽然有可能，但要求她毫无例外地遵循其道德原则也许存在太多的困难。道德规范充满了在道德上令人困惑的情况。道德原则在有些情况下甚至是冲突的，这是伦理学上众所周知的一个事实。道德困境涉及一个人信奉两个道德原则，在这种情况下，遵循其中一个原则，就相当于对另一个原则的违反。对一个具有正直品性的人来说，要求其严格遵循两个道德原则是不合适的，要求其在行为和行动上保持永远不变的绝对的逻辑一致性也是不对的。

品性判断是一项棘手的工作。涉及两个当事人——一个是其正直品性被判断的人，一个是进行品性判断的人。一个人运用移情分析，试图将自己放在别人的位置上去思考，以及在别人说过做过之后，试图重建其逻辑依据，判断行为就发生了。这种思想转换行为似乎非常
103 主观，而在某种程度上，确实很主观。在很多情况下，品性判断告诉我们，作出判断的人的正直品性与其正直品性被评判的人的差不多。但当对正直作出判断时，对于提出的假说进行证实或者证伪，可能存

在确实的客观的证据。这些证据包括有关该人行为的报告以及在对他们的议论中他所说的话的记录。问题是怎样来确定如何评价这些证据，以及根据这些证据，怎样来判断应该或者不应该得出什么样的结论。

我们能够对我们的人类同胞进行道德评判，有人可能会说，这种想法是傲慢的。但事实上，我们每天都在这样做。在工作中，在法律上，在政治上，在私人关系中，以及在日常生活的所有事情上，人们与他人商讨与合作时，我们每天都在对某人具有正直品性或者不具有正直品性作出判断。

根本的问题是，正直是一种涉及坚持自己信念的一致性，但这与抽象的逻辑一致性是不同的。它需要一定的灵活性，以便适应某种情况的具体要求。在任何实际情况下，可能会有新的信息发生，因而要求收回先前的信念。道德原则是那种在特定情况下承认例外的一般规则。在某些情况下——例如，在道德困境下——存在难以解决的信念冲突，而在某人的道德原则中，则可能要求坚守这些信念。在处理这些令人困惑的情况时，过于僵化的一致性可能更是一种狂热的迹象，而不是真正的正直。坚持自己的信念需要被视为一种更灵活和更具弹性的一致性，在现实世界里，可能是那种复杂情况所需要的，这对于改变你的想法并不总是一件坏事。

有三种情况提供特别有力的证据可以用于判断一个人的信念：履行承诺有违个人利益的情况，逆境尤其是陷入困难和愤怒的情况，以及一个人面临诱惑的情况。这三种情况提供了检验一个人的信念的严格标准。因此，从其中任何一种情况中得出的证据都可以成为很高层次的证据标准。

一般来说，在真实案例中，应该根据已知事实或者假定事实，对正直判断不利的证据进行评价。推理的这一部分就是设证法。一个主体对于既定的事实可以构造各种可能的解释，然后对于原始主体的假定信念，挑出最合理的解释，并据此进行推论。在此层面上，可能存在各种各样的问题。其一是，有时可能会以完全不同的方式解释和判断这组证据。例如，对于同一个人的两部传记，可能使用大致相同的

104 事实作为资料，但对于主体的正直品性得出直接相反的结论。在其中一部传记中，他可能被描述为一个人道主义者，给慈善事业捐了很多钱，对朋友非常忠诚，并且是一个为少数民族争取平等待遇的领导者。在另一部传记中，他可能被描述成一个与黑帮有关的人，他经常脾气暴躁，使用暴力，虐待妇女，对妻子不忠，对那些超过他的人冷酷无情，而且是一个巴结权贵向上爬的人。

在这个层面上，所假设的案件事实被描述得可能是相反的。第一个设证问题是询问案中的资料。但是，即使对于案件事实究竟是什么达成一致意见后，也可能对该事实产生相反的解释。正直判断的案件在从事实中应该推断出什么样的结果方面特别容易产生分歧。在判断这类案件时，人们应该做的是审查事实和双方的观点，并作出某些评价。在这种情况下，双方可能均有充分的证据，并且存在保留不同意见的余地。这种情况可能会促使怀疑论者举起手并说，“哦，去你的吧。你无论如何都不能以一种客观方式确定个人的事情。这完全是主观的。”但是，本章已经表明，在特定情况下，在判断第二主体是否具有所说的正直品性时，原始主体可以根据事实材料使用设证推理。该判断是根据第二主体所作出的承诺作出的。如果他的行为与其承诺不一致，那么，第二主体就缺乏正直品性。如果能够证明其言行一致，第二主体就具有正直品性。如果应用于全部案件，突然得出结论，认为所有的判断都是主观的，则是一个错误的推论。必须考虑到疑难案件的情况，证明表现出这样的或者那样的不明确和不确定。这并不意味着不存在可以准确地判断某人是否具有正直品性的情况。但是，如上所示，确定这种案件并非像整合事实那样简单。这是一个使用这些事实得出关于一个人在特定情况下可能正确选择何种信念的结论的问题。这种判断往往是从我们所能讨论的给定根据中推论出来的，因为这种判断涉及对一个人真实信念或者根据证据可能选择什么样的信念的结论，以及涉及该人是否坚守其信念的结论。

当一个人的正直品性因被指控其信念不具一致性而受到攻击时，该论证可能是非常有力的。这种论证可能会毁坏被攻击者的信誉。它不仅能够毁掉他的论据，而且还能破坏他参与讨论的能力或者任何形式的论证。因为如果他没有诚信，如果他是一个说谎者或者骗子，那么，观众对其所说的任何东西都会打折扣。因此，攻击一个人的品性被称为反对该人的论证或者人身攻击的论证。上文已经表明了如何根 105
据证据评价这种对一个人正直品性的攻击。就像我们所看到的，该论证将是设证法，并且是根据假定的事实。在第六章中，将就如何评价人身攻击的论证给予更准确的详述。届时我们将就对戈尔的攻击进行反思，更加仔细地分析是否应该对某种人身攻击论证进行正确的归类。

3.10　品性判断的可废止性

本章研究的案例表明，虽然品性判断背后的推理过程本身难免出错，并且本质上具有推测的特征，但它是根据案件中的一系列给定的材料进行的一种逻辑推理。当然，材料本身容易受到质疑和修正，并且据此得出的结论也容易受到严厉的质疑。但就案件中有关言行的材料即使基本上一致，如果有新的证据出现，所得出的结论也可能被推翻。品性判断是建立在一种可以根据事实证据予以支持或者批判的间接推理基础上的，但往往是不确定的。正如第一章所指出的，基本的问题是，一个人不能直接观察到另一个人的想法。

在目前心理学和人工智能领域研究的模拟推理中，一个进行推理的人对另一个进行推理的人的推理进行推理。一个进行推理的主体运用他的推理能力去理解另一个主体的推理。他对另一个主体的行为和目的构想了一个假说，并使用案中给定的（假定的）事实材料来支持这一假说。这种推理就是设证法。假说的结果充其量只是一个合理的推测。但在某些情况下，它可能是建立在充分证据上的假定。品性判断仍然是难免出错的。判断的似真性在某种范围内是有限的，根据共同的背景和案中已知的材料，这种移情行为是可能的。按照这一新的理论，根据该材料得出的结论是建立在一种似真推论基础上的，对于该材料，从表面上看，这种推论是最佳解释，在特定的情况下，被假定为是真实的和准确的。本章及上一章的研究情况已经表明，根据上下文结构，这种证据形式采取怎样的推论形式，以便作出最佳解释，这在人工智能中被称为脚本，由双方共享。第二方当事人依据这种共同的背景模拟第一方当事人的推理，从第一方当事人所做的观察或者报告的事实以及对事件所作出的回应中，运用对最佳解释的推论得出结论。为支持对得出的结论进行判断，在设证推论的证据锁链中形成一个推理链条，根据一个推论，得出另一个推论。

106 第四章将要进行辩解的理论是一种设证推理，根据移情关系，第二个人通过自己的想象力把自己置入他所认为的第一个人所要面临的情况之中。根据这一理论，一个人根据另一个人对其周围的情况作出的回应，试图找出其行为和目标的结果，来判断该人的品性。对于伦理学来说，这一观点似乎是一个新观点，或者至少是一个创新的观点。但早在 1946 年，这一观点就被英国考古学家和哲学家罗宾·科林伍德（Robin G. Collingwood）提出来了。科林伍德在其《历史的观念》（The Idea of History）一书中使用了“重演”（reenactment）这一概念，作为其著名的历史解释理论的基础。对有些评论者来说，这一概念已经被证明是令人费解的，甚至是神秘的。但对于那些想寻找一些另类的实证主义哲学家的观点的人来说，它引起了人们相当大的兴趣和爱好，他们试图根据一般规律减少归纳推理和演绎推理的历史解释。主要的问题是，重演似乎仍然（特别是对它的实证主义批判）是一个非常主观的过程。这仍然很难确定如何才能根据客观的证据和清晰的可重复性逻辑推理据此证实所作出的判断。应当承认这种移情判断是不完善的，并且是一种典型的后见之明（hindsight），评价者并没有完全了解到原来的情况。它似乎具有高度的主观性，因为它需要一个移情过程，一个人尽量将自己置于另一个人所面临的过去情况，并两度猜测另一个人的想法。

科林伍德希望他的重演理论能够成为人类研究的一门新科学，显示出人文科学，包括历史学，能够根据逻辑推理的独特过程，运用确实的证据来支持他的结论。通过揭示移情判断背后推理的逻辑过程，本书将科林伍德的理论提升到一个更高的层次，通过对它的批判，对其需要采取更加慎重的态度。第四章所确立的关于品性判断的新理论，是建立在所谓的模拟多主体推理基础上的。在这种推理中，一个熟悉他或她自己关于实践审查的思维方式的主体，当她试图找出另一个主体是怎样以及为什么以特定方式实施行为时，她会使用同样的思维方式。有人认为，所使用的这种推理最好被视为设证法，通过她的外部动作和文字材料提供的证据，推测另一个人内部思想状态。通过选择关于一个人在特定情况下的语言和行动的最佳解释的假设来完成判断，只要关于这些言行的报告经过正确的检验，另一个人就可以假定其是真实的和准确的。

据说某人具有良好品行或者不良品性，对于撰写人物传记、书写历史或者评价法律和伦理观点来说，对于判断另外一个人的品性往往是有帮助的，甚至是必要的。但它也充满了各种各样的问题和局限，107
常常导致误差、错误判断、偏见、诽谤，以及那些在修辞上虽然具有说服力但逻辑性很差的品性攻击。正如第一章所述，品性判断经常被滥用，导致品性中伤，品性判断也经常过于理想化，在对英雄人物的宣传中极力吹捧，他的恶劣品质被隐藏和最小化了。案例分析所审查的迄今为止主要揭示的是我们的能力的不足之处，以避免偏见和错误。已经证明的是，在很多情况下，似乎就像我们所认为的那样，我们并不擅长品性判断。

第四章　模拟推理与规划识别

109　在第二章中，品性被定义为两个参与主体之间的一种关系。原始主体是其品性被判断的人。第二主体是作出判断的人。后者使用推理得出关于前者品性的结论，这种推理的缺陷源于以下几个因素。一是两个主体所处的环境不同。原始主体面对的情况对现在来说都是过去的事情。第二主体不能将她自己置于相同的环境中，她自己无法体验出来，并看看会发生什么。这一缺陷在对历史人物的品性进行判断时尤其突出，在这里，对于生活在不同时代或者具有不同文化的人的品性，历史学家或者传记作家试图得出结论。

持怀疑态度的人可能会利用这种匹配的不足，认为所有的品性判断都是毫无意义的。因为这种判断是根本没有的，因而容易作出各种过于简单化的和错误的假设。并且可以肯定的是，会产生偏见的危险，甚至故意歪曲事实，这些绝对都是真的。过去尤其突出的是后现代主义者，他们说所有的历史判断和道德判断都是主观的，并且第二主体只是通过她自己的偏见和兴趣所观察到的东西，把她的个人偏见强加到某种情况上。但是，这不是一个放弃的理由，对于这种局限的认识能够成为迈向认识品性判断移情特征的重要一步。

从前面各章中，对于一个人的品性作出任何形式的判断都需要一种移情过程，这是非常明确的，通过移情作用，一个主体能够搞清楚另一个主体行为的意思以及他的想法。这个主体须从案件所提供的证据中进行反向推理，然后对所发生的事情、怎样发生的以及为什么另一主体按照该方式做事，尝试给出一些合理解释。为了完成这种移情行为，这个主体须能够重演（reenact）或者模拟（simulate）另一主 110
体的行为和想法。这种关于推理的推理，在人工智能和心理学的最近研究中，现在被称为模拟推理（simulative reasoning）。在模拟推理中，一个人对另一个人（大概）是怎么想的，根据对这个人的言行的外部观察得出结论。但究竟什么是模拟推理，以及怎样使用模拟推理以便人们收集证据对其他人的品性作出判断呢？哲学家过去曾经主张使用类似模拟推理的概念，我们最好还是先对以前的这些概念做些检讨。

4.1　科林伍德的重演理论

为了回答历史学家怎样才能知道过去的事情的问题，科林伍德（Robin G. Collingwood，1946 年，第 282—283 页）把他的历史理论当做过去经历的重演（reenactment）进行了介绍。为了回答这一问题，他（第 282 页）排除了一些初步的假设。首先排除的假设是，历史学家是他想知道的事实的目击者。其次排除的假设是，历史学家仅仅通过利用证人证言了解过去的事情。科林伍德认为，历史学家不是仅仅根据相信特定的历史事件的证人来了解过去的事情。他必须经常对证人的叙述进行比较，有时甚至进行批判——这一点是要排除的第三个假设。根据第三个假设，历史学家只有在自己的头脑中重演过去的事情，他才能知道过去的事情。

科林伍德举了一个历史学家阅读关于过去的文件的例子（第 283 页）。他说，后来人必须“发现是什么人写的这些文字，他写这些文字出于什么意图”（第 282 页）。他提出了一个具体的例子（第 283 页），一位历史学家阅读西奥多西亚法典（Theodosian code），即一个罗马皇帝的诏书。根据科林伍德的描述，这个历史学家必须做的是，要想象罗马皇帝试图处理的特定问题的古代情景。他看问题必须像罗马皇帝自己那样看问题，就像他处在罗马皇帝的位置上。当然，作出这样的精神飞跃是很困难的。人们必须了解古代社会的东西，以及不同于现在处理问题的方式。因此，如何才能发生这种精神飞跃呢？根据科林伍德的理论，这个过程就是一种重演过程。历史学家必须想象自己与过去的人一样面对同样的问题，并且必须尽量构想出解决该问题的办法。用科林伍德的话说，历史学家必须看到可能的备选方案，以及选择一个而不是另一个可能解决问题方案的原因，就像历史人物所做的那样。历史学家为了解释罗马皇帝的书面文件，必须重
111 复其解决问题的过程。在科林伍德看来，为了理解他为什么选择他所选择的解决问题的办法的原因，历史学家必须经历与罗马皇帝所经历的大致相同的过程。这一重演过程就是科林伍德解决历史学家如何才能够了解过去的事情的认识论问题。历史学家必须使用移情过程，或者将自己置于某个在过去经历过一些特别行动的人的脑海里。在重构过去的人的经历时，历史学家必须使用这一移情过程，并遵循这个过去的人大体经历的思考过程。

科林伍德反对把他关于历史的观点当做一种单纯收集和整理事实的观点。对于后者，他往往将之称为“剪刀加糨糊”（scissors-and-paste）的观点。正如他在自传中所写的（1939 年，第 114 页），“剪刀加糨糊”表示这样一种想法，即“人们养成读书的习惯，然后书把问题输入到他们的头脑里”。科林伍德有一种不同的历史研究模式。他认为，历史问题起因于实际问题：“我们研究历史是为了更清楚地观察我们要采取行动的情况”（第 114 页）。因此，他把历史调查看成要经历以下几个阶段。首先，历史学家面临一个在他撰写历史的年代人们所面临的实际问题。他以提问的方式表达了这个问题。为了回答这个问题，他翻阅历史，并求助于一些在过去年代面临类似问题的人们。但过去人们试图通过对问题的评议来解决问题，然后再采取某种行动。所采取的行动可能解决了问题，也可能没有解决问题。目前的情况与过去的情况可能不完全相同。在很多方面，背景均有所不同。但是，即使是这样，对于过去问题采取的行动对当前的问题仍然可以起到参照作用。但是，科林伍德在其关于过去事件的重演理论暗示的

这种解决问题的过程是什么呢？

德雷（William Dray，1964 年，第 11—12 页）把它解释为一种有目标导向的评议（goal-directed deliberation）。

> 很明显，科林伍德理论要求的各种思想都是那些能够纳入主体实际评议的思想，该主体试图确定他应该采取行动的底线是什么。这些将包括他对于其所面对的情况的概念之类的事情，他在行动中期望达到的目的，（以及）他对于可能采取的手段的了解……

德雷（第 12 页）把科林伍德的重演理论描述成在本质上是一个停留在"历史学家实践推理的部分变种"的过程。历史上的人们在试图决定某项行动方针时经历一个实际评议的过程。这似乎涉及的是有目标导向的实践推理。但是历史学家在日常生活中自己也是一个经历 112
相同的实践推理过程的人，就像历史上的人物那样。两者有一些共同点。正是实践推理的这种共同基础促使了重演的发生。

科林伍德理论的基本难题是，历史上的人物所处的环境与历史学家重演的情况永远不会相同。因此，历史学家能够做的，最好是尽量猜测历史上的人物的想法是什么。历史学家生活的年代不同。例如，我们很难想象古罗马皇帝生活的情况。我们很容易犯错误，并且无法猜测出一个完美的契合点。正如德雷所指出的，这一难题往往使得科林伍德的理论看上去缺乏吸引力。逻辑实证主义者把历史解释看作一个根据规律进行逻辑推理的过程。如德雷（1995 年，第 102—104 页）对这种回应所描述的，实证主义者认为，我们真的不知道为何实施这一行为，而不是其他行为，除非有必要根据既定的原因实施行为。但在科林伍德理论中，重演是一个猜测。存在一个从对原始情况的评议到根据重演对其重构解释的逻辑飞跃。实证主义者批评说，历史绝对不仅仅是一个猜测的过程。因此，为了使科林伍德的理论成为值得追求的理论，必须理解重演过程中潜在的逻辑推理过程。历史学家是怎样根据一些能够回溯和评估的推理结构从作为证据的既定材料中得出结论呢？为了尝试解决这个问题，科林伍德（1939年，第29—34页）提出了他著名的历史调查理论（theory of historical investigation）作为一个答问过程（process of question and answer）。但是，这当然不能令实证主义者满意，他们认为这与说历史是建立在一个主观猜测过程基础上的是同样的糟糕。科林伍德的作为重演的历史理论尽管充满了大胆的想象力，但似乎并不是太不靠谱。其所缺乏的只是对用于获取从重演的前提到结论的逻辑推理结构进行系统的和客观的分析。

4.2 模拟推理和自动认知推理

在历史解释中，科林伍德所称的重演是什么，以及是什么有时会被称为移情，在人工智能和认知科学中，这涉及一种经常被称作“连接”（attachment）或者“模拟”（simulation）的推理形式。在通常情况下，模拟推理涉及两个主体。这是一个元推理（metareasoning）形式，即一个主体对另一主体的推理进行推理。当主体乙根据自己的推理对甲的推理进行推理时，乙对于甲的推理使用模拟推理。模拟推理可能会有多个阶段。例如，思考一下这样一句话，“海伦（Helen）
113 认为，鲍勃（Bob）认为她是勇敢的”，或者这样一句话，“海伦认为，鲍勃认为赫克托（Hector）是勇敢的”。在这种情况下，可能涉及几个人。但模拟推理也可能发生在只有一个主体的场合，在这种情况下，是一种反身的元推理。例如，一个主体可能重新思考过去进行的推理，并就该推理进行推理。或者一个主体可能质疑他自己的信念。在这样做时，他可能相信自己的信念。

模态推理与模态逻辑中所谓的迭代模式（iterated modalities）是有关联的。例如，在“A是可能的是可能的”（其中A是一个主张）这句话中，“是可能的”就是迭代方法。信念模态逻辑（doxastic modal logic）研究关于信念的推理。信念模态逻辑中研究的那种信念的迭代发生在下面的格公式中，其中a是主体，p是主张，B是持有信念的人。

公式 1：$B_a B_b p$

这一公式的英文翻译是“a 认为 b 认为 p”。这一公式可以通过进一步的迭代加以扩展。例如，假如我们想表达下面这样的一句话：a 认为 b 认为 a 认为雪是白的。这句话可以通过公式 2 予以扩展，其中 p 代表“雪是白的”这一说法。

公式 2：$B_a B_b B_a p$

这种迭代似乎经常存在一些问题，其中之一就是，为创建公式而自觉地扩展公式很难赋予其很多的意义。例如，请思考下面的公式 3。

公式 3：$B_a B_b B_c B_a p$

用英文说，这一公式读作，“a 认为 b 认为 c 认为 a 认为 p”。也许是可能想象出这样一个人际关系场景，在此场景中，这句话是对的：例如，扑克牌游戏。这种场景非法复杂，让人怀疑迭代信念模式是否能够以某种明确的方式被掌握，以便有条理地把它讲清楚。这个问题引出了另一个问题。如果有的话，迭代信念模式能有什么实际用途呢?

一个用途是可能与对话系统有关，这种对话系统当前被应用于理性论证模式的各个方面。很多时候，对话的背景发生在涉及多个参与者进行的集体讨论中。当然，在最简单的情况下，对话涉及两个参与者，即控方或者辩方。他们相互提出问题并对对方的问题作出回答。但是，在对话理论中，我们想研究的很多真实案例大都涉及两个以上
相互作用的参与者。请思考一下审判。原告提出一个主张，被告对该 114
主张予以反驳或者论述。同样，被告提出了针对起诉主张的论据。双方都在运用这些论据试图说服所谓的“事实发现者”，即法官或者陪

审团。为了便于阐述，我们把事实发现者称作法官。在这种论证中，在没能掌握所表达的意思的情况下，如“原告认为被告认为法官认为p”，有可能知道是怎么回事。例如，当某人试图弄清原告反驳被告的一个被认为是缺乏说服力的论证的策略时，这种信念迭代可能开始发挥作用。

迭代模式的另一个用途是，对在议会或者立法辩论中的政治辩论具有参考作用，对立的双方似乎彼此反对对方的立场。并且，在某种意义上，他们都将被认为是真正试图讨好那些可能在电视上看辩论的选民，除非你从另一种方式看是怎么回事。在这里，辩论中充满着同样的迭代。

在辩论中，一个业已证明的非常重要的概念是诚信。论者可能断言一项陈述是真实的，但他是否真的相信这是真的呢？也许我们无法直接知道答案，但可以间接检验他的诚信。例如，他说，假如他声称某一特定政策是项好政策，但有证据显示，他自己的过去行为似乎已经违背了这一政策。如果他仅仅是个伪君子，光说不练，他对该政策的主张可能要打折扣。在评价这一类论证时，迭代信念可能非常重要。这一点可证明如下：假设拥护该政策的论者是 a，并且该主体的论证是说给 b 听的。因为对 b 而言，a 的论证是可信的，b 应该认为 a 认为该政策是一个好政策，这是必要的。设 p 代表“该政策是一个好政策”这一说法。那么，信念模式的基本观点可以通过公式 4 表示。

公式 4：$B_b B_a p$

鉴于 a 过去行为的证据，如果 b 不认为 a 并不真的认为 p，那么，b 可能用间接的人身攻击论证来攻击 a 的论证。

认知模态逻辑（Epistcmic modal logic）研究命题式认识态度。基本的运算符是“a 知道 p”。这也是一种可以自行运用的模式。在人工智能领域，这种单一主体的自行运用的模拟推理被称为自动认知推理（autoepistemic reasoning）。例如，苏格拉底据说很聪明，因为他认识到了自己知识的局限性。他知道自己不是无所不知。相反，很多 115
专家知道他们了解自己领域的全部，或者他们认为自己了解全部。在这些情况下，运用了自动认知推理，因为该主体声称了解自身知识。他可能宣称知道或者不知道他知道的东西。自动认知推理模式的迭代例子如下（其中 a 是一个主体）：a 知道 a 不知道 A。这个例子说明了迭代模式的特点，因为主体对其自身知识的了解运用了认知。人际关系主体的模拟推理也经常存在这种迭代认知形式。例如，在“a 知道 b 知道 A”这一表述中，认知是迭代的。在人际关系模拟推理中，某一主体对其他不同主体的推理进行推理。如上所述，人际关系模拟推理可能很复杂，就像在“a 知道 b 不知道 a 知道 A”的表述中。尽管这样的表述很深奥难懂，但仍然能够被运用于实际情况。例如，在间谍活动中，推理往往取决于一个间谍对另一个间谍所知道的情况的了解。它甚至取决于一个间谍对另一个间谍关于第一个间谍所知道的情况的了解。

穆尔（Robert Moore 1985 年，第 78—79 页）运用这样一个推理的例子来说明自动认知推理，即他认为他没有哥哥。其推理是根据下面的推论。

> 如果我确实有一个哥哥，我会知道的。
> 我不知道有哥哥。
> 因此，我肯定没有哥哥。

这一推论似乎是采用否定后项的假言推理（modus tollens）形式，因此，它是符合演绎逻辑的。它还具有逻辑学上众所周知的论证形式，即根据无知的论证（*argumentum ad ignorantiam*）。一旦认为是荒谬的，这种论证形式在日常推理甚至在科学领域中是非常普遍的，并且往往是较多的一种论证推理形式（沃尔顿，1996 年）。根据无知的论证是自动认知推理的一种形式，因而也是一种模拟推理形式，按照这种推理形式，主体从其自身缺乏相关知识推断出结论。所要表明的是，模拟推理可能是比你最初想象的还要常见的日常论证的推理形式。我们经常根据我们不知道的情况进行推理，并且人们经常根据他们所认为别人是怎么认为的进行推理。这些模拟论证不仅具有合理性，而且也具有逻辑形式。上面穆尔的例子阐明了这种形式。在这个例子中，某一主体根据自身知识的缺乏，得出的结论如下：

116 **根据无知的论证形式**

如果A是真的，我会知道它是真的。

我不知道A是真的。

因此，A是假的。

这种推理形式一般出现在专家系统（expert systems）中。柯林斯等人（Collins et al.，1975年，第398页）举出一个典型的例子，说明了这种情形。假如一台机器的数据库（专家系统）是在某些知识领域中具有很高的专业性，如南美洲的橡胶生产。用户对数据库提出了以下问题："圭亚那（Guyana）是一个主要的橡胶生产国吗?"机器对南美洲橡胶生产国的数据库进行了扫描，但根本没有发现有关圭亚那的资料。可以作出这样的推理，即如果圭亚那是一个主要的橡胶生产国，会为人们所知道。既然不知道，机器的答案是："圭亚那不是南美的主要橡胶生产国"。通过机器进行自动认知推理具有上述根据无知进行的典型的论证形式。当然，你可以说，机器只是猜测。根据无知的论证不同于主动地去证实，如果主动地去证实，在数据库中实际上能够找到被质疑的事实。所显示的问题是，根据无知的论证进行的自动认知推理是一种典型的似真推理（plausible reasoning）。其效力取决于数据库的完备程度。因此，既然我们知道数据库绝对完整和封闭几乎是不可能的，根据无知的论证就是一种典型的猜测方式。基于这些观察，穆尔（1985年）得出结论，自动认知推理是一个在逻辑学上被称为非单调推理（nonmonotonic reasoning）的推理种类。当数据库增加新的信息时，非单调推理是可以被放弃的或者被证明为错误的推理，一般来说，当有了新的信息时，模拟推理往往容易成为一种可以被放弃的猜测。

4.3　模拟推理的应用策略

在心理学和哲学领域，模拟非常有意思。所谓的模拟理论被其倡导者作为提供一个解释人类和动物行为的理论模型予以发展光大。普里麦克（David Premack）和伍德拉夫（G. Woodruff，1978 年）的早期实验将会给读者关于这种研究是如何发展的一些思想。在这个实验中，给一个黑猩猩放映一个影片，影片中一个演员试图抓住一些悬挂其头上的香蕉。那个演员没能抓到香蕉。然后让黑猩猩替演员选择下一步应该采取的行动的各种图片。黑猩猩（正确地）选出了演员移动一些箱子垫在香蕉底下的图片。现在的问题是，如何解释黑猩猩 117
（大概）是怎样推出移动箱子来解决问题的（正确）结论。模拟理论提供了一个该问题的明确答案。按照这一理论，黑猩猩通过将自己置于演员的位置（模拟）能够理解演员应该怎样解决该问题，然后想象将如何解决这个问题。黑猩猩会想象自己要抓住香蕉，然后利用自己的经验，看到自己把箱子拖到香蕉底下。这个问题的另一个答案被称为理论之理论（theory-theory）。根据这一理论，黑猩猩可能不需要模拟任何东西，但可能只是大概掌握如何进行实践推理工作。根据理论之理论，黑猩猩的推理是，如果你想要的香蕉就像影片中描绘的那样超出了你能够抓到的范围，那么，实现这一目标的手段就是拖动某种东西垫在下面，通过站在上面，延伸你能达到的范围。根据理论之理论，不需要模拟，因为黑猩猩已经“硬接”（hard-wired）了掌握达到目标行为的工作方式，至少在一种简单的情况下，它是常见的。

根据心理学和哲学的思想文献，模拟究竟应该是什么样的？按照戈德曼（Alvin I. Goldman，1995 年，第 189 页）的描述，“模拟”的意思是“假装有相同的初始渴望、信念或者其他精神状态，这表明主体具有归因者的背景材料”。戈德曼（1995 年，第 187 页）引用了一个心理实验的例子，受访者被要求判断烦恼（annoyance）或者“不安”（upsetness）的状态，即一个人对她在交通延误和在机场错过航班的情况下的感觉。这样说似乎是公平的，即这种模拟理论通常是在心理学和哲学文献中提倡的，涉及某一主体对另一主体的信仰和感情的想象。当然，对心理学而言，这种方法似乎是适当的，因为其目的是要解释行为，包括主体实际的动机、需要、欲望和信念，不管它们是人类的还是动物的。

然而，在本文中，这种方法是不同的。这种差别已经解释过了，并多次提到了，但仍值得重复和强调，因为读者非常熟悉社会科学的观点，他们一直把这一观点强加给这里所采纳的道德伦理观点或者与之相混淆。根据后者的观点，在特定情况下，某一主体试图判断另一主体品性的道德素质，通常是根据描述该种情况下应该是真实的事实和行为的话语文本。为此，判断或者确定某种情况下某人的实际信仰、愿望或者动机是没有必要的。只要能从已知的材料推导出来，有必要做的事情是，要尽量判断该主体在该种情况下的承诺是什么。即使该承诺确实能够体现主体的形象或者品性的一个侧面，也不一定与
118 主体的实际信仰相同。主体可能致力于他们并不一定信以为真的政策、行动或者主张（汉布林，1970 年；沃尔顿和克拉伯，1995 年）。你孜孜以求的事情（大概）是你过去曾经提倡的有据可查的事情，是根据你过去的言行能够推断出来的，因为在特定情况下，这些都是已知的（或者未知的）。

在这种情况下，模拟的意思要比它在心理学文献中的模拟理论更加普遍。它并不意味着要重建或者想象另一主体的真实信念、感受或者动机，它只是意味着利用你熟悉的供你自己使用的那种推理，如实践推理，对另一主体的承诺，根据对其观察或者记录的行为进行设证推理。

戈登（Robert M. Gordon，1986 年，第 162 页）提出一个有趣的例子，来表明当一个人试图预测另一个人的行为时是怎样使用模拟推理的。棋手们报告说，他们常常是从对手的角度设计棋盘上的每一步的。在这种想象的行为中，棋手把对手的棋子视为她自己的棋子，反之亦然。这种倒置也蕴涵着一个倒置策略（reversal of strategy），正如戈登所指出的（1986 年，第 162 页）：“鉴于以前的事实，走一

步将会使白女王（White's Queen）受到伤害，这就将构成走一步的理由，它现在已经成为了不能走一步的理由。”这种情况很有意思，因为它显示了模拟推理的策略性或者程序性的运用。棋手表演的模拟推理并不是试图重复想象另一棋手的实际信念或者感受。她试图要做的事情全部都是把自己有策略性地置于另一棋手的位置，看看在那个位置上她自己会为下一步制定什么样的策略。在这种情况下，模拟推理包含着试图找出另一主体的推理。它不包括试图找出另一棋手的真实想法，或者试图想象另一棋手的感觉如何，例如他是否沮丧或者兴奋。

模拟推理依赖于一种理性假设。第二主体通常会假定原始主体在进行第二主体熟悉的那种推理。但理性的假设并非十全十美。在有些情况下，第二主体可能使用模拟推理去判断原始主体是不合逻辑的、非理性的或者犯了逻辑错误的。在有些情况下，第二主体甚至可能使用模拟推理得出原始主体自相矛盾的结论。因此，模拟推理在某种程度上仍停留在一种理性假设上，这种假设并非十全十美。当第二主体模拟原始主体的推理时，前者一般会假设后者在使用结构正确的推理链条。但模拟推理往往是设证推理。第二主体寻求对原始主体特定情 119
况下的言行的最佳解释。对于能够提供的材料的最佳解释可能是原始主体不符合逻辑的、犯有错误的或者基于一个矛盾的推理。因此，模拟推理并不总是需要一个严格的理性假设。

当一个主体根据另一主体的推理进行推理时，第二主体可能并不完全知道原始主体知道的情况或者他持什么样的观点。恰恰相反，例如，在试图对另一个人的品性特征进行判断时，甚至这个人可能早就去世了。在这种情况下，第二主体事实上可能无法处于一个很好的位置去了解原始主体对于很多事情了解多少或者持什么样的看法。由于两个主体所处的环境之间存在差距，第二主体必须清楚他的假设只是一个猜测，可能被证明是错误的或者是不充分的。但是，这并不能得出模拟推理是无用的或者在本质上是错误的结论。有时候它可能是我们所知道的最好的推理形式，并能够基于事实证据得出明智的假设。我们应该以经过权衡的方式看待模拟推理。它可能是一种很好的推理形式，尽管在本质上仍然是一种尝试性的推理形式，当数据库有了新的事实时，它还可以被修正和改善。最重要的是避免极端，既不要把它当做主观的东西完全拒绝，也不要不加置疑地墨守以及发现了新的案件事实仍教条地坚持不放。

4.4 脚本与故事

在第二章第七节，向大家展示了法律证据是怎样通过证人证言经常以一串陈述或者故事的形式提出来的（潘宁顿和黑斯蒂，Nancy Pennington and Reid Hastie，1993 年）。在通常情况下，在传记或者历史中评价一个人的品性时，主要证据源于对该人比较熟悉的人的证词。这些证据主要包括一个“故事”或者一串陈述，声称描述的是关于其品行被评价的原始主体的某些行为。这组资料不仅仅是一系列的随机事实。它还是一连串的某些事件的陈述（潘宁顿和黑斯蒂，1991 年）。第二主体或者评价者提供了这一故事，例如，这可能告诉我们原始主体在某些困难情况下是怎样应对的，以及是怎样克服诸多障碍的。第二主体根据这个故事，如果他在相同情况下遇到了同样的困难，就可以对他作出的应对有多么困难进行评价。因此，在历史上，理解是可能的，因为第二主体能够想象原始主体面对的问题，就像科
120 林伍德重演理论所指出的。但是，故事可能是真实的或者虚构的。即使其构成内容的陈述不是真实的，第二主体也可以参照这个故事，只要这个故事能够把作为某些事件的陈述串联起来采取行动解决问题。最重要的是，第二主体必须能够“识别”原始主体的行动、位置和问题。“识别”是什么意思呢？它的意思是，第二主体必须按照科林伍德理论假设的方式将自己置于原始主体的位置。这种主体之间要求的人际识别过程现在被泛称为移情性质（property of empathy）。第二主体需要进行一个富有想象力的精神飞跃，把自己置于原始主体面临的情况。这种移情不仅是历史理解的基础，而且也是科幻文学和品性判断的基础。

例如，假如故事中的原始主体是一部探险片的主角。他扮演的是

在一个坍塌的矿井中，通往矿井的入口处已经塌陷，而唯一的出口是爬上一条幽闭恐怖的且到处都是老鼠的狭窄通道。被困在山洞中的其他人或者受伤，或者奄奄一息，急需救助，但是他们得不到救助。山洞外没有人知道这场灾难。故事的主角受伤了，洞内一片漆黑。他爬出去救助其他人的这种障碍是不可能克服的。他能否通过那个狭窄的通道爬出去，也是不能确定的。但是他手中的火把显示，某个方向有些氧气源，这表明可能存在一个山洞的出口。在灾难片中，对这种情况的描写是很常见的。《海神号历险记》（The Poseidon Adventure）就是一个很好的例子。一艘大船倾覆了，一小群幸存者被困在船内的一个气囊里。他们要想出去，就必须爬过一系列的障碍。一位牧师，由吉恩·哈克曼（Gene Hackman）扮演，不断鼓励他们，尽管他们都觉得很容易放弃希望。最后，尽管存在许多危险和艰巨的障碍，其中有些人还是死里逃生并活下来了。其他的人在试图帮助逃生的过程中死掉了。

让我们回到山洞中的那个主体的案例中——这是一个比较简单的例子。以我们所称作的故事形式给观众提供了这种场景——这个故事是关于事件和行为顺序的一连串的陈述，该主体是其中的中心人物或者主角。该主体扮演的是，当他经过昏暗幽闭恐怖的通道爬过支架时，不断克服艰巨障碍的情况。尽管他受伤了，他感到恐惧，在显然无望的情况下，他也气馁过，但他还是成功地爬出来了，并救了其他人。观众是什么样的反应呢？不同的观众作出的反应方式将会是不同的，但很多观众的情绪可能会受到这个故事的激励和启发——特别是由于故事主角的感性品质。后者被认为是具有令人敬佩的品性特质。
从两个方面可以看到这种认识的根据。首先，这个故事显示主体在实 121
施行为。其次，观众富有想象力地把自己置于该主体所面临的情况，并且认识到按照相同的顺序逃出山洞对她来说将是多么困难。

在某些情况下，这样的故事可能是真实的，或者观众可能会认为这件事情是真实的。在其他情况下，这个故事可能是虚构的，并且观众也可能知道这一点。故事中的人物甚至可能很怪异，也许是来自其他星球。在这种虚构的案例中，可能会很明显，故事并不代表真实的人或者事件。两种类型的案件需要进行不同的判断，但故事的主要部分不是实际事实。故事所需要的是要有合理性或者可信性的质量保障，以便以某种方式串起来，这似乎对评价者来说，认为它可能是真实的。或者至少应该能够代表有点儿类似她发现自己所处的或者可能所处的那种环境中的事件。故事必须能够串起来，以便行为与事件之间的连接符合正常行为模式（瓦格纳亚尔等人，Wagenaar et al.，1993年）。例如，如果山洞中的主体踩到一块石头上滑倒摔下了，观众假设结果对他很痛苦，就像观众自己从石头上跌下来将感到很痛一样。故事中有些事情可能很奇怪或者意外，但作为故事的整体结构事件和行为的顺序必须相互衔接并很符合观众熟悉的正常行为模式。在此意义上，故事必须是连贯的。

对某一主体品性的评价是根据他的言行。某人所说的话可以被看作他与对话对象进行的言语行为。那么，从这个角度看，可以根据某个人的行为来判断他的品性。但是，一个人的目的——相当于上述实践推理模式中主体的目标——也是非常重要的。在主体进行的实践推理中，行为和目的是结合在一起的。但是，在告诉我们如何在特定情况下正确评价一个人的品性时，这些观察有什么帮助呢？

答案是，在特定情况下，某个人的行为作为一组材料以故事的形式提供给我们，该故事涉及一些假定发生的事件描述。这个故事被看作是一个描述所发生的事情的对话文本。故事通常存在空白，或者少量相关数据的缺失或者不为人知。一旦评价者知道了这个故事的焦点，他就会通读故事，并理解叙事中她被告知或者不被告知的是什么。将会有很多人或者主体参与了所发生的事情。让我们指定一人作为主角，即品性存在争议的那个人。比方说，故事中主角面临一些问题，如道德问题，故事告诉我们他是如何通过实施一些行为来试图处理这些问题的。评价者在她评价主角的品性之前必须搞清楚这个故事的意思，即她必须理解这个故事是一个连贯的叙事。应该怎样才能获
122 得这种理解（在历史解释的文献中往往称之为“理解”（verstehen））呢？

评价者必须做的事情是，要尽量理解原始主体面临的问题，以及

他或她为了解决这些问题（大概）实施的行为。她怎样才能做到这一点呢？根据实践推理进行模拟推理。马丁（Rex Martin，1977 年）进一步发展了科林伍德的关于历史的重演理论，他证明了重演是需要实践推理的。该主体能够理解另一主体的行为，因为二者都是进行实践推理的人。评价者自身也是一个主体。因此，她理解故事中主角想象的问题是什么样的，并且她能够理解对这些问题可能采取的各种常规措施。科林伍德的理论经过马丁的发展被大大强化了。重演被证明是可能的，因为第二主体能够搞清原始主体有目标导向行为的意思。第二主体根据原始主体的行为进行设证推理，推导出原始主体的目标，但更需要做的是要运用重演理论解释人际关系中的主体判断。某一主体怎样才能充分理解另一主体的情况，以便把握住某个问题，以及另一主体怎样才有可能解决这个问题呢？

答案在于人工智能中所谓的“脚本”（scripts）——那种共享的上下文背景信息块，故事中没有明确指出，但是，讲者和听者都把它视为所提供的信息的一部分（沙克，Roger C. Schank，1986 年）。最典型的例子是发生在餐厅里的故事，其中一个人，让我们称他为鲍勃（Bob），走进一家餐厅，吃了一个汉堡包，然后离开了。比方说，这就是这个故事告诉我们的全部内容。我们都可以轻易地填补很多空白，或者很可能漏掉的步骤，比如说行为发生的顺序。例如，我们可以推断，鲍勃可能坐了下来，在吃汉堡之前他可能订购了汉堡，他付了汉堡的钱，他吃完后站起身来走到出口。现在，事实上，没有提到的行为，实际上都有可能发生。但我们可以猜测这些行为可能发生了，并且在没有任何相反证据的情况下，这可能是一个很好的猜想——一个合理的推定。作出这种可能的推论填补故事空白的根据是什么呢？是我们都熟悉所谓的餐厅脚本——就是当你走进餐厅在那里吃东西时事情发生的正常程序。你通常会坐下来，然后服务员走过来，或者你以某种方式订购了食物，接着你吃了食物，并付了钱，然后你就离开了。也可以填补行为顺序的其他很多空白，因为我们大家与主体一样都很熟悉这些老套的行为方式。在这种情况下，当我们听到一个有关其行为的故事的时候，我们能够理解另一主体做了什么。 123

脚本是隐性的背景材料，根据实施某种行为的正常方式，我们与主体一样都很熟悉这种行为方式，能够按照合理推定填补这些背景材料。

历史解释或者品性判断使用的设证推理不仅仅根据所给的一系列的事实或者资料，正如约翰·约瑟夫逊和苏珊·约瑟夫逊（John R. Josephson and Susan G. Josephson）提出的设证推理形式所示，而且还根据一个隐含于所给的一系列明确叙述的脚本。脚本本身并没有明确说明。对原始主体和第二主体来说，脚本是一个共同的因素，后者可以用来填补明确叙事中的空白。设证推理链条中漏掉的前提来自脚本。脚本是原始主体与第二主体共享的未明示的共同知识。

历史判断中的重演存在局限，因为原始主体可能是与第二主体在不同的历史时期或者不同的文化背景下实施行为的（马丁，1977 年，第 215—240 页）。在这种情况下，脚本的（信息量）可能比较少。在这种情况下，重演更多的是推测出来的，设证推理的偏见和错误的可能性比较大，而得出的结论往往很缺乏说服力。另一方面，如果第二主体有点儿脱离原始主体所处的环境和历史时期，历史的客观性可能更大。尽管存在这些差别，第二主体往往会与原始主体分享一些共同理解，事实的本质是二者都是主体。此外，还会有许多其他的共同要素。即使是在非常不同的历史时期或者不同的文化中，很多行为和惯例都是相同或者非常相似的。

4.5　模拟实践推理

实施特定行为的正常方式和常见方式被称为惯例（赛格贝格，Krister Segerberg，1985 年）。惯例是一种连接起来的有序的行为顺序，主体所熟悉的实施某些工作的正常方式。例如，当我早上起来时，我通常有刮胡子的惯例，我对这个惯例非常熟悉，几乎想都不用想。我在下巴上涂上一些肥皂沫，然后用剃刀把它刮掉。如果你打破惯例的一小步，都将是一个相当复杂和漫长的过程。首先，为保湿做准备我必须用热水洗脸。为此，我必须打开水龙头。为打开水龙头，我必须以特定的方式操作水龙头把手。为了做到这一点，我必须把手放在水龙头把手上，并转动手指。那么，完成整个洗漱程序后，我必须履行涂肥皂沫的惯例。我必须到药品柜里取出泡沫罐。如此等等。124
讲述惯例的全部细节是一个相当漫长的故事。日常行为的这种复杂性，对于那些设计机器人按照人类智能体惯常的方式执行任务的人来说，一开始感到非常震惊。从表面上看，这些行为似乎很简单，因为我们与主体一样都非常熟悉这些行为。但是当你必须制造一台机器实施这种行为的时候，你开始意识到中间所有的细小步骤，因为机器必须经过编程才能完成这些步骤。如下所示，人工智能通过打破行为顺序分解成一个所谓的层次（hierarchy）来处理诸如机器人和规划等领域的这些问题。

当面临一个故事或者在特定情况下关于某些行为的叙述时，故事中的有些信息是明确给出的，但随后的其他信息需要根据脚本和似真推理予以填补。意图和品性特征通常要比行为更难重建。行为是通过证人可以观察到的特定时空的事件，可以通过经验证据予以证实的。意图对于一个人来说是内部的东西。对于一个特定的人实施一定行为时打算做什么，另一个人可以做的最好是猜测或者假设。重演实际上是一种猜测过程。正如人们在哲学上用所谓“他人的精神问题”经常强调的，你不能直接看到另一个人现在的想法是什么，你只能推测他的想法是什么，或者尤其是在特定情况下，他的意图大概是什么。这种推理过程就是设证法，但如上所述，尽管设证法也是一种猜测，但它可以建立在证实的或者证伪的证据基础上。判断另一方的假定目的是一种猜测形式，但可能存在证明意图的充分证据。有疑难案件，但也有简单的案件。例如，一个人可以声明他的意图，或可以以某种方式实施行为以表明他的意图。例如，如果一个人用他的链锯完成砍掉一棵树的所有常规动作，可以合理地假设他的意图就是砍掉那棵树。结论可能被证明是错误的，但可能有很多充分的证据证明这是一个合理的假说。

不过，对于某人在特定情况下打算做什么，即使可以根据充分证据得出结论，但推断别人在想什么往往被描绘成一个主观过程，甚至是一个神秘的过程。经常重复的问题是永远存在的。你怎么能知道别人的真实想法是什么呢？尽管这显然是神秘的，但它是一种我们在日常生活和实际问题中经常进行的推理。事实上，我们在很多日常活动中可能没有任何真正的合作团队，缺乏持续的推理过程。有些东西是我们比较擅长的。但它真的有用吗？为了更进一步地理解所涉及的推理过程，必须对移情的概念作更加仔细的分析。

125 模拟实践推理是怎样进行的呢？首先，与前面关于主体的概念分析相一致，可以被视为建立在两个主体之间的一种关系。一个主体熟悉另一主体的惯例。对于这种共同理解来说，惯例和脚本概念的引入是十分重要的。但对那些想把所有的推理都建立在经验资料基础上的实证主义者来说，根据重演和脚本的推理似乎仍然是神秘的，因为一个人不可能至少不能直接与另一个人拥有相同的经历或者相同的想法。问题是我们怎样才能充分交流，或者如果我们每个人看事物的方式不同，我们如何才能拥有共同的经验基础。如果怀疑论者是对的，如果我们的个人经验在某种重要意义上对每一个人来说都是个人的和独特的，一个人怎样才能掌握另一个人的个人想法呢？

模拟推理的任何分析都必须从这种怀疑态度的前提出发。事实是我们不能直接看到或者感觉到另一个人看到或者感觉到的东西。经验、思想和感情都是个人的。但我们可以假设另一方也将会作出怎样的反应。原因之一是，在我们怎样看待事物以及我们所知道的和思考的东西方面，在某种程度上，我们与其他人是相似的。另一个原因是，我们发现我们自己面临类似的情况。另外，还有一个原因是，我们根据我们所知道的和思考的东西以类似的方式对这些情况作出回应。当然，这些关于相似性的假设仅仅是猜测或者假设，在某些情况下可能是错误的。但在某些情况下，似乎也可能是非常合理的，因而足以保证能够合乎逻辑地从中得出合理的结论。根据模拟推理得出的结论只是一种假定或者假设，但它可能是有用的，因为作为一种假设，它具有解释力。这种推理通常是建立在所谓的设证推论或者最佳解释的推论基础上的。

一般认为，移情是一种神秘的和主观的过程，本质上非常直观和情绪化，似乎可以从这种假设中得出它不是建立在任何逻辑推理基础上的结论。这一假设是，情感和逻辑推理是两码事。诚然，当一个人对另一个人的品性作出判断时，或者试图对其意图作出解释时，推理过程只是一种猜测或者假设，这不能被证明是毋庸置疑的。但是，当设证推理和模拟推理的结构到了越来越容易理解的时候，根据移情的推论似乎开始显得不再是那么神秘了。

4.6　规划识别

人工智能中的规划理论（theory of planning）是使用映射的方式围绕实践推理建立起来的。在理论上，假定有一个具有目标的主体。这个目标用一个抽象的命题代表，通过一些行为，可以确定这些命题 126
是真的。在规划中，主体对给定的情况进行评估，以便寻找能够达到目标的可能行为的一个或者多个顺序（威伦斯基，Robert Wilensky，1985 年，第 5 页）。例如，STRIPS[*] 规划师（菲克斯和尼尔森，Richard E. Fikes and Nils J. Nilsson，1971 年）认为，规划包括三个阶段。第一阶段是世界的初始状态，第二阶段是一套把一种状态转变成另一种状态的运算符，第三阶段是最终要达到的目标状态。问题就是找出哪种运算符和变换控制面板能够从初始状态达到最终的目标状态。早期的规划系统试图使用设证推论的顺序，常见于逻辑学上定理证明的传统方法。但这种早期的工作并不很成功，因为它遇到了框架问题。框架问题就是规划师不仅要把世上任何给定的点上发生的所有变化作为规划程序予以公式化，而且还要把所有保持不变的因素予以公式化（桑德拉·卡伯里，Sandra Carberry，1990 年，第 23 页）。这种公式化是可能的，因为有太多太多的事情肯定是保持不变的。需要假定执行规划时采取的每一步骤，世界必须经临时批准暂时关闭。但是，一旦采取行动，事情可能会改变。因此，在这个阶段的推理必须接受异议。未来是不确定的，当按照规划付诸行动时，世界却变

* STRIPS 是规划领域中的一个非常著名的系统，是菲克斯（Richard E. Fikes）和尼尔森（Nils J. Nilsson）在 1971 年提出的。——译者注

了。那么，有些推理似乎要比规划中要求的设证逻辑更加灵活。

人工智能规划中另一个核心问题源于规划主体在集体规划中要求团队精神时与其他主体协作的必要性。共同制定规划，一个主体必须能够与另一主体共享规划。为了实现这一目标，一个主体应该能够认识到另一主体的规划，这是非常有帮助的。这种规划识别问题通常出现在一个主体看到或者被告知另一主体实施的行为的情况下。那么，第一个主体必须从给定的材料中推断出第二个主体的规划是什么。卡伯里（1990 年，第 17 页）把规划识别的核心任务界定为主体必须努力“根据现有的证据重构另一主体先前构建的规划”。“努力”（attempts）一词在这里很重要。在规划识别的任何实际情况下，主体从观察到的资料中得出一个似乎合理的结论。随着更多资料的出现，这个结论可能被证明是错误的，但是，即使它不应该被视为结论性的，对于这个结论的推断也可能是合理的。卡伯里举了一个例子，即汽车司机看到在高速公路上停了一辆空车，这辆车少了一个车轮。当他继续往前开车时，发现有个人在滚动着一个车轮，同时背着一个婴儿，领着三个孩子。根据这些信息，汽车司机能够合理地推断出，抛锚的
127 那辆车是属于这个人的。此外，她可以推断出那个人正带着车轮去找人修理。因此，汽车司机将会认为滚动车轮的那个人具有某一特定目的。她还可以认为他有其他目的。例如，她可以推断出那个人害怕单独留在车里。可以用设证推理得出这一推论。她看到孩子们跟着那个人，就可以假设那个人告诉孩子们跟着他。关于规划识别，特别有趣的是，某一主体对另一主体推定的目标和其他内心状态进行推论。为了处理框架问题，这种推论似乎应该经常被视为设证法而不是演绎法。

在计算机科学领域，关于专家系统（expert systems）和智能辅助系统（intelligent tutoring systems）的研究，对于处理规划识别是很有必要的。一项问答系统（question-answering systems）实验（科恩等人，Cohen et al.，1981 年，第 247 页）显示，用户“期望该系

统对他们的明显但没有言明的目标作出推断和反应”。但是，一项自动化系统怎样才能进行编程以便作出这样的推论以及在此基础上作出反应呢？施密特等人（Schmidt et al.，1978）所推荐的方法是，根据脚本或者在常见情况下人们的正常期望，作出必要的假设，据此进行推理。例如，如果主体进入一家商店，系统推断该主体是打算买东西。然而，他们的方法也包含了一个可以激活“修订批评家”（revision critic）的“观望策略”（wait and see strategy）。例如，假设主体走进商店，去了洗手间，并没有买任何东西就离开了商店。这一材料表明撤销了对该主体有买东西的目的这一结论的推理。那么，为了对某一主体的目标作出可废止的推理，自动化系统所需要的是一种设证推理发动机。通过这种方式，根据关于用户的假定目标看上去很合理的假说，能够对问题作出回应，但是，当用户输入信息表明其目标似乎不再是起初的目标时，那么也可以取消这一假设。自动问答系统为了澄清事实，也具有允许用户或者系统提出问题的功能。如果对用户的目标有疑问或者明显的歧义，系统可提示他要求澄清。它可以简单地问用户他的目标是什么。所以，能够获得实施规划识别的系统化技术的资源，因为计算机系统使用的是自然语言对话。系统可以使用实践推理从给定的材料中以用户的言行推断出他的目标。通过实践推理，系统根据脚本和在常见情况下人们对事情发展的正常预期，可以从用户已知的行动追溯他的假定目标。如果在这些材料中遇到问题或者明显的矛盾，系统还可以提出问题。那么，看来模拟实践推理不仅是可能的，而且在自动化系统中使用规划识别也能够成为现实。

4.7　模拟实践推理的特征

模拟实践推理有六个突出的特征，每一个特征代表了在推理过程中所使用的推理的一个识别方面，即一方根据对另一方行为（也可能 128

是语言行为）的观察得出结论。首先，这种推理是建立在一个明确的前提基础上的。这一前提描述或者引用了外貌特征——从一个主体所处的情况看，如第二主体所看到的和解释的，事情似乎是怎样的。对观察者来说，描述事物的前提不一定是它们的真实面目，而应该是表面上是什么样的。这个观察者是一位推理过程的参与者，但第二方也有必要参与其中。

模拟实践推理的第二个特征是，它是建立在第二主体似真推理基础上的。第二主体使用这些推论对情况的发展及其对原始主体的评议可能造成什么样的影响得出结论。这种推理的第一个特征包括了认为原始主体所处的情况，在这种情况下，他是怎样实施行为的，以及所观察到的其他事件发生。这一因素是外部观察到的给定材料或者第二主体已知的因素。这种推理的第二个特征包括了第二主体根据给定材料经设证推理得出的结论。设证推理的前提是命题的表现形式，这种命题似乎是真的。设证推理根据这些前提或者给定材料推出结论。但是，这种推理也依赖于另一基础，现在我们需要认识到这一基础。

模拟实践推理的第三个特征是，第一方所遇到的情况通常是第二方在某些方面认为是常见的。这意味着第二方一般能够预期事情会以某种方式发生，这种方式对第二方和第一方来说都是正常的和常见的。当第二方根据对第一方实施行为的情况的观察进行似真推理时，对于通常可预期到的事物发展方式作出预期是很有帮助的。例如，假如我开车经过，看见你站在你车的停车计时器旁边，你在口袋里乱摸，脸上看上去带着怒气。我知道，当有人把他们的车停在闹市区的时候，他们通常须在计时器上投币。根据平常的经验，我知道你需要泊车但是否需要投币这是不确定的。因为这是一种常见的情况，我能理解你要干什么，也能理解你对这种情况的反应。推理的这部分前提基础在所述的命题中没有明确给出。它不能被直接观察到。它是根据共享的知识即所谓的脚本推断出来的。

129 模拟实践推理的第四个特征是，从某一主体可观察到的行为到该主体假定的目标这一过程通常会倒过来（设证推理）。在上述泊车的情形中，如果我看到你在口袋里到处乱摸找硬币，我就假设你的目的是找硬币，并打算把它投到计时器里。我假设你的目的是要泊车而不是想领到一张违规停车罚单。当然，你的目的完全可能是其他的东西，并且我对于你可能的或者似乎合理的目的的假设仅仅是一个猜测。但考虑到你的行为，以及当时的情况，我可以根据我看的东西进行推断，假设你的目的是泊车而不是想领到一张罚单，这是合乎情理的。这种推理是可能的，因为实践推理把目的和实施作为达到目的的手段的行为连接起来了。我们每一个人在实施我们自己行为的时候都是独自把握实践推理的。因此，我们也可以应用这一技术去理解另一方的行为，我们假定他也在进行相同的实践推理过程。

模拟实践推理过程的第五个特征是，类比（analogy）或者使某种情况接近另一种常见情况。例如，我们都会与那些陷入两难或者困境的人产生共鸣，在某种程度上，我们自己也会遇到类似情况。例如，当我看到一位少年遇到很多分心的事情仍克服困难坚持学习的情况时，我能够产生强烈的共鸣，因为我能很容易地回忆起我自己在生活困难的时期复习考试的问题。因此，移情的基础是类比——一种情况与另一种情况的相似性。

根据一种情况与另一种情况相似的紧密性，可以得出移情存在不同程度的结论。移情程度也将依赖于一种情况与另一种情况的相似性。在历史解释中，原始主体对于第二主体从不同历史时期得出的结论更有可能是错误的。按照沙克（Roger C. Schank，1986 年，第 6—11 页）的观点，存在一个移情光谱（spectrum of empathy），其末端被他称作“完全移情”（complete empathy）。完全移情被沙克（第 6 页）定义为“双胞胎之间、非常亲密的兄弟之间、老朋友之间以及其他非常类似这种关系的人之间可能获得的那种理解”。在光谱的另一端的一个点被沙克称为“理解”（making sense），一方的情况能够被另一方“以一组连贯的（尽管可能不完全）图片方式对那些事件的来龙去脉”进行解释（第 6 页）。当两个人在记忆中已经有很多共同经历的时候，完全移情是存在的（第 9 页）。但在很多情况下移情是不太完全的，因此，对于另一方是怎样想的或者是怎样感觉的，一方得出的结论在本质上更多是猜测的。

130 这些考察显示，根据模拟推理得出的结论往往是建立在假设基础上的各种猜测，并且推理的形式取决于第二个主体能够在多大程度上把握第一个主体面临的情况。但这并不是说，这些说法总是缺乏说服力和不值得相信的。在某些情况下，作为论证，移情推论可能很缺乏说服力，因为两个人或者两种情况之间的比较和共同经历的基础不多。然而，在其他情况下，模拟推论可能具有很强的说服力。它可能是支持提供一个不仅仅是猜测或者假设的论证基础。在不同情况下，能够被评价的推理的强弱，取决于当时情况在表面上对其前提的支持程度，并取决于从前提到得出结论的推理有多强。

模拟实践推理的第六个特征是，它可以是反身的或者自动认知的。在这种情况下，单一主体可以就其自己的想法进行推理。这种单一主体的情况似乎可以驳斥那种认为模拟推理在本质上是人际关系的和对话式的假设。但是，在自动认知模拟推理中，一个主体实际上扮演着两个辩证的角色。在一个层面上，他在进行评议。在较高层面上，当他努力思考自己的实践推理时，他在走向一个不同的对话。因此，反身性的特殊优势对于品性判断可能具有的好处超过了它可能存在的障碍。例如，某人宣布“我很勇敢”并试图提供客观的证明是相当困难的，甚至好像提供削弱这一主张的可能性的证据也是非常困难的。那么，总的来说，最好是把自动认知推理的情况看作一个主体在两个不同对话中扮演两个角色的情况。这并不像其看上去那样与多主体模拟推理不同。无论如何，以后章节将证实自动认知推理的这种方法。根据本书的分析，它不仅仅是一个信念的迭代，而且也是一个对话的句套（nesting of dialogue）。

4.8 模拟推理与设证推理的结合

通过思考品性判断的所有情况，可以表明模拟推理与设证推理是怎样结合的。关于原始主体实施的某些行为的描述，第二主体面临一系列这样的材料。为了解决某些问题或者实现某些目标，据说原始主体面临一种需要实施一定行为或作出某项决定的情况。第二主体可以识别某些推理模式，这种推理模式是根据证据进行的，是用于解决原始主体在特定情况下面临的问题的。例如，原始主体站在一所正在着 131 火的房子前，并刚刚被告知房子里面有一个婴儿。在这种情况下，第二主体怎样才能抓住关键问题的实质呢？他可以通过模拟做到这一点。他可以把自己置于原始主体所处的那种情况之下。对他来说，困难是显而易见的。在那种情况下，他将面临一个选择。他是否应该冲进屋子并试图做有价值的行为去救那个据说在屋子里的婴儿呢？或者他是否应留在那里不去冒受伤或者死亡的危险呢？无论哪种方式，对他本身或者婴儿来说，结果都是非常糟糕的。通过把自己置于这种两难境地，第二主体能够抓住原始主体面临的问题。他无须知道或者无须试图判断她的感觉或者信念是什么。只要抓住当时传达的事实情况的实际特征，他就能够理解她面临的问题。这种理解是通过模拟推理实现的。因为第二主体是一个主体，他能够理解原始主体面临的问题。

假如当时的事实被扩展了。原始主体玛丽（Mary）冲进了那个房子，并且实际上救了那个婴儿。第二主体迈克（Mike）现在可以提供关于发生了什么的一个非常合理的解释。这个解释是建立在实践推理基础上的。他的解释是，为了救那个婴儿，玛丽冲进了着火的房子，并成功地实现了她的假定目标。对于所发生的情况可能还存在其他解释，但其他所有的解释都跟这个差不多，这个解释可能是最适合当时那种情况对于已知事实的解释。在这种情况下，迈克可以提出玛丽是勇敢的假说。这个假说可能因案中其他新的事实的介入而受到支持或者破坏。例如，假如迈克发现玛丽在其他场合可能曾逃离危险现场。或者假如迈克得知玛丽为了获得公众的注意而吹嘘说她冲进了那个房子。任何这种新信息的介入都将与玛丽是勇敢的主张有关。这可能成为驳斥她很勇敢的主张的证据（或者可能不是，要取决于案中证据的整体情况）。但是，在没有这种相反证据的情况下，为救婴儿而冲进着火的房子，这一行为将证明玛丽是勇敢的。

第二主体使用模拟来理解原始主体面临的问题。他理解她面临的选择。一旦她实施了行为，他就能够使用推理得出最佳解释。他把某一特定目标归因于她。对于她冲进着火的房子营救婴儿的行为，他得出了最佳解释。也许这一假设是错误的。也许玛丽冲进着火的房子是试图获得一枚勇敢奖章，而根本不是真的关心那个婴儿。但是，在没有证据指向这种解释的情况下，迈克可以推断，她冲进着火的房子就是为了去救婴儿，这一点似乎是合理的。根据对她特定情况下的行为
132 证据的判断，通过设证法，他能够对她的目的得出一个合理的结论。因此，可以看出，第二主体在类似这种情况下使用的那种推理，既是模拟推理，也是设证推理。图 4.1 给出了迈克的推理结构的一个略图。

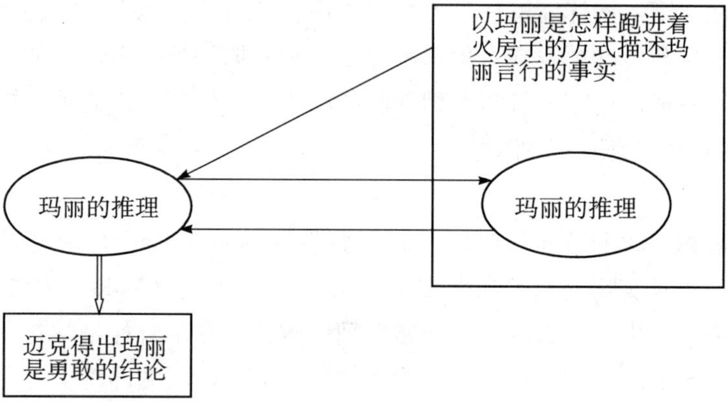

图 4.1　迈克的设证推理和模拟推理得出玛丽是勇敢的结论

图 4.1 提供的推理把模拟推理与设证推理在同一场合结合了起来。在很多情况下，当一个主体把品性的某一道德素质归于另一主体时，可以采取把模拟推理与设证推理相结合的这种典型方式。在这些情况下，从某种情况下给定的一系列事实到最终的结论，存在一个明确的推理路径。根据第二主体将自己置于原始主体所面临的情况以及重复其（大概）经历的实践推理的能力，从给定的事实到对于这些事实的最佳解释，是一种反向推理（backwards reasoning）。

模拟推理可能有不同的用途。如戈登（Robert M. Gordon，

1986 年，第 161—163 页）所强调的，其中之一是预测他人的行为。另一个用途是，根据他人过去众所周知的行为，通过对最佳解释的设证或者推理，得出一个合理的结论。在这种情况下的很多时候，资料都是关于他人行为的观察或者记录，得出的结论则是对他人的一些假定的意图或者目的。为了区分模拟推理的这两种用途，可以使用“预
测”（prediction）和“追溯”（retrodiction）这两个术语。预测使用 133
的是从过去到未来的推理，追溯使用的是从过去事实到命题的推理，这些命题是关于发生了什么以及可能有助于解释发生了什么的推测。追溯在历史和刑法领域中非常重要，该领域的事件据说都是过去发生的。那么，问题是对于可能在很久以前发生的某一行为，努力确定责任，或者归咎某一动机。我们所要做的就是尽量去收集大量的事实。在法律上，这一过程被称为真相调查（fact-finding）。然后，我们尽量根据事实进行推论。尽管真相调查与推论的差别在法律和历史中更加常见，但它在道德推理中也很典型。在伦理学上，在品性判断的情况下，这种差别尤其重要。不过，它也可以用来试图判断对个别行为承担责任的情况。

4.9　抽象与链接

为了使模拟推理和设证推理在特定的品性判断中发挥作用，需要一些其他的推理功能。其中之一就是抽象层次的概念。以玛丽和迈克的例子来说。迈克运用模拟推理和设证推理，从给定的材料中得出玛丽是勇敢的结论。但是，从材料中得出结论要进行推理，迈克需要从一些关于“勇敢”的抽象定义出发。比方说，他采取了类似下面的定义：如果某个主体面对给她带来危险的困难时，或者无论如何都将非常痛苦或者艰难时，如人身伤害甚至死亡的可能性，仍能坚持实现或者努力实现一个有价值的目标，她就是勇敢的。可能补充的还有，勇敢行为通常是利他主义的，从而有价值的目标不只是自私的，并涉及放弃私利去帮助别人。这一定义是抽象的。把它放到一个具体的实例中在某些情况下可能很简单（所谓的简单案件），在其他情况下（所

谓的疑难案件）可能很成问题和容易引起争议。此外，正如关于勇敢一章的论述中所指出的，作为一个基本的美德，究竟应该如何定义勇敢，可能还存在争议。但无论采用什么样的定义，如果在特定情况下所使用的模拟推理和设证推理要获得一个以明确的证据为基础的品性判断的话，都需要一些抽象的定义。

在人工智能的规划理论中，通过制定一个含有多种抽象层次的规划来处理行为的复杂性。例如，在一个抽象的层面，鲍勃的目标可能是要找到吃的东西。但后来假如他看到一家小餐馆，在那家餐馆里，他现在可以形成一个试图找到吃的东西的更加具体的目标。为了实现
134 这个目标，他走进那家餐馆。为了做到这一点，他必须迈开脚步。因此，一个规划可以被视为由目标、子目标和行为按照一定的次序连接起来的一个层次体系。在层次结构中，最抽象的目标位于最上端，最具体的行为处在最低端，描绘规划是人工智能中的一个常用技术。拉塞尔和诺文（Stuart J. Russell and Peter Norvig，1995 年，第 368 页）举了一个航天器发射的例子，这是一个非常抽象的目标。其中可能有许多中间层次的子目标，像准备助推火箭，准备航天舱，以及装载货物。在这个层次体系的底端是具体的行为，像把螺栓嵌入孔眼，并把它与螺母拧紧。该层次结构被视为从抽象目标走向具体行为的活动。如上所述，规划识别使用相同的层次结构，但其顺序相反。自人工智能的最近研究开始，正向推理（forward reasoning）和反向推理（backward reasoning）的概念变得非常重要。按照巴尔和费根鲍姆（Avron Bart and Edward Feigenbaum，1981 年，第 23 页）的解释，正向推理是把一种“情况或者问题状态，从其最初的构造推向一种令人满意的目标状态”。他们举了一个国际象棋游戏的例子（第 23 页）。最初的情况是在比赛开始之前棋子的放置情况。抽象的目标是通过将死（checkmate）对方来赢得比赛。但改变象棋最初布局的每一步棋都是可能导致最终实现这一目标的行动。在反向推理中，棋手可能会考虑到每一步棋，并试图看看怎样把它与取胜的目标联系起来。当一个主体对另一主体的品性进行推理时，使用的就是一种反向的模拟推理。

在任何给定情况下的品性判断中，都会有这种情况的特定材料，以叙述或者一系列经验陈述的方式，描述某些假定发生的行为和事件。这些将是比较具体的，而不是高度抽象的。在另一方面，对于某种争议的品性特质，将会有抽象的定义。那么，所需要的是用一个推理的链条把抽象的定义与案内的具体材料连接起来。像下面的推理，可以用来弥补这一缺陷。

> 如果某人闯入着火的房子，该人是在冒着痛苦而严重受伤甚至可能是死亡的重大危险。
>
> 玛丽闯入了那个着火的房子（在本案中）。
>
> 因此，玛丽是在冒着痛苦而严重受伤甚至可能是死亡的重大危险（在本案中）。

第一个前提是一个比较抽象的陈述，以明确的方式与勇敢的定义连接起来（因为勇敢就是被定义为冒着痛苦的受伤或者甚至死亡的危险）。另一方面，它在一定程度上具体说明了与特定案件事实的关系（通过在条件的前提中包含闯入着火房子的这个非常具体的行为）。推 135
理把抽象与具体的或者确定的案件材料连接起来。这种推理链条把一端的特定案件材料与链条另一端的“勇敢”这一术语的抽象定义连接起来了。没有算出任何中间步骤，不难想象推理链条是怎样发挥作用的。

4.10　可废止的推理

在这种推理链条中，需要评论的一个因素是推理的可废止性。上面的推理的第一个前提是有条件的，但它不是我们可能称作的一个绝对条件。它更像是一个大拇指的角色，受条件的限制，并在特别情况下存在例外。为了知道原因，如下所述，考虑一下条件的合格形式。

如果某人冲进一个着火的房子，而且该人没有穿防火的防护装置，包括呼吸设备，他或她将会冒着痛苦而严重受伤甚至可能死亡的危险。

像上面插入的那个条件一样，各种资格条件都是推理链条上的抽象部分和特定案件的具体材料的连接方式。推理链条不是由包含全称量词（universal quantifiers）和绝对条件（absolute conditionals）的演绎推理构成的。绝对条件是这样一种情况，即前提是真的，但结论是假的，这在逻辑上是不可能的。在演绎逻辑中使用的全称量词，通过一个相反的实例，形成一个被证伪的概括。很多时候，在进行品性判断的设证推理和模拟推理链条中使用的条件和量词，至少不是这种形式。它们受连接抽象概括和条件与案件具体材料的资格条件的限制。它们是可废止的条件，在通常情况下会坚持这些条件，但也存在例外。

有很多证据表明，亚里士多德非常清楚这些条件的独特地位，也很清楚根据这些条件的似真推理（plausibilistic reasoning）不同于演绎推理。有证据表明，亚里士多德所谓的省略三段论（enthymema）在逻辑教科书中被系统地曲解了两千多年。伯尼特（Myles F. Burnyeat，1994 年）举了一个最有说服力的例子。典型的现代逻辑教科书将省略三段论定义为缺少一个或者多个前提的三段论（syllogism）。威廉·汉密尔顿爵士（Sir William Hamilton）所给的例子就是一个论据，“卡修斯（Cassius）是一个说谎者，因此，卡修斯是一个懦
136 夫。”① 隐含的前提是所谓的普遍性的说法，即“所有的说谎者都是懦夫”。一旦通过加上这一前提使之完整，三段论就是符合逻辑的。如果说三段论是符合逻辑的，就意味着前提是真而结论为假，这在逻辑上是不可能的。但是，这对汉密尔顿的例子是一个很好的解释吗？可能不是。因为主张所有的说谎者毫无例外地都是懦夫不是很合理。最可能的情况可能会说，在一般情况下，人们能够预料到说谎者是懦夫，但有例外情况。通过这些例子，产生的怀疑是，亚里士多德并没有把省略三段论（enthymeme）定义为带有一个或者多个未列明的前

① 这个例子源于伯尼特（1994 年，第 3 页），他引用了威廉·汉密尔顿的《逻辑讲座》第 20 讲。

提的三段论，并且据此他还有别的意思。伯尼特令人信服地提出，亚里士多德的省略三段论的真正意思是一种可废止的论证，并非试图通过演绎使之符合逻辑，而仅仅是为了让它看上去是合理的。很多争议在《前分析篇》(Prior Analytics)(70a10)的著名语句“从可能性和符号上看省略三段论是一个不完整的(ateles)论证(syllogismos)”② 上发生了转折。syllogismos 这个术语并不仅有三段论的意思，而且还可以指代任何种类的推理。从“可能性”得出的论点可以用来指代似真的论点，而不是现代统计学意义上的概率。该争议在于“不完整”这个术语真的是亚里士多德写的还是后来的评论家们写的。如果后者是真的，就像伯尼特认为的，亚里士多德使用的“省略三段论”可能意味着与传统逻辑学长期以来所理解的东西完全不同。对于逻辑史而言，这种影响是广泛的，对于研究品性证据来说，这种影响则是根本性的。

亚里士多德介绍了很多根据一个大前提进行推理的例子，这个大前提一般来说是真的，或者被认为是真的，不是全部是真，只是“绝大部分”是真。亚里士多德提出并被伯尼特(1994 年，第 25 页)引用的这种省略三段论最有趣的例子之一就是关于以下类型的推理：如果一个主体想实施某一特定行为，并且没有外部障碍，那么，该主体就实施了这种行为。这种特定的推理在现代人工智能中可以被归类为规划中一个简单的正向推理的例子。主体具有实施某一特定行为的目的。主体实施这一目的不存在障碍。因此，他实施了这一行为。这是一个简单的实践推理的例子。但是，一旦提出了这种例子，并且作为一个从目的到行为的正向推理的例子，可能也很有说服力。它可以用来表明，从行为到目的这种反向推理是怎样与似真推理具有相同结构的。伯尼特(1994 年，第 25 页)认为，亚里士多德并没有重构一个三段论式的推理，或者把逻辑必要性当做其基础。相反，他把这种推理(第 24 页)视为一个建立在普遍性基础上的似真推理，这种普遍性存在例外，且“只是绝大部分”是真的。如果伯尼特是正确的，亚 137

② 这一表述是根据伯尼特的翻译所作的意译(1994 年，第 6 页)。

里士多德很清楚，当某一主体对于另一主体从目的到实施行为的推理如何进行推理时，第二主体使用了一种特殊的推理，即似真推理，这种推理在本质上是可废止的，并且它与演绎推理明显不同。如果这种解释是正确的，可废止的似真推理不是现代人工智能发明创造的，而是起源于亚里士多德。或者至少模拟推理的可废止特征，基于逻辑必要性，已经被确认是不同于演绎推理的。当然，这种推理的结论只是一个关于某一主体可能的内心状态或者目标的假设或者建议。它的这种容易出错的特性，可能是它为什么长期被边缘化、被忽视甚至在整个逻辑史上被怀疑的原因。

巴登（John A. Barnden，1995 年，第 248 页）曾指出了人工智能研究成果是怎样证实模拟推理“只是用来表明一个主体可能得出什么样的结论”的。按照巴登的观点，人工智能近期的研究特征是，把模拟推理与推理的常识模式连接起来，这种推理的常识模式特别强调它的可废止性。如果说人工智能最近的大部分研究都是把模拟推理看作一种似真推理，这似乎是公正的，在似真推理中，第二主体得出的结论不仅仅是关于原始主体在想什么的一个合理假设或者猜测。不过，事实却是，结论被视为一个可能是错误的假设，并不意味着它纯粹是靠盲目的运气得到的，或者只是一种愚蠢的猜测，没有任何证据和逻辑推理基础。运用设证推理，通常会有几种能够适合案件材料的假设，但有些可能比其他的更合理些。这种推理是可以预设的，但也可以建立在使结论具有暂时的可接受性的充分证据基础上。

似真推理在人工智能领域现在被当做一种合法的推理类型而被广泛接受，它不同于演绎推理和归纳推理。但在伦理学上，长期以来一直有一种不幸的趋势，就是任何不合乎演绎或者归纳模式的东西，都被当做“主观”的东西，因而变得毫无价值，从而被拒绝。这种假设强烈支持伦理学上不可知论者的观点。例如，史蒂文森（Stevenson）假定在事实与价值之间存在一个明显的差别。假如在事实上存在分歧，可以用证据予以解决，而对于价值的分歧，只能是感情化的。假如我喜欢吃巧克力冰淇淋，而你不喜欢，按照史蒂文森的观点，那么，没有相关的事实证据来解决我们的分歧，并且这是问题的最终结果。持史蒂文森观点的人将得出结论，对于品性判断的分歧不是建立在事实证据基础上的，而纯粹是主观意见的分歧。但是，一旦发现是如何连接从品性的道德判断到一组案件事实或者给定材料的推理的，就可以否定不可知论的观点。通过建立在特定案件事实的推理链条，品性判断是可以证实和证伪的。当然，它们只是假说。并且，它们是
建立在模拟推理基础上的，这种推理仅仅是一种合理的推测或者猜测 138
形式。但是，诸如在法律和历史学科中，甚至在很多科学推理中（在发现阶段），这最多是我们的推理常识，我们全都依赖于生活中实际发生的事情。随着对似真推理模式的接受，如模拟推理和设证推理，很多逻辑实证主义在难以置信（implausibility）中慢慢消失。但是，在这里，关键的一点是，品性判断被证明是建立在逻辑推理链条基础上的，这种推理链条把事实材料与抽象定义和明确制定的规则结合起来。很多不可知论者、情感主义者、相对主义者和其他声音的批评者过去往往认为，它不是主观方式。

第五章　多主体对话

139 为使用设证推理评价品性判断，本章提出了一个多主体对话结构(multi-agent dialogue structure)。第一个主体提出一个假设来解释有关第二个主体的品性行为和其他相关事实，那么，这一主体即与其他严重怀疑其设证论证的主体进行对话。在对话过程中，可能产生进一步的证据，从而可能推翻业已提出该观点的推理。相关性证据可能包括诸如诚实等声誉品性。使用一个对话模式，评价关于品性判断的可废止推理，在计算辩证法新领域（戈登，Thomas F. Gordon，1995年；普拉肯和萨托，Henry Prakken and Giovanni Sartor，1996年；本奇-卡彭，Trevor Bench-Capon，1997年；哈格，Jaap C. Hage，2000年；罗德，Arno R. Lodder，2000年；费尔海，Bart Verheij，2003年)，这种对话模式已经被应用于法律论证中。在这种对话模式中，一方提出问题，另一方作出适当回答，论证作为材料被收集起来(罗德，Arno R. Lodder，1999年)。当论者提出一个主张，如果对方提出批判性问题或者提出相反的观点，她应该使用证据支持其主张。

在讨论一个有争议的品性时，对话将在两个层面上进行。在第一个层面上，原始主体对于特定情况下所做的事情进行评论。原始主体使用实践推理去寻求和发现获得谨慎的行动路线的办法。但是，一旦对这种行动进行了评议，并在特定情况下付诸实施，在第二层面上，第二主体就要扮演这种情况的评价者的角色，使用模拟推理对第一主体的品性作出判断。当根据既定材料在第一层面上进行推论时，这些推论取决于第二主体对原始主体的目标和价值的判断。原始主体使用的推理的基本形式是有目标导向的实践推理，其中包括一个实际的应然陈述——考虑到她的价值观和目标，这个人在那种情况下应该怎样做的指示性陈述。结论中的“应然”，从只代表所涉及的个人利益的 140
意义上，并不完全慎重。它表达了此人应该如何作出与其长期的价值观和目标相一致的反应，其价值观和目标在本质上是符合道德的。正是在第二个层面上，科林伍德的重演理论解释了第二主体是怎样用模拟推理来判断原始主体品性的。两者都是主体。第二主体也使用实践推理，追随第一主体的行为和实践推理的脚步。第二主体推定原始主体，试图推断出他的想法或者行动方针。第二主体使用设证推理推断出关于原始主体的品性的似真推论。在第二层面上，推理是建立在模拟推理或者实践推理基础上的，应用于据推测是原始主体在第一层面上使用的实践推理。

5.1　似真推理

用于得出初步结论的这种推理被称为似真推理（plausible reasoning）。在论证中，似真推理的功能是把证据负担（weight of evidence）转移到对话中的一方或者另一方，在对话中，一个具体主张是否应该被认为是可接受的，存在意见分歧。似真推理为了平衡，把证据负担转移到对话的一方，从而支持一个先前令人怀疑的结论。但是，当对话继续时，这种负担可能会转回到另一方。因此，似真推理应当经常被认为是一种预设。它的结论应该被认为是暂时可以接受的。但是，将来会有新的证据，人们应该为放弃这种结论做好准备。

似真推理是建立在归纳概括基础之上的，这种状态能够使人们在正常情况下可以预期那种常见情况的正常走势。这种归纳概括在任何真实的案件中本质上都是可以被推翻的，因为该案件在相关方面被证明可能是不正常的。换句话说，归纳概括只是说这是事物发展的正常方式，并且只要有信息介入，也就是说，给定的条件不再正常或者不太符合常规了，在这种情况下，归纳概括就被推翻了。在量化演绎逻辑（deductive quantificational logic）中，全称量词用于代替一种绝对的归纳概括，其形式如下："对于所有的 x 来说，如果 x 具有 F 的性质，那么，x 就具有 G 的性质"。一个简单的反例就推翻了这个绝对的归纳概括。绝对的归纳概括等同于下面的否定形式："（绝对）没有这样的 x，具有 F，但不具有 G"。这种否定形式更加清楚地揭示了它的绝对主义本质。

相比之下，归纳概括形式是"大多数、很多或者一定比例（数值
141 为 0 和 1 之间的小数）的事物具有 F 的性质，也具有 G 的性质"。这种归纳概括不是绝对的，而是允许有例外。如果出现了新的信息，在这种情况下，归纳概括就可能被推翻。归纳概括是基于统计材料的收集，这种统计材料通过概率计算和其他统计方法，用可测量的证据力（strength of evidence）来支持或者反对这种概括。作为绝对的概括，归纳概括附有积极的证明责任。换句话说，如果你在对话中主张一个这样的概括，那么你有义务提供证据支持这一主张，否则，就得放弃该主张。如果有充足的反例反驳这种概括，你必须放弃这种概括。似真推理不同，因为它在本质上更多是暂定的。

似真推理是基于这样一种归纳概括形式，"在正常情况下，但存在例外情况，如果某些事物具有 F 的性质，也可以预期它具有 G 的性质"。在人们不能正常预期的情况下，这种条件是可以被推翻的。我们对它的信心是暂时的，因为当我们发现有关这种情况的更多东西的时候，可以知道它与正常的情况是不同的。在计算机科学中经典的例子就是翠鸟（Tweety）的例子，翠鸟是我们所知道的一只鸟。我们都知道鸟类一般都会飞，我们将这种知识概括为以下形式，"鸟类会飞"。这样的归纳概括也可以用附条件的形式表达：如果某事物是一只鸟，那么（在正常情况下，但存在例外），它就会飞。假如在某一特殊情况下，我们发现翠鸟是一只企鹅，尽管它也是一只鸟，或者在其他情况下，我们发现翠鸟的翅膀断了，这种新的信息将会推翻根据正常情况（既然翠鸟是一只鸟，它就会飞）所进行的推理。似真推

理是建立在归纳概括基础上的，当有了新的信息时，这种归纳概括应该能够被推翻，这表明我们应对特殊情况的预期与人们在正常情况下的预期是不同的。

在历史哲学上，文献解释的问题就是一种概括，即历史规律往往是根据普遍的或者概括的东西被假定的。一旦作为第三种选择允许这种新的概括形式，科林伍德的重演理论如何才能成为对人类行为历史解释的新方法的基础就变得很清楚了。在过去，或者至少在最近一段时间，一般的问题是，哲学家们认为只有演绎推理和归纳推理才值得他们关注。他们忽视了似真推理，认为它是“主观的”。这种推理在古希腊哲学中已经被认识到，但后来随着演绎逻辑的兴起，它似乎被遗忘了。

似真推理在古代社会是一种著名的论证形式，尤其是对诡辩论者，这些早期的哲学家还担当着修辞学家。用来说明这种论证形式的 142
典型例子是两个诡辩家科莱克斯（Corax）和提西亚斯（Tisias）大约在公元前 5 世纪确定的（迈克尔·加加林，Michael Gagarin，1994 年，第 50 页）。他们没有留下什么著作；除了关于伤害案件审判所谓的典型案例，亚里士多德（《修辞学》，Rhetoric 1402a17—1402a28）将之归于科莱克斯。审判是关于一个瘦弱的男子和一个强壮的男子之间发生的一场争斗，前者明显身材矮小，后者则明显身材高大。小个男子向陪审团起诉，请求他们判断他是否可能殴打比他高大强壮很多的男子。论证是建立在似真性基础上的。论证的根据是这种攻击将是难以置信的，并且陪审团的每一个人都会知道这一点。他们可以将自己置于那个小个男子所处的给定境地。他们会攻击那个高大男子吗？不可能。陪审团怎么才能得出这一判断呢？很显然，他们设身处地把自己置于那个小个男子所面临的情况。换句话说，似真推论的根据就是本章所描述的那种模拟推理。

这个古老案子的另一个有趣的方面是，它说明了陪审团是怎样得出暂时性结论的本质。为了反驳那个小个男子提出的似真论证，高大男子提供了一个相反的似真论证。高大男子请求陪审团判断，当他知道在法庭上看上去是多么糟糕时，明显强壮高大的男子是否会攻击那个弱小的男子呢？陪审团通过将自己置于高大男子的处境，也可以对这种论证的效力作出评价，并且可以想象，当那种情况出现时，他们会怎样想。再一次表明，这种论证的根据仍然是模拟推理。

似真的模拟推理对于理解法律论证是很重要的。当一个律师在法庭上的陪审团面前辩论时，她是在努力说服陪审团接受某一特定观点。陪审员不是法律方面的专家。他们在审判中看待证据的方式可能完全不同于律师看待证据的方式。她需要根据他们自己的评论来说服他们。为了成功地完成这项任务，她必须使用移情法将自己置于陪审团在审判中对证据的思维方式。要做到这一点，她须对陪审团的推理进行推理。简而言之，辩护律师在法庭上所做的推理就是模拟推理。

似真推理在计算机科学中很常见，它经常被当做一种设证推理的结果，就像上文约翰·约瑟夫逊和苏珊·约瑟夫逊（John R. Josephson and Susan G. Josephson,）所描述的那种关系所示。正如上文多次提到的，设证论证也被称为“最佳解释的推理”。尽管这种论证是一种逻辑推理形式，现在可以理解这种论证是怎样根据似真推理的标
143 准得出一个结论的。根据这些标准，它仍然可以成为一个有力的论证，即使受到批判性质疑。例如，我们在山路上看到一些痕迹，这些痕迹看起来像是灰熊的足迹，我们得出结论，有一只灰熊刚刚在那里出现过。这是一个论证。结论是有一只灰熊在那里出现过的命题。当然，这只是一个猜测或者假设。但这可能是一个非常有力的论证，为了与这个结论保持一致，可能需要谨慎行事，以便通过该地区。关于上文提出的设证论证，如果在那种情况下有证据的话，它可能是一个合理的论证。前提是在山路上看到了似乎有灰熊的足迹，根据这组材料，可以得出最佳解释的推论，根据这些足迹的表面情况和其他所有的类似情况，山路上足迹的最佳解释是，一只灰熊从那里经过。可能还有其他的解释，但根据那种情况，可能是灰熊的假设是最佳解释。原因是：那个山路可能是我们所知道的灰熊经常通过的地方。如果在大学会议室的地板上发现相同的痕迹，对此可能会有更好的解释。论证是有背景的。它应该通过提出适当的批判性问题来判断。但这可能是合理的。在这种情况下，能够看到实践推理怎样才能与设证推理相

结合。假如添加了灰熊是危险的这一隐含的前提，所推出的结论是，走出该地区的行动方针是要小心谨慎。

设证是道德推理的挑战与回应（challenge-response）的观点所期望的，这种观点是美国道德哲学家卡尔·威尔曼（Carl Wellman）提出的。奇怪的是，尽管威尔曼的道德推理理论在伦理学领域并不十分流行，也没有得到任何道德哲学学派的进一步发展，但它非常适应人工智能研究的最新发展。威尔曼（1971 年）撰写了一篇道德论证的论文，这篇论文的根据是不同于演绎推理和归纳推理的。他把它称作传导推理（conductive reasoning）。如果前提是“接近真理”，传导推理（威尔曼，1972 年，第 53 页）得出的结论仍然只是一个近似的真理。在威尔曼看来，传导推理是根据假设的特定案件事实的一种猜测，它得出的结论是暂时性的，将来是可以修正的。传导推理有一个不确定的因素。按照威尔曼的观点（第 53 页），其中的原因之一是，描述案件事实的给定前提可能不太适合于它们应用的案件。传导推理是一种以案例为基础的推理，这种推理与假定的案件事实是相关的。这样一来，任何新事实的发现，或者任何给定情况的变化，根据传导推理都可能需要撤销某个结论。传导论证往往是缺乏说服力的和暂时性的。但是，当在特定情况下，所收集的传导论证足够多的时候，可能会产生非常重大的全面影响。传导推理通常需要用推论对一大组证 144
据进行评价，在这种场合，其他的论证则提供额外的证据砝码。使用一个非常重要的隐喻，威尔曼（第 58 页）描述了案中传导推理的相对优点即权衡，在没有天平或者其他精确测量方法的情况下，怎样能够完成试图判断两小堆鹅卵石哪个更重的任务。完成这项任务的一个粗略的方法是，一只手拿一堆小鹅卵石，另一只手拿另一堆，然后得出两堆的“分量”。但道德论证如品性判断怎么样呢？如何才能判断这些论证一个比另一个更有“重量”或者更有分量呢？威尔曼的回答（1971 年，第 138 页）是，这种论证可以在提出各自主张的双方当事人之间的对话中进行评价。他把这种对话框架称作道德辩护的挑战与回应模式（第 138 页）。当对一个论证的所有相关挑战在支持者与挑战者相互交流的对话中产生时，这一论证在这种模式中就有了正当理由。威尔曼所称作的传导推理与现在人们所说的设证推理似乎非常相似，甚至是一回事。

传导推理与设证推理是一样的吗？或者如果不同，两者的关系如何呢？传导推理是否可能是道德推理中尤其是在作出品性判断时使用的一种特殊的设证推理呢？当一个人获得对另一个人品性的合理判断时，传导推理能够提供一个案件推理的新模式吗？在对品性判断问题采用设证方法时，似乎确实是有可能的。当一个人对于另一个人的假定品性以判断的形式得出结论时，通常会有一组编造所谓案件的特定材料或者假定事实。在任何真实案例中，都将有一组材料，有时是非常大的一组材料，案件事实以某种方式被报告或者记录下来。利用这组假定的案件事实，第一个人将以假说的形式对于另一个人的品性得出结论。这个假说可以很容易地被看作是关于另一个人的给定事实或者被报告的行为的一种从其他可能的解释中挑选出来的解释。尽管它是一种猜测，并且可能因新的信息的介入而被推翻，但这种推理过程似乎仍然至少有一个结构。如第二章所示，约翰·约瑟夫逊和苏珊·约瑟夫逊（1994 年）已经能够作为一种特别的形式提出了设证推理，并且他们列举了在特定情况下判断这种推理的价值时需要考虑的各种因素。这一结构重新阐明了品性判断，表明它需以证据为基础，并在用于支持某一主张的论证中要有一个推理结构。

145 在进行品性判断时，在大多数情况下，所使用的模拟推理和设证推理在本质上都是具有似真性的。在第一个层面上，原始主体考虑到案件中的证据，在权衡基础上，利用聪明的猜测，试图对品性作出准确判断。在第二个层面上，另一主体提供了一些第一主体所作的陈述，对于她的所作所为，他是怎么说的，以及对于当时的情况，她的感觉是怎样的。第二主体面临一些有关第一主体言行的故事，或者收集了一些有关第一主体言行的事实或者指控，那么，第二主体必须做的事情是，根据我们所知道的案件背景，要尽力通过提供一些看起来像是最佳解释的判断，弄清楚给定材料的意思。根据主体人际关系理论，很多已知的东西或者很多可信的东西都是采用脚本的形式。情况是第二主体所熟悉的情况，或者与她所熟悉的其他类似情况。根据对事物在那种情况下如何发展的正常预期的了解，第二主体将自己置于那个品性被评价的原始主体所面临的假定情况。然后，根据她对任何主体在那种情况下都将作出的正常反应的猜测，通过模拟推理，她可以尽力判断原始主体的行为是否适当。根据对案件细节的了解，她对最佳解释作出推论。在此基础上，她提出假说，并得出结论。这种推理在本质上具有似真性、模拟性和设证性。它是一种猜测，这种猜测容易犯错误，并且如果有新的信息介入改变了案件的细节时，是可以被推翻和倒过来的。这种推理是建立在一个提问和回答的过程基础上的。当然，这种推理的根据是案件给定材料的事实证据，这种证据是能够被收集到和证实的，并且可以用来支持或者推翻一个假说。第二章提出的设证推理结构表明，这种推理最好地展现了是怎样通过提出适当的批判性问题接受挑战的。

但是，对似真推理的理解只是问题的一部分，还有必要理解一个主体是怎样根据另一个主体的行为和知觉印象进行推理和实施行为的。一个主体怎样才能根据对另一个主体的判断影响其行为呢？一个主体怎样才能运用移情去试图找出另一主体打算实施的行为或者另一主体可能的意图是什么呢？一个主体怎样才能判断另一主体值得信赖或者愿意合作呢？主体之间怎样才能相互交流以便他们可以进行团队行动呢？一个主体在与其他主体的交流中所说的话怎样才能用作判断第一主体品性素质的证据呢？这些问题更加难以回答。为了阐明这些问题，需要介绍一些计算机科学使用的多主体系统的最新发展。

5.2 规划识别与对话

人工智能的最近研究一直关注主体的合作发展与实施共享规划。146
为了能够在一起进行规划，主体之间必须进行相互交流。为了这一目的，他们需要密切注视相互的行为、解释这些行为并相互提出问题。这样一来，他们需要按照规划进入一些相互的对话中。在人工智能中使用的总体框架被称作规划共享理论（SharedPlan theory）：“按照规划共享理论，协作中的每一位参与者的心理状态的关键组成部分，是关于每个参与者相互认为需要执行的目标和行为的一套信念，以及关于每个参与者相互信赖的能力、意图和承诺的一套信念”（拉什等人，Lesh et al.，2001 年，第 4 页）。如果规划共享理论要发挥作用，还有另外一个要求。每一个主体都必须具有将行为和目标分解到其他行为和目标的一套方法。换句话说，每一个主体都必须能够掌握在熟悉的环境中通过正常的实践推理行为和目标能够产生怎样的结果。如果某一主体了解另一主体的特定目标，那么，他必须能够推断出另一主体将具有与第一目标相关的其他目标。但是，如果某一主体不能直接接触另一主体的目标或者信念，他怎样才能得出这种推论呢？对于规划识别是怎样发挥作用的，可作如下解释。假如某一主体看到另一主体在实施某一特定行为，第二主体于是就征询他的标准程序清单，并用此把行为扩充到一个标准的行为顺序之中，这种标准的行为顺序在特定情况下通常与此行为相一致，然后第二主体得出可废止的推论，即第一主体致力于实现这一目标。如果这种一致性是不确定的、有问题的或者令人怀疑的，第一主体则要求第二主体确认或者反驳这种假说。

施密特（Charles F. Schmidt，1985 年）提出了一个常见的例子，常常被用于说明人工智能领域的规划共享理论。这个例子是关于这样的一个案例，一个人刚刚得到一幅装裱好的画，他想把它挂在他房子客厅的墙上。他知道挂画的标准程序是将线穿到镜框的后面提供支撑。施密特（第 227—228 页）概括的规划中的各种因素如下（施密特给出的单子更长、更详细）：

> 目标：一幅最近获得的画，已经装在了铝制的镜框里，打算把它挂在我的客厅北墙上，在墙的左边与窗户之间。
>
> 计划采取的行动：把装好的画挂在前述大致的位置。
>
> 子目标：在挂的时候，挂画的线需要穿到画后面来支撑它。
>
> 147 计划采取的行动：把线穿过镜框的支点，并将线缠绕起来。
>
> 预置假设：这种类型的金属镜框已经为线提供了支点。
>
> 子目标：需要在墙上嵌入一个支点。

预置假设：这栋房子建成已经有十年了，因此，墙体材料可能是人造壁板。

其余的计划涉及的子目标，如拿一个螺丝钉、一个塑料铆和一些工具。通过想象两个主体合作挂这幅画，为此目的进行一次对话，这个例子可以进一步扩展。例如，一个主体可能问另一主体，在哪里可能找到螺丝钉和工具。另一主体可能回答说，螺丝钉和工具通常存放在地下室的工作台上。一个主体可能告诉另一主体，要挂一幅画，把塑料铆以正常的方式连同螺丝钉插入墙板。另一主体可能要问，在哪里才能找到塑料铆。回答可能是，他们可能会在五金店里买到。然后他可能递给他汽车钥匙，因为双方都知道去五金店的正常方式是开车。就常识来说，这个合作规划的例子人们非常熟悉。但要把它作为一个计算机程序付诸实施，通过两个自动化的主体来完成，可能不会像当初看起来那么简单。其原因是，我们总是把常规看得理所当然，并且我们认为，可能与我们合作的所有主体也都熟悉这些常规。而这种常规可能相当冗长和复杂。即便如此，设计两个或者更多的主体通过制定一项联合计划协作完成行动的自动化系统也是完全可能的。就像本章第五节所指出的，关键是规划识别。但规划识别反而要依赖于似真推理，据此，一个主体能够得出关于另一主体假定的内心状态。要理解这种推理是怎样发挥作用的，关键是要在主体之间的对话中寻求。

卡伯里（Sandra Carberry，1990 年）为规划推理设计了一个被称为“跟踪”（TRACK）的计算机系统。该系统在计算机中一种常见的对话框架下运行。卡伯里（第 3 页）将之描述为两个参与者的信息寻求对话（information-seeking dialogue）。一个在寻求信息，另一个在尽量提供信息。更具体的是（第 75 页），它是一个与任务相关的信息对话：“一个参与者出于完成某项任务的需要，以及为完成该项任务正在搜寻信息，以便设计一个规划”。用沃尔顿和克拉伯（Douglas N. Walton and Erik C. W. Krabbe，1995 年）的话说，这个框架被称为信息寻求中插入评议对话。评议对话的框架不仅使规划具有了合作规划的意识，而且使那种推理具有了两个主体共同推理的意识。在这种框架中，卡伯里（第 75 页）对于跟踪系统是怎样运用
148 的作了如下描述："跟踪系统从一个正在进行的对话中吸收了其中话语，并逐渐更新和扩大了系统关于激励信息寻求者询问基本的相关任务的信念"。可以用一个简化的例子来说明系统大体上被设计成要做什么，以及在对话结构中提问题的重要性。假如一名大学生非常了解科学方法专业的一位教授，这位教授只在规定的时间辅导学生。这个学生问她，"《逻辑学导论》(Introduction to Logic) 算作满足基础艺术要求的一门课程吗?"根据这个学生所问的这个问题，在这种情况下，教授可以推断，这个学生的目标是要获得一个学位。她也可以推断出其他一些结论——例如，为了能够毕业，这个学生需要完成基础艺术的要求。当然，这些推论可能被证明是错误的。但是，根据对话的背景，以及当前这个学生所说的话，它们是一些非常合理的假设。

为了设计一个自动对话系统，从演讲者的话语和其他背景信息中以一种规定的方式得出这些推论，跟踪系统使用了多种技术。其中之一就是演讲者话语的语义表征。跟踪系统能够识别不同的语言行为。例如，它仅仅根据问题的形式就能够辨别出提问者具有某种特定承诺或者隐含的信念，这种信念是隐含在提出问题的行为中的推定。例如，就像上述提问的问题，这个学生暗示他认为有很多课程能够满足基础艺术的要求。但是，即使超出了语义表征的范围，跟踪系统也可以使用所谓的聚焦（focussing）技术。根据常规的脚本或者常见的做事方式，它有一个目标和计划库适用于定位对话领域。例如，如果在对话中这个点上的问题是一个关于基础艺术要求的问题，跟踪系统就用一些关于基础艺术要求正常情况下是怎样运作的脚本进行编程。这些称作"规划辨认启发法"（plan identification heuristics），并且它们"把演讲者的近期目标与系统领域的目标和计划库联系起来"（卡伯里，1990 年，第 75 页）。它们代表着标准常规程序，这些程序表明了在某些领域正常情况下是怎样做事的，对于在规划中合作的一组主体来说，这些程序是他们所熟悉的。跟踪系统运用这些工具来定位提问或者回答部分，这是一个较长对话的一部分，并使用它们来选取

演讲者的重点目标和计划。规划识别的工作方法与挂画的例子具有相同的原理。在两个主体之间有一个对话，根据双方都很熟悉的惯常程序，每一方对于另一方的假定的目标和承诺进行推理得出推论。

规划辨别技术使一个主体对于在合作规划过程中的另一主体假定的目标进行似真推理成为可能。但是，它是怎样使这一过程变得很有 149
帮助呢？虽然如此，假如一个主体作出了错误和不恰当的推断，认为另一主体具有一些特定目标。这种错误确实是可能的。那么，我们是否要回到其他想法的基本问题上去呢？如果一个主体无法直接看到另一主体的承诺和目标，如何才能客观地或者合理地告诉人们另一主体是否致力于实现某些目标呢？规划识别的发展方式指出的答案是，一个主体通过似真推理能够得出关于另一主体的目标或者内心状态的可废止推论，可以使用根据这种推论得出的假说当做与另一主体进行合作规划的一部分。重要的问题是，该主体必须认识到这种推论是可废止的。这是他与另一主体进行对话和合作行动的基础。但在对话框架内，它的地位只是一个推论。进行推论并按此行动的目的是为了帮助合作向前迈进。随着对话的继续进行，根据另一主体的反应，推论可能会变得更加可信或者可能被推翻。因此，关于另一主体的目标或者内心状态得出的似真推论，作为一种推理形式，可能是合理的，但它具有一种特殊的认知地位。它是一种通过设证的似真推理得出的一种推论，这种推论是建立在双方主体都很熟悉的标准程序域的共享知识基础上的。得出的结论在对话框架内具有证明效力。换句话说，它表明了现在进行合作对话的正确方式，在合作对话中，两个主体努力合作以便完成一项实际任务，即使现在看来是正确的做法，但随着对话的进行，也可能不得不放弃。

5.3　对话证据的来源

根据尤维勒（Richard H. Uviller，1982 年，第 849 页）的观点，品性特征一般通过以下三种方式之一予以证明。一是声誉证据，这种证据的收集是通过“询问一个熟悉社区对该主体作一般评价的证人”。

使用的第二种证据是证人对事件的叙述，这些事件能够表明该主体展现出所讨论的品性特征。对于第三种证据，尤维勒（第 85 页）指的是这种情况，即“证人可能列举他自己关于该主体品性的观点作为该主体的相关品性特征”。请注意，按照尤维勒对于这三种证据形式的解释，都是通过证人证言收集的。还需要注意的是，第一种和第三种品性证据形式似乎特别容易出错。第一种品性证据取决于大众的观点，论证的来源往往与谬误推理有关。第三种品性证据代表的只不过是个人意见，一个人简单地说，事情就是这样，同样是一种很缺乏说服力的论证形式，往往可能出错。第二种品性证据似乎最有说服力，
150 因为它根据的是直接观察或者行为的事实证据，即使它在某些方面似乎是容易犯错误的。一方面，它取决于证人的证词。另一方面，它也取决于品性特征是怎样被定义或者理解的，以及它是怎样被判断的，以便与案件情况相适应。这似乎也是促使推论可能出错的原因。

当一个人通过权衡很多因素艰难地作出选择和努力进行猜测时，这种复杂性尤其明显。为了回答有关道德评议和品性的问题，对案件的所有正反两方面的意见（pros and cons）的讨论都需要予以审查，需要提批判性的问题。这种讨论一般具有两面性，并且直到双方的所有相关因素都得到审查时才能对案件作出判断。为了判断船长在这种情况下是否正直地采取行动，作为对其行为的评价者，我们必须使用模拟推理来探索案件中的所有相关证据，并考虑双方的论点。我们需要对所观察的行为的最佳解释进行评估。在这样的伦理案件中，辩护需要奥迪（Robert Audi，1997 年，第 51 页）所说的伦理映像法（the method of ethical reflection）。这种方法包括对道德问题的审慎讨论，以及这些问题所涉及的相关道德争议。有一个例子将成为责任来源的前提特征以及责任是怎样发生冲突的一般反映（第 51 页）。伦理映像可能不仅在于对道德问题的抽象思考，也可能集中在抽象的原则和具体案件引起的争议之间的冲突上。在第一个层面上，是有关某人在特定情况下的言行的所有证据。在第二个层面上，是关于美德与罪恶的伦理映像，或者是似乎要展示的品性的道德素质。科林伍德（Robin G. Collingwood，1946 年，第 215 页）不只是把历史解释中

的重演过程视为“一种对另一个人的思想拼凑的被动屈服”，相反地，他把它描述为“一种主动的创造，因而是一种批判性思维”。历史学家不仅收集和观察过去的思想，而且也“批判过去的思想，（并）形成了他自己的价值判断”（第 215 页）。第二层面的解释与第一层面的材料的关系就是批判性问题与回答的一种关系。

在第一层面上，原始主体努力使用实践推理来找准其意思，他使用的推理形式是一种明智的猜测。那么，在第二层面上，所做的努力是重构该主体的实践推理和他的承诺，并使用这种推理去积累大量证据，据此能够以道德判断的形式得出结论。但是，从第一层面到第二层面需要一个多主体对话的技术手段。在第一层面上，主体具有某些品性特征，如勇敢或者正直，这些品性特征据推测在其行动中起着一些作用。某种品性特征，如勇敢，不能被直接观察到，但它可以从主 151
体在一系列特定环境中的所作所为中间接地推断出来。

但是，在一些技术手段上，从特定的案件情况到关于某个主体的品性假设，证据怎样通过设证法进行跟踪？当新的信息介入时，主体可以采取相应的行为，并可以展示如何实施这种行为的一种合理性。因此，伍尔德里奇（Michael Wooldridge，2000 年，第 3 页）把这样的软件实体写成拥有的自律性（autonomy）、自发性（proactiveness）、反应性（reactivity）和社会性（social ability）的理性主体。早期系统的局限在于主体不能自动使用先前连接的记忆，不能根据这种信息提高性能（马克西米利安和辛格，Michael E. Maximilien and Munindar P. Singh，2002 年，第 25 页）。这一局限的一个明显的例子是，在收集资料时，它将有助于清除互联网上收集到的可能有价值的信息。要执行这项任务，收集资料的主体必须能够判断出另一主体是否是可靠的资料来源。例如，如果某一主体是一个值得信赖的资源专家，对于另一主体来说，把这种从该主体处收取的资料当做比较可靠的资料可能是有意义的。解决问题的办法是建立一个包含其他主体声誉资料的分散式信任系统（distributed trust system），一个主体可以访问和使用这一系统，与这些主体进行交流。声誉机制现在成为网站常用的系统了，如亚马逊（Amazon）和电子港湾（e-bay）（马克西米利安和辛格，2002 年，第 26 页）。

多主体对话系统的一个有趣的新发展是，主体已经表示他们自己能够进行欺骗性交流（卡萨弗兰奇和谭，Cristiano Castelfranchi and Tan Yao-Hua，2001 年，第 26 页）。举一个常见的例子，在一个安全系统中，为保护机密资料，系统可能会误报授权用户。或者再举一个越来越常见的例子，为了进行电子商务，软件主体可以编程以赚取利润，但随后与其他主体在网络上进行洽谈时，可能决定使用唬人的手段以便获得最好的价格。该主体可能会对另一主体制造一个威胁，他说，“如果你不接受我的最后报价，我将退出谈判”。有趣的一面是，让主体作出这种欺骗性举动，或者通过让其犯错误试图获得另一主体的最好报价，这样的系统尚未编程。主体具有自主性，并且通过自己进行的洽谈经验，知道哪种举动将会最可能达到获得最佳交易的目的。

为建立声誉管理系统的一个资料库，要收集和保存其他主体的转介（referrals）（俞斌等人，Yu et al.，2002 年，第 1 页）。为了处理主体之间的转介，俞斌（Bin Yu）和辛格（Munindar R. Singh）（2000 年）已经开发出一种系统，主体甲根据三种证据将某一声誉评级（reputation rating）指定给主体乙：甲对乙的直接观察，乙的邻居对乙的评级，以及甲对这些邻居的评级（俞斌和辛格，2000 年，
152 第 4 页）。这些资料被用来构建一个信任评级措施，用于新收集资料的更新。根据甲掌握的证据，这种声誉评价代表了甲应当具有一种把乙视为一个可靠的资料库的信任措施。信任评价应当被视为临时性的。当新的资料介入时，它能够被更新。假如甲从丙那里发现乙在过去曾对丙干过坏事，给丙提供过不良信息。那么，甲可以通过贬低对乙的评级和将这种情况告诉乙的邻居来对乙进行惩罚。这里的“邻居”都是这个主体平时能够进行交流的其他主体（俞斌和辛格，2002 年，第 2 页）。但是假如甲后来发现丙在过去曾经撒过谎，并且给其他主体提供过严重的虚假报告，那么，甲可能删除先前对乙坏的评级，更新对他的评级，并且甲现在可能对丙作出一个坏的评级。

这项新技术不仅显示了道德品行评级在网络商业中的重要性，而

且还提供了声誉管理机制，它使人们不得不承认，品性能够并且应当在多主体论证中发挥重要作用。它显示了怎样才能把多主体对话结构中的信息交流建立在一个品性判断的推理连接和事实证据基础上，以及怎样才能融入对具有资料基础论证的评价。

声誉是一种可能与作出明智和有见识的品性判断有关的证据，特别是关于诚实和正直的品性判断，但是关于像勇敢和懦弱的品性特征的判断似乎更需要根据其他的证据。作为一种品性特征，勇敢最好被视为一种信念，它表现在某一主体在特定情况下的实践推理之中。主体被视为具有一个包含勇敢定义的描述器（descriptor），各方都已经认同它是相对客观的。当某一特定行为被归因于某一主体时，并且其描述引发了所有的正当要求与描述器的一般定义相一致时，评价者得出（可废止）该主体具有勇敢品性的结论。通过把描述器引发的结论适当放入一个能够平衡案件所有因素的复杂等式中，评价者可以推动案情向前发展。这种判断听起来是不是很复杂，它确实很复杂。问题在于，作出某人具有勇敢品性的判断是一件很微妙的事情，在宣传中经常遭受误传和腐蚀，通过那些在思想上具有某些政治或者意识形态目的的人，利用情感诉求操纵舆论。正如我所主张的（沃尔顿，1986年），继续维持相对简单的情况，判断某一行为在特定情况下是否是勇敢的，这将会更好些。但是，就像在第二章所承认的，既然勇敢在通常情况下是一种习惯、品性、承诺和关爱的问题，品性就不能将之排除在外。

解决问题的方案是，某一主体可能被说成具有某种品性的一般特征，并且每一个主体除了她的一套承诺之外，都可能具有这些品性特征，每一个主体都有她自己的表达方式。当主体参与的案件进一步发 153
展时，以及该主体的实践推理中显示的一系列的行为和目标与其表达方式相适应时，就推定该主体具有这种品质。但是，根据进一步思考的情况，这一推定是可废止的。

5.4 对话中的承诺

正如在上一章中所指出的，对于原始主体的品性，移情是推断出一个结论的根据。第二主体试图将自己置于原始主体的头脑之中，但是，第二主体永远不能通过直接可观察的证据知道原始主体是怎么想的，或者她的目标和意图是什么。整个设证推理过程是通过一个似真假设或者推测进行推论的。然而，能够证实案件事实的证据形式或者至少一些可复制的材料是可以得到的。整个推理结构的根据不是知识或者信仰。它是根据第二主体对于原始主体的思想状态所做的建构。这一建构被称为承诺。原始主体的承诺可以由第二主体根据有关资料间接地推断出来，这些资料是第二主体获取的关于原始主体就其所面临的问题所发表的言论以及所实施的行为。

品性涉及某种形式的承诺。很多问题已经在前几章阐述清楚了。所讨论的这种承诺在本质上往往是利他主义的。例如，勇敢的人总是致力于关爱他人，并且在考虑自己的安危和生命之前总是先替别人考虑。但是当有新的资料介入时，承诺可以被撤回。对于承诺的推理根据在本质上是似真性和设证法。某一主体对某种行为的信念，根据实践推理，本质上是受到批判性质疑的。根据一个谨慎的行动路线得出的结论很少是固定不变的，因为在任何现实情况下，不可能对案件情况的资料完全了解，并且这些资料也是不断变化的。因此，对于一项政策、目标或者行为的承诺应该被认为不是固定的和绝对的，而是可以讨论的，要排除所有的批判性质疑或者合理怀疑。

在伦理学上，需要研究特定情况下的品性判断的框架，必须是那种考虑到伦理的重大问题，以及允许对导致案件双方的论点被评价进行审查。按照科林伍德的理论，评价的过程就是一个提问和回答的过程。这种用于特定案件中涉及伦理思考的实践推理的分析和评价框架应该是辩证的，在古代意义上，指的是有目标导向的合作对话。汉布
154 林（Charles Hamblin，1971 年）以及按照他的体系，麦肯思（Jim Mackenzie，1987 年，1990 年）以及沃尔顿和克拉伯（Douglas N.

Walton and Erik C. W. Krabbe，1995年）把对话界定为由两个参与者作出的一系列有序的举动，具有代表性的这两个参与者被称为提问者（proponent）和回答者（respondent）。这些举动是按照一系列适合对话类型和有助于合作目标的规则作出的。根据它们在体系中的情况（沃尔顿和克拉伯，1995年），规则有四种。“措辞规则”（Locution Rules）确定允许和禁止的具体举动类型，如提出问题或者作出认定（第149页）。“结构规则”（Structural Rules）确定在对话中参与者根据对方当事人的先前举动，在任何具体点上都可以作出的举动（第150页）。“承诺规则”（Commitment Rules）确定在每一举动之后，哪些主张插入参与者的承诺存储中，或者从参与者的承诺存储中删除（第149页）。“收益与亏损规则”（Win and Loss Rules）不仅确定了对话的目标，而且也让怎样才能成功实现目标变得一清二楚。沃尔顿和克拉伯（1995年）分析的这种对话被称为说服对话（persuasion dialogue）。在这种对话中，每一个参与者都有从另一参与者提取的承诺中证明其论点的目的。这种对话被称作批判性讨论——一种说服对话的亚类型——其目标是解决意见分歧。但是，说服对话的目标通常不是太张扬。为阐明所讨论的论题，需要考虑争议双方最有力的论据，并看看他们相互之间是怎样应付对方的。这一目标往往被称为“助产功能”（the maieutic function），其意思是对话应该揭示双方参与者为他们的立场所具有的理由。参与者的立场得到更加充分的揭示，不仅是提供了能够用于支持它的最有力论据，而且还通过对其提出批判性意见对该立场进行了必要的改善。

什么是参与者的承诺存储呢？我们怎样才能正式地将之模型化呢？每一位参与者被视为拥有一种贮藏库（storehouse）或者内存条（memory bank），或者更简单地说，拥有一套属于该参与者的命题，并在某个地方记录下来，就像一个清单可以被列在黑板上。当对话继续进行时，命题（陈述）被插入该套命题中，或者被删除，这取决于参与者在采取任何具体举动时说了什么。如果参与者在某些时候主张一个命题，那么，该命题应该被插入她作出的承诺之中。参与者作出承诺的功能大体上就像她崇拜的一个人物（persona）。但是，正如汉布林（1970年，第257页）所强调的，承诺不应该被看成与信仰相同的东西。承诺可以被描述为你曾公开接受的东西。你可能真的相信它，但后来你可能不再相信了。凡·爱默伦和格鲁特德斯特（Frans H. Van Eemeren and Rob Grootendorst，1984年，1992年）也曾经强调，在信仰和接受之间有一个重要的差别。说你相信什么，是说你的内心状态是什么。相反，如果要求你为接受它给出支持的理由，说
155 你致力于某些命题，是说你愿意捍卫这些命题。你可能不相信这些，但既然你曾公开接受和支持这些主张命题，你至少暂时致力于这些命题。当然，这并不意味着你不会改变你的想法。在说服对话中，承诺是可以被撤回的。

事实上，在沃尔顿和克拉伯的论著中（1995年）已经表明了承诺可以或者应该什么时候被撤回，这个问题正是研究正式对话的中心问题。没有简单的答案。不同类型的对话，承诺规则是不同的。在说服对话中，应该允许非常自由地撤回，但不应该允许自动撤回。在有些情况下，对于你能够撤回什么以及你怎样才能撤回，有必要给予一个惩罚或者一些限制。对于这一复杂问题的详细情况，读者应该看看沃尔顿和克拉伯的论著中（1995年）对于不同对话类型是怎样处理的。在相关意义上，承诺是一个上下文的概念。它代表这样一个观念，即论者可能被认为应该对过去曾公开采取的立场负责，或者对过去曾公开支持某些观点或主张的某一特定论点负责。

但是，承诺这种的意义与这个词的伦理意义是否相同呢？在一定程度上似乎确实是相同的。道德信奉与实践推理有关，并且与一个人的言行所表达的或者所流露的价值和假定目标有关。在这里，这只是公开拥护的价值观的一个方面，特别是通过我们在道德测试的情况下采取的行为所表现出来的。承诺的这种道德观念似乎是比较合乎逻辑观念的。但是，在伦理学上，通过实际实施能够体现我们所表达的道德价值观的行为，甚至以牺牲我们自身利益为代价，承诺使这些价值观具有更加丰富的含义。在伦理学上，承诺往往具有利他主义的色彩，关心别人，甚至作出个人牺牲，在此显示出这种素质的证据。

在品性的道德判断中，原始主体在评议类型的对话中，通过实施

行为、作出选择和对某种情况发表口头意见，提供他所坚持的立场的证据，公开支持某信念。但是，在第二层面上，对该情况的评价者必须收集相关证据，并根据这些证据尽量得出某些判断。在这个层面上，也可以被视为一种对话，在这种对话中，不同的意见均受到严格的审查和质疑。

5.5　法律证据与询问对话

正如第二章所指出的，审判中使用的那种法律证据是以证人证言的形式提供的。尽管诉诸证人证言作为一种论证形式，与法庭上的证 156
据一样具有证明效力，但这种证据是可废止的。证人有时候会撒谎。并且，他们在辨认犯罪嫌疑人时往往会犯错误，对于其他方面的证言则依赖于人类的记忆（洛夫特斯，Elizabeth Loftus，1979 年）。法律怎样处理证人证言作为证据这种容易出错并且偶尔靠不住的问题呢？答案基本上是，在刨根究底的和暴露真相的口头审查中质疑证人。在审判中，双方当事人都要询问证人。交叉询问或者质疑对方证人往往是非常关键的质疑方式。证人提供的故事可能会受到审查，并且质疑者可能会从中指出明显的矛盾。甚至证人的品性在被称为弹劾的程序中可能会受到攻击。例如，为了证明证人是否诚实，可能会证明证人具有不良品性，对他不利的论据可能被用于攻击他的证言。如果一个证人是不可信的，那么，他讲的故事也将被认为是不可信的。或者如果一个证人被证明具有偏见，他的证言在陪审团的眼中往往没有太大的证据效力。

审判中的法律论证对话背景的分类是很复杂的。主要的对话似乎是一个批判性讨论（菲特利斯，Eveline T. Feteris 1999 年，第十章）。批判性讨论的目的是通过理性的论证来解决意见分歧（凡·爱默伦和格鲁特德斯特，1992 年）。每一方都有一种意见，一方的意见与另一方的意见截然相反。而每一方的目的都是说服另一方来接受自己的意见。按照菲特利斯的观点，审判符合这种模式，因为在法庭中双方的意见是相反的，并且每一方都有一个请求人们支持其观点的主张。但是，当在审判中询问证人时，你可以看到这样的对话，这种对话被嵌入一个正在进行的更大的批判性讨论中。由律师质疑证人可以被看作一种信息寻求的对话形式。出庭律师可能不会这么认为，因为她的目标是赢得辩护。但是，法官或者陪审团，所谓的审理者，很可能这样做。从审理者的观点来看，当证人被口头审查时，对话的目的是获取能够被用作该案批判性讨论中论证前提的信息。

在沃尔顿和克拉伯（1995 年）的论著给出的对话类型分类中，有一种对话类型被称为信息寻求（information-seeking）。提问者的目标是从回答者那里获取信息。假定回答者拥有提问者想要得到的信息。例如，在一个外国城市，一个人可能问店主，某一特定建筑物在哪里。但是，信息寻求对话并不总是这么简单。有时它也具有询问的表面特征。在一个教育类型的询问中，老师问学生问题是为了测试学生某个具体学科的知识。在这种对话类型中，提问者往往知道问题的答案。她已经拥有这种信息。其目的是看学生是否也拥有这种信息。
157 在审判中，律师询问证人时，律师往往已经掌握了这种信息，并且在提问之前也已经知道了问题的答案。一个古老的格言告诫律师，永远不要提问一个你还不知道答案的问题。因此，法律上的询问显然代表了一种特殊的信息寻求对话。其目的不仅是在审理者面前从证人那里获取其提供的信息，而且还严格地调查证人的故事。其目的不仅是展现证人的陈述，而且还严格地对其提出质疑，并显示其脆弱的或者不清楚的部分。根据如何进行询问，证人所作的陈述可能变得似乎更加可信，或者可能变得似乎难以置信。在审判中，质疑往往可能非常尖锐。按照辛克莱的观点（M. B. W. Sinclair，1985 年，第 384 页），法律上的交叉询问是“一个刨根究底的、爱打听的和压迫性的调查方式”。

根据科林伍德的理论，历史学家用于批判性地评价历史证据的提问和回答的对话方法，可以被视为审查证据的一个过程。审判中审查证人证言的法律方法，可以被视为与询问对话具有相同的基础。其目的不仅是通过质疑程序获得信息，而且还通过严格的审查程序检查信息的可靠性。与诉诸证人证言相匹配的各种批判性问题（第二章第七节）被用于此目的。询问的技术往往非常尖锐，作为该过程的一部分，证人的品性甚至可能受到攻击。

假如证人对问题的回答与其先前的一个陈述有矛盾，审查程序如何进行，审查人员有很多选择。她可以指出矛盾。证人的故事中的矛盾指的是故事在整体上可能是不真实的。但是，对于明显的矛盾，证人可以进行解释，表明它是基于误解，可以得到满意的解决。在这里，作为审查证言的一种方式，对话的重要性是显而易见的。但是，审查人员还有另一个选择。如果她发现，证人在回答问题时可能与其自己的证言相矛盾，她可以通过事前设计一个对话结果为该问题奠定基础。她可以通过提问一个问题，可能使证人重新确认其先前的作证，以刷新在法庭上的记忆。这样一来，当矛盾被揭示时，证人很难通过撤回其先前的作证把问题解释清楚。交叉询问的技巧是，通过在设计好的问答式对话顺序中奠定基础，把话题引到这一矛盾上来，揭示证人证言中的明显矛盾。这种论证顺序甚至可以用来弹劾证人，如 158
果他作证的内容自相矛盾，对陪审团来说，这可能表明他是一个伪君子，或者可能表明他很困惑。在这两种情况下，他作为一个证人的可信性将会受到破坏或者会使人们产生怀疑，他的证词将开始让人觉得似乎是不可信的。

我们所要表明的是，法律上的询问对话是根据证人证言审查论证的一种方式。证言可能会通过审查，也可能通不过。换句话说，刨根究底的问答式对话是评价证人证言价值的一种方式。交叉询问作为一种审查方法，能够充分揭示证据的问题。根据戴维斯（Leonard E. Davies，1993 年，第 31 页）的观点，交叉询问是审判中查明事实的最重要手段。在历史学上，当历史学家审查原始证据或者第二手证据时，他们所使用的证据评价过程与此是相同的。在刨根究底的对话中，通过奠定基础，历史学家需要按照正确的顺序提出正确的批判性问题。如果他自己的故事中有时候来源似乎是矛盾的，这就是证据。如果他所说的或者写的东西与其他证据有冲突，如实物证据或者考古证据，那么，这就是证据。如果在争议问题上，不断地支持一方而反对另一方，证据来源展示了一种偏见，这就是证据。在法律和历史上，事实都可能是过去发生的事情，并且不能重复再现。历史学家或者法律审查人员所拥有的证据唯一来源就是证人提供的陈述。尽管这些陈述在一定程度上是主观的，但也可以被审查是可信的或者不可信的，因为作为审查人员的主体与对话中的主体一样，他们是根据证人的陈述进行居间裁判。通过批判性的和刨根究底的询问对话质疑证人，能够间接地获得证明事实的证据。证言可能会通过审查，也可能通不过。因此，询问的方法是提问和回答。

这里提倡的理论是设证论证，这种论证在法律和历史上用得特别多，在对话格式中，可以根据证据对设证论证进行评价。但是，这些证据在很多情况下是不确凿的。它根据的是一个假定的事实。但是没有获得这些事实的直接途径，因为存有疑问的事件通常都是过去发生的。我们所具有的是一个证人所讲的关于该事件的故事或者可信的连续性陈述。但是，在历史上与在法律上一样，有一些存在争议或者接受审判的疑难案件。在疑难案件中，通常有两个互相矛盾的故事，每一方当事人都有一个故事。证据必须足够强大，以便满足相应的证明责任，来解决意见分歧。设证论证通常是可废止的。有一些规则的例外。因此，对于每一个既定的论证，都有理由予以支持和反对。在调查的任何时候，该论证都可能成为最佳解释，但后来，通过质疑的结果和收集新的证据，可能会发现一个更好的解释。法律和人工智能的
159 最近研究表明，把法律论证视为证据的用途，通过对话方法，能够得到最好的评价。哈格等人（Hage et al.，1994 年）主张使用基于正当理由的对话逻辑作为在疑难案件中评价法律证据的最好方法。戈登（Thomas F. Gordon，1995 年）提出了一个诉状游戏（pleadings game），即对话游戏的一种形式，作为程序正义的人工智能模型，可以用于评价可废止的法律论证。哈格（Jaap C. Hage 1997 年）根据一个图尔明式令状（Toulmin-style warrant），调查了典型的法律论证，这种论证表达了一个允许存在例外的一般规则，包括这种论证应该被认为可以受到质疑，尽管具有暂时性的根据，它们是可以被接受的。普拉肯（Henry Prakken，1997 年）指导了一项关于可废止法律论证的全面研究，并得出结论，即评价可废止法律论证的最好办法是

一种对话模型，在这个模型中，支持某项主张的理由与反对该项主张的理由都没放在对话结果之中。罗德（Arno R. Lodder，1999）明确地采用了一种法律论证对话的建模方法作为一种赞成与反对式（pro-contra）对话，来评价法律证据。菲特利斯（Eveline T. Feteris，1999 年）主张把审判中的论证建模作为批判性讨论，通过论证的对话过程来解决意见分歧。

5.6　询问对话与会话设准

格赖斯（Paul H. Grice，1975 年）围绕所谓的会话设准（conversational postulates）或者会话箴言（conversational maxims）构建了他的暗示理论（theory of implicature）。他的理论是，人类的谈话是有目标导向的和相互协作的。他最基本的会话设准（第 65 页）是合作原则（the cooperative principle）："通过接受你所进行的谈话交流目的和方向，让你的会话贡献在其发生的任何阶段都是必要的"。另一个会话设准是数量箴言（the maxim of quantity）："让你提供信息的贡献成为必要（为了当前交流的目的）"（格赖斯，1975 年，第 67 页）。辛克莱（M. B. W. Sinclair，1985 年，第 377 页）曾经举了一个违反数量箴言的会话例子。

> 假设甲到办公室对乙说："我刚刚看到在第三大街和乔丹大街交叉口发生的一场车祸，有三辆汽车撞在一起。"几分钟后，丙也到了，并加入了讨论，他说："我刚刚看到在第三大街和乔丹大街交叉口发生的一场车祸，有三辆汽车、一辆卡车和一辆摩托车撞在一起。"丙然后问甲，他看到的与其所看到的是否是同一起事故，甲回答说是，但他说的并没错，因为有三辆汽车发生撞车毕竟是真实的，他只是没有费心提到其他车辆。

甲的陈述即有三辆汽车撞在一起的说法有些奇怪。但它并没有错，只是具有误导性，因为它并没有提供人们通常会预期的所有信息。它违反了数量箴言。如果一名听众只听到甲报告的这起事故，而160 没有听到丙的报告，他会认为这起撞车事故只有三辆汽车卷入其中。作为一个暗示，这将推出合理的推论。因为如果甲知道不止是三辆汽车卷入其中，那么，他就应该照实说，以便为会话提供信息而作出贡献。

在法庭上询问证人时，如果在回答问题时没有按照他或者她实际看到的去说，问题可能会很严重。其原因是，按照数量箴言，我们期望证人会很合作地提供信息量来回答问题。因此，询问证人是对话或者会话交流的一种形式，在询问证人的过程中，寻求和提供所发生的信息。另外，在这种对话中，根据所说的和没有说的东西，将会得出似真推论。当证人提供一个故事时，例如包含一个品性证据的故事，这个故事可能存在一些空白。如果证人能够提供更多的信息，有些空白是可以填补的。但是，对于某些空白，即使证人不能提供进一步的信息，也可以通过分析其暗示予以填补。

上述交通事故的例子表明，当证人提供一份陈述时，它可能会引起误解。它可能给出了错误的暗示。特文宁（William Twining，1999 年，第 359 页）曾认为，在法律范围内故事的讲述可能是危险的。它甚至可能与非理性的说服手段密切相关。特文宁讽刺地指出了毫无根据的建议的危险性，诉诸偏见和刻板印象，利用情感语言进行误导，利用不相干的情感诉求赢得同情。这些非常危险的建议很多都与传统的非正式的逻辑谬误密切相关，如乞求怜悯，诉诸恐惧、人身攻击言论、草率的概括、错误结论的谬误，以及在有证据的地方动情地使用含蓄的术语。问题是，在历史和法律中的那种可废止的论证，如诉诸证人证言，可能被证明是错误的。它们非常不可靠，并且远非结论性的。众所周知的是，它们甚至可以被用来作为欺骗性的论证手段。例如，对于某个品性判断，可能会有支持判断的证据。一个非常可信的故事可能用来支持一个品性判断，即某人是一个勇敢的或者英雄式的人物。但是，有新的证据介入时，事情可能会变得很清楚，这个故事只不过是夸大的颂词而已。或者传记作家或者品性证人可能提供一个非常可信的故事，使得某人成了一个最坏的恶棍、骗子或者懦夫。但是，经过交叉询问，这个故事可能被击得粉碎。它可能被证明只是具有品性中伤的邪恶企图。

对于这些担心，我们能够说的是，这些东西是合情合理的。如很多法律和历史中的例子所示，这些论证可能被证明是错误的，或者至少可能引起对它们的怀疑。这里还可以再一次引用弗朗西斯·培根的例子。同样，对于某一论点的价值可能存在意见分歧。众所周知，审 161
判中使用的论证可能被对方提出的更有力的论证所推翻。这些论证最好被视为暂时性的和非结论性的。并且，在某些例子中，它们可能被证明具有误导性和欺骗性。即使有适当的充分证据支持，我们最多也只能说它们是有道理的。但是，它们也可以通过刨根究底的批判性询问进行审查。这个过程并不完美，但通过显示它并非像起初那样似乎是真实的，可以摧毁这个故事。例如，证人证言并不是论证的完美形式，但是它可以用证据予以支持。其论证方案可以用来表明哪些前提需要证据支持。通过提问一些适当的批判性问题，证言可以受到批判性质疑。在某些情况下，通过进行刨根究底的批判性询问，可以摧毁证言。通过一个询问对话过程，可以审查某个论证。它可能会通过审查，也可能通不过。然而，这个审查通常不是结论性的，仍然可能存在怀疑。问题是，只要存在经验证据，我们应该选择直接的经验证据，但是在法庭上，很多案件的结果取决于证人证言，仅仅是因为无法获得直接的经验证据。存在疑问的事件可能发生在很久以前，可能只有一个证人知道究竟发生了什么。从现实的角度来说，尽管这些可废止的论证容易出错，我们对此都很警惕，但它们往往都是我们必须判断的依据。因此，对待它们的最好办法就是走中庸之道。我们不应该过多地依赖于它们，当有了更好的证据时，我们应该为放弃这些可废止的论证做好准备。但是，如果支持它们的正当要求得到满足，以及如果反对他们的证据超过其证明价值时，在作出决定时，我们应该对它们给予应有的重视。审判中的论证在法律上往往根据证明责任进行判断。例如，在刑事审判中，胜诉的证明责任或者证明标准高于民事案件的。对于这些论证的评价需要被视为取决于论证应用的对话背景，迄今为止在对话中设证论证可能是对事实的最佳解释。但是，随着对话的继续进行，需要解释的事实和材料可能会越来越多。另一种解释可能后来被证明是更好的。案件事实的审查过程，通过揭穿先前的故事，也可能提供一个更好的解释。

在审判中如何发挥询问的作用取决于一个国家的法律制度，尤其取决于是纠问式制度还是对抗式制度。这两种制度有不同的根源（凡·科本和彭罗德，Peter van Koppen and Steven D. Penrod，2003年，第2页），每一种制度的对话类型的特征在本质上是不同的。在纠问式制度下，审判是官方的和彻底的调查（第3页）。虽然纠问式审判偏好以书面形式提出证据，但对抗式审判却偏爱通过证人以口头
162 形式提供证据。荷兰是西欧国家中纠问式诉讼制度的样本，美国则处于光谱的另一端，是实行对抗式诉讼制度的范例。

在美国司法制度中，审判实践手册在给律师如何进行交叉询问的建议时非常保守，因为如果给证人任何回旋余地，可能会产生“适得其反”（backfire）的危险。永远不要问你还不知道答案的问题，这个建议经常被引用（帕克，Roger C. Park，2003年，第133页）。危险在于，如果你给证人任何回旋的余地，他可能给出一些说法，这对陪审团将产生很大的影响，可能会严重损害你这一方的案件。在对抗式制度下，有两种力量控制着交叉询问成为一种对话类型。一个是害怕产生事与愿违的后果，另一个是弹劾敌意证人的权力，通过使用“承诺与矛盾战术”（commit and contradict tactics）（帕克，2003年，第145页）质疑、攻击证人的诚实、真诚、守信的品性。其中最重要的手段之一是让回答者自相矛盾。在对抗式制度下，讯问人员经常会问一些棘手的问题，即设一些诱惑陷阱。这使得交叉询问看起来像是一个发现事实的拙劣手段。即便如此，对话的寻求真相功能仍然须被认为是对抗式的本质。通过使用承诺与矛盾战术，如果能够表明证人不诚实或者他闪烁其词，他的证言就是不可信的。这种对证言中的问题的揭示是对抗式交叉询问中使用的技术，以便深入调查证言，并间接地获得事实真相。

5.7　解释的辩证理论

根据第二章及其后面进行的分析，设证论证是对最佳解释的推论。评价一项设证论证的标准包括对给定事实的相对解释的评价。但是，一般来说，解释（explanation）是什么呢？判断一个解释比另一个解释更好的标准又是什么呢？这些问题隐含着很多意思，并且其中有很多已经被写出来了，尤其是在历史哲学和科学哲学领域。不过，通过探求品性判断，以及主张应该根据设证论证的理论，关于解释的概念，本书不可避免地采用了某一特定的观点。这是一个有争议的观点——这一观点太有争议了，在这里不能用广泛的一般性进行辩解，它将被要求作为一个本源来建立——支持的解释理论。但是，既然设证论证理论很依赖解释的概念，一些关于解释的新观点的概要被要求用来支持新的品性判断的设证理论。

本节的目的是，就我提出的（沃尔顿，Douglas Walton，2004 163
年，第二章）关于解释的对话（辩证）模型是怎样运行的，给出一个简单的总结。该模型提供了一个在日常会话交流中是怎样使用解释的描述，但是不排除技术或者科学类的解释，或者在学术对话中可能发生的解释。从特定案件的话语文本判断，通过辩证（dialectical）指的是，解释被认为是在一些样式化的谈话类型中两个参与者之间的口头交流。在柯林伍德的历史解释理论的术语中，解释是一个提问与回答的问题。在新的辩证法中（沃尔顿，1998 年），在不同的对话语境下，对论证的评价是不同的，因此，也可以根据解释所使用的对话语境进行评价。分析在日常会话中发生的解释的例子，这种案例研究方法是提供证据支持这种辩证方法的最好方式。沙克（Roger C. Schank，1986 年）已经研究了很多有趣的这种案例。沙克区别了很多不同种类的解释，并表示只有当它们被用在与故事或者脚本密切相关的场合时，才能正确理解这些解释。

在人工智能中，最近很多研究表明了在对一个故事的理解中推理和思维是怎样被使用的，它们的根据往往是对事物正常发展方式的假设，而这种发展方式在故事中没有明确说明。一个故事的隐式和显式内容组合在一起成为一组连贯的信息，沙克和阿伯森（Roger C. Schank and Robert P. Abelson，1977）称之为脚本。在人工智能所使用的词义中，脚本是一个由语言用户共享的知识体系，这种知识体系是关于在某种特定情况下通常发生的事情，语言用户对此非常熟悉，并能够对所知道的情况进行预期。脚本能够让故事的听众或者读者填补在特定话语中含蓄地留下的空白。在上文主体人际关系理论中使用的这一脚本概念，可以很容易地被视为适用于理解我们怎样才能掌握日常解释的，尽管这些解释留下了空白——演讲者和听众根据他们对于事物的正常发展，都能填补故事的空白。

摩尔（Johanna D. Moore，1995 年）曾经提出了很多人类咨询互动的例子，这些都是老师和学生之间的实际对话，目的是为了证明她的论点，即解释最好被视为一个对话过程。按照摩尔的观点（第 1 页），在解释性对话中，参与者往往没有正确或者完全理解另一方的信息。因此，解释“常常要求对听者的信念、计划和目标作出假设”。根据摩尔的解释理论，这一信息来自听者的反馈，通过持续的对话，进一步的问题会被问到。摩尔提出了一个计算系统（computational system），为所谓的人工智能专家系统提供解释。当咨询专家获取信
164 息和建议时，提问者通常不是该专业知识领域作为应答者的专家本人。因此，提问者就解释和说明向专家咨询是有帮助的，甚至在很多情况下是必要的。有时候提问者甚至应该严格地调查专家所说的东西，并对之提出反对意见，或者质疑它怎么与常识是一致的。这种提问与回答的辩证方法不仅对于计算机、专家系统和专职技术非常有帮助，而且当用于法律对证人证言的解释时也是有帮助的，因为有很多证人证言都来自专家证人。但是，需要提出一个主要的观点是，作为一个对话过程，摩尔的解释理论很有意思，因为它将来可能会被很好地应用于法律和历史中所发现的那些典型的解释种类上。

解释是一种口头交流，其中有些事件或者主张被解释者（explainer）和受解释者（explainee）推定为已经发生或者是真实的。受解释者对于主张或者事件不清楚或者缺乏了解，而解释者通过把事件

或者主张与其他一些事件或者主张相联系，解释者推定受解释者对于这些事件或者主张非常熟悉或者已经了解，从而尽量将之阐述清楚。因此，可以设想，解释被认为是使用的模拟推理。正是通过使用这种模拟推理，解释者在解释中把某一主张或者事件与另一主张或者事件联系起来。理解（understanding）的概念也属于解释的定义。理解是指一个人对某种事物比较熟悉。例如，如果鲍勃（Bob）是一个水暖工，那么，你可以推定他对管子、马桶等等工作原理是熟悉的。因此，如果为他解释某些东西的时候能够将之与这些他所熟悉的东西联系起来，他理解起来会更加容易。但是，如果受解释者不是水暖工或者任何管子和马桶方面的专家，那么，解释者需要考虑这一因素，并须提供一个多少有所不同的解释。因此，解释者必须设法模拟那种实践推理，这将是受解释者可能使用的，以便能够使解释真正发挥作用。

新的辩证理论的一个基本假设是，论证和解释使用的都是推理，并且发现两者使用的方式是不同的。论证习惯于用推理处理未决问题或者一个不知道是否正确（或者错误）的主张，或者表达一种意见分歧。解释习惯于阐明一些被假定正确（或者错误）但需要澄清的主张。对于特定解释的分析在某种意义上也是实用主义的。对于不同类型的解释，根据它们适合于回答双方当事人之间的对话交流中不同类型的问题的特点，对它们进行了分类。例如，方式型问题（how-question）与原因型问题（why-question）导致了不同种类的解释。
一般来说，原因型问题被证明通常是含混不清的。在有些情况下，它 165
们需要解释，而在其他情况下，它们需要论证。这种含混不清一直是产生疑惑的原因，目前逻辑学教科书困扰学生的问题就是让他们区分解释和论证之间的差别。辩证理论提供了一个解决问题的方案。解释和论证之间存在困惑的另一原因是，推理在这两者中的作用被曲解了。务实的办法能够澄清推理在解释中的作用——尤其是实践推理的作用，即亚里士多德所确定的那种实践性（phronesis）。

辩证分析支持科林伍德（Collingwood，1946 年）、威廉·德雷（William Dray，1964 年）、冯·赖特（von Wright，1972 年）、雷克

斯·马丁（Rex Martin，1977 年）等人的观点，即历史中的解释应该被视为一种实践推理。它也支持计算机中的新方法，即把解释过程看作是对话的过程（摩尔，1995 年）。这种辩证的观点违背了实证演绎法则理论（the positivistic deductive-nomological theory），这种理论认为，解释是根据演绎推理和归纳推理，而对一般规律进行简化。但是，从辩证的观点来看，它也可以被认为是科学的解释，是解释的一种亚类型，根据其对推理的特殊使用，有其自身鲜明的特征。可以说，一定类型的科学解释确实具有简化科学规律的特征，但是这种类型的解释与人们在日常对话交流中通过使用的那种解释完全不同。然而本书所关注的是在证明和质疑品性判断时使用的论证。其理论是，这种论证的根据是两个主体在双层结构中使用设证推理，或者是对最佳解释的推论。正如它所证明的，这一理论依赖于对某一特定观点的解释。对于解释的这一新观点的揭示（尽管在人工智能领域这一观点并不是新的，正如沙克的著作所示），对设证论证进行了新的阐释。但是，在试图描述关于解释的一种新观点时，这大概是关于品性证据的著作能够阐述的最大程度了。

5.8 设证法的辩证论证模式

当一个人根据一系列的描述另一个人行为的特定事实来判断其是具有还是缺乏正直品性时，他能得出什么样的推论呢？如上所示，往往是根据了解所谓事实的证人陈述进行推断的。但是，并不是所有的这种推论都是根据证人证言。是根据证人证言或者不是根据证人证言，这两种推论都属于更广泛的推论种类的分类，即属于对最佳解释的推论。
166 的推论。现在提出的假说都是第一章描述的那种设证推论。正如第一章所指出的，设证推论与威尔曼（Carl Wellman）所说的传导论证（conductive argument）非常类似，甚至可能是同一种推理。但是，要把约翰·约瑟夫逊和苏珊·约瑟夫逊（1994 年）描述的这种设证推论与那种用于得出某人是勇敢的结论的传导推理进行比较，还存在一些问题。其中一个问题就是，约翰·约瑟夫逊和苏珊·约瑟夫逊的表述是构建一个表述材料的假设，这表明这种表述最可能的用途就是进行科学推理和假设构建。但是，当评价勇敢和其他品性素质时，语境往往又不是科学调查的那种语境。这种判断正常情况下遇到的语境有很多是其他类型的语境。一个是传记，一个可能是道德评论，还有一个将是法律论证——例如，在审判中，另外有一个可能是在一些官方机构为英勇事迹颁发嘉奖的场合。在这种情况下，通常发生的事情是，通过询问各种证人，有一系列特定的以故事或者某种陈述的形式表现出来的假定事实，或者有一个创造出来的或者附加的事实。那么，一旦收集了案件事实，就会有一个关于该案的讨论。随着讨论的进行，可能会提供一些关于发生了什么、怎么发生的、为什么会发生等等问题的解释，并且可能创造出各种各样的论证，可能就他们所做的事情，会对某些特定行为或者参与者予以赞扬或者谴责。对于所讨论的问题，可能会存在意见分歧。讨论的重点可能是解决这一分歧。威尔曼的传导论证概念非常适用于这种情况下的论证，因为传导论证是在特定情况下的挑战与回应语境下被评价的。这种评价传导论证的决疑框架，适合于在判断品性的道德素质时使用的那种道德推理语境。

为了适应这种语境的要求，设证法需要被视为一种论证形式，其结论在这种讨论中能够使证明责任向一方或者另一方发生倾斜。例如，传记作家可能编造一系列假定事实，然后得出结论，传记中的那个人是勇敢的。这一结论在某种程度上似乎是有道理的，它比其他可供选择的解释能够更好地解释这一系列的给定事实。但是，该传记的批评家可能采用相同的事实并得出完全不同的结论。例如，她可能对于这个人的行为作出解释，认为由于他缺乏自信心，他需要做一些大胆的行为，以便赢得比别人更强大的力量。争论的双方可能都有充分的证据和比较有说服力的论证。怎样进行设证分析以便它能够适用于这种情况并用于双方的传导推理建模呢？下面推荐的设证模式会给出答案。为了概括超越科学调查语境而使用这种论证的语境，使用了 167
“对话”这一通用术语。对话可以作为任何未决争议论证的框架，从而双方的论证都可能是似真论证。在通常情况下，双方都有大量的证据，并在双方的论证中建筑了很多设证论证。

设证论证的设证模式是建立在两个变量基础上的（沃尔顿，2004年，第216页）。变量F代表一系列所谓的事实。一系列事实就是描述事件的一系列陈述或者是关于这些事件的观察报告。它们被称为“事实”，是因为它们被假定是真实的。可能还不知道它们确实是真实的，但它们的真实性是毋庸置疑的。为了设证论证的目的，它们被假定用来描述所观察到的在特定情况下实际发生的事情。变量E代表一个解释。解释的概念是辩证的。要说的意思是，E是对F的一个令人满意的解释，E是对话的参与者提出的一系列的陈述，以便另一方能够更好地理解F（沃尔顿，2004年）。解释是对对话中的问题的一种回应。解释的满意度取决于双方参与的对话类型、对话的进展情况，以及在对话中试图作出解释之前都说了些什么。考虑到这些因素，设证论证的论证模式可以设计如下：

设证论证的辩证论证模式

F是一个调查结果或者一系列给定的事实。

E是对F的一个令人满意的解释。

没有比E更令人满意的其他解释了。

因此，作为一个假说，E是有道理的。

“假说”（hypothesis）这一术语表明，设证论证的结论只是一个假定，作为一项已承诺的事情，它或多或少是有道理的。它没有通过前提予以“证明”，只是作为一个似真的承诺暂时被放在了适当的位置。它具有对自己有利的似真效力，但是，只要通过问一些适当的批判性问题（CQ），这种效力就可能被排除。

CQ1：在迄今为止能够获得的对话的解释中，除了其他可供选择的解释，E作为对F的一个解释，它是怎样令人满意的？

CQ2：在迄今能够获得的对话的解释中，E究竟比其他解释好多少？

CQ3：对话进展到了什么程度？如果对话是一项调查，在案件调查中，如何才能将调查进行到底？ 168

CQ4：对话继续深入是否会更好，而不是在这个时候得出一个结论？

这是典型的设证论证，每一个论证本身只有一点儿似真效力。但是，在一个含有其他设证论证的论证网络中，每一个设证论证对于推动对话的进行都有帮助。每一个论证的那点儿似真效力，在把似真效力分配到这个整个对话中编制的大量证据上时，一旦完成，都会有一个位置。在所有方面，新的辩证论证模式是为了设证论证，由此构造的那种论证，使得设证论证似乎与威尔曼所说的传导论证是同一种或者可能非常类似的论证。应该使用哪个词语呢？无论哪一个都挺好，但“设证”一词现在已被广泛接受，它似乎是更好用的一个词语。

这种设证论证的分析形式是辩证的，其意思是，对它的评价是发生在互动对话的两个当事人之间的——提出论证的提问者和对论证进行质疑的回答者。威尔曼非常明确地将之描述为挑战与回应模式（the challenge-reponse model）。其语境是两个争论者轮番的对话。一个提出需要证明的主张或者结论，而另一个通过提出批判性问题对该主张进行质疑。但是，当品性判断成问题的时候，通常会进行什么样的对话呢？

一项陈述就是一系列的表述，A_1，A_2……A_n，由对话的一方当事人提出，另一方当事人对于问题作出回答。一项陈述可以是一个叙事，但通过主体的目标与其行为的连接，它通常更可能是由于因果关系相互连接的一系列表述。陈述不必具有内在的一致性，但是如果发现了不一致性，可能会问一些问题，并且提问者应当要求修补或者放弃该项陈述。那么，该项陈述可能被修改，以消除这种不一致性，或者可能被扩展，以填补因缺失造成的空白。因此，能够回答某个问题的不止是一项陈述。如果一对有互相矛盾的陈述其中一个更好，或者一个比另一个更有道理，应该接受那个较好的陈述。下面图 5.1 大致

描述了设证推理通过质疑和严格审查，进行比较判断每一项陈述是怎
169 样走向结论的过程的。

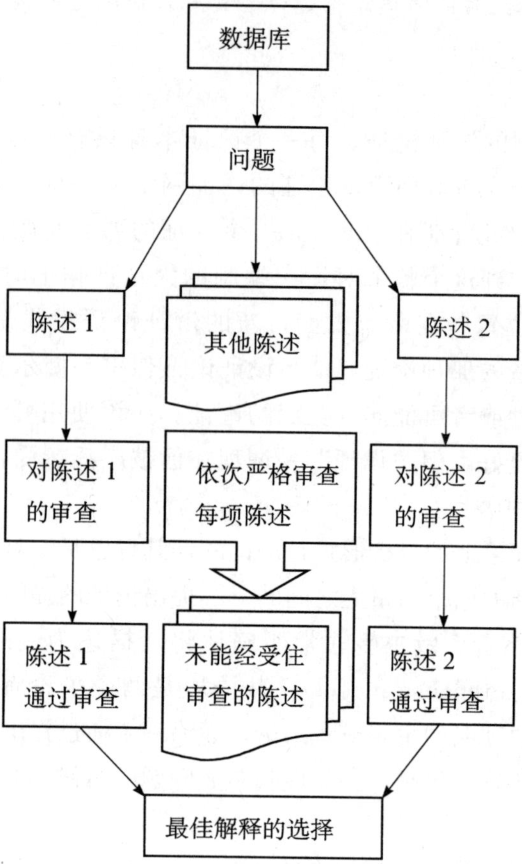

图 5.1　运用设证推理推出最佳解释

正如图 5.1 所示，对话始于一个代表陈述中迄今为止收集的事实数据库。提问者问一个问题，以便能够更好地理解这些部分或者全部事实。应答者提供一项陈述作为答复，对于被问到的事实予以解释，也可能作出一些用于解释相同事实的其他可供选择的陈述。可能存在两个具有互相矛盾的陈述，对于同一材料以不同的方式进行解释，被称为陈述 1 和陈述 2。哪一个是最佳的或者更有道理的解释呢？通过看哪一项陈述能够很好地经受住批判性问题，来判断每一项陈述的相

对合理性。

陈述的目的并不总是要解释某些东西，它可能被提供用来描述所发生的事情。例如，在审判中，证人可能被要求描述在一宗银行抢劫案中她看到了什么。在解释的情况下，其目的是提供一项陈述来帮助提问者理解他现在还不理解的东西。关于提供陈述的一方当事人是怎样理解没有理解的另一方当事人的，应该在这种情况下界定陈述的价值或者成就。一个给定的陈述与另一个陈述相比较，判断它究竟有多好，有三个因素至关重要。第一个因素是，它是怎样很好地发挥其帮 170
助提问者理解某种事物的功能的。第二个因素是，它是否具有内在的一致性，以及如何处理所谓的不一致性。第三个因素是，在通常情况以及在特别情况下，怎样保持陈述的可信性，考虑到已知的事实或者在特定情况下作为事实接受，怎样保持陈述的一致性。

在人工智能专家系统领域，在已经研发的解释系统中，用户向系统提出一个问题，系统就给出一个答案。但是，系统需要从信息对话转换变换到解释区间，在解释区间处有一个理解转换器。这一区间对于促进原始的信息寻求对话目标的实现可能是有帮助的。但是，可能还有另一个转换，转向一种被称为批判（critiquing）的对话。软件批判系统，即被称为批评家（critics），现在被广泛应用于专家系统（谢弗曼，Barry G. Silverman，1992 年）。批判是询问对话的一种形式，它涉及批判性讨论对话类型，但包含解释和论证。询问是一个复杂的过程，通常从解释开始，但随后往往会转到批判阶段，在此阶段，所提供的陈述作为一项解释被调查，看它是否存在缺陷和明显的不一致性。

5.9 判断勇敢的设证证据

假设乙看见甲站在一个着火的房子前，那里有一个心急如焚的妇女大声尖叫，“我的宝宝在大火里!”甲于是冲进那座着火的房子，过了一会儿带着孩子出来了。甲被烧伤，并吸入了浓烟。乙得出结论，认为甲是勇敢的。乙怎样才能合理地得出这一结论呢？第四章第 8 节举的迈克和玛丽的例子所给的答案是，根据甲和乙都是主体的假设，因此，一个人可以模拟另一个人的推理。因为，乙是一个主体，他使用实践推理与甲使用的实践推理相同。因此，当乙仅仅根据他所看到的甲在特定情况下的行为得出了关于甲的品性素质的结论时，乙的推理依赖于他自己使用的实践推理。在使用模拟推理对于甲的品性内在素质得出结论时，乙假定他使用的实践推理与甲使用的实践推理相同。

在这种情况下，推理的工作原理如下：首先，各种材料或者假定的事实对于乙来说都是显而易见的。乙看到了那栋着火的房子，并判断出，进入那栋房子的任何一个人都将会冒痛苦的损伤甚至死亡的危险。如证据所表明的，房子周围站着其他人，包括那个被假定在房子里的孩子的妈妈，他们没有一个人打算进入那个着火的房子。在这种情况下，假定乙得出了很多结论。其中一个结论是，被假定在房子里
171 的那个孩子还有活着的机会。另一个结论是，如果有人能够冲进房子把孩子带出来，就有一些机会抢救那个孩子。当甲冲进那个着火的房子，她的行为被假定就是根据她所看到的行为的评议结果，以及她根据这些事实得出（上面）的结论。这些事实和似真推论是该案的第一层面或者评议层面。

在第二层面上，各种事实对乙来说都是显而易见的。另外，所有的事实对甲来说也都是显而易见的，乙还有一些他看到的材料。乙看见甲听到了那个心急如焚的妇女所说的话了。然后乙看见甲跑进了那个着火的房子。然后乙看见甲带着那个孩子从房子里出来了。从这些行为中，乙推断甲跑进那个着火的房子的原因是为了救那个孩子。这些推论的根据是把全部事件连在一起的故事脚本。乙还推断出甲明白这一行为的危险性。看到甲的行为，并推定甲明白这些行为的危险性，乙对于甲的目的得出一个结论。甲的目的（乙假设）是为了救那个孩子。救一个人的生命在伦理意义上是有价值的目标。乙对此明知，并推断甲也对此明知。通过模拟推理，乙作为主体使用他自己的实践推理得出关于甲为何在特定情况下做了他所做的结论。

乙使用的模拟推理是设证法。乙观察甲的行为，然后根据观察到

的行为的证据，就甲的假定目标得出结论，并且就乙重建甲的假定看到的情况得出结论。乙经推断认为，甲得出的结论是，救孩子的唯一办法就是走进那个着火的房子。乙推断，甲认为走进那个着火的房子救那个孩子对她来说是可能的。乙经推理认为，甲通过实践推理得出这个意思。乙经推理认为，甲判断，走进那个着火的房子的行为，虽然是危险的，并且可能将会给她个人带来痛苦的结果，但根据她所看到的价值及其可能性，还是值得冒险的。因为乙也是一个主体，乙能够经历与甲经历的相同实践推理顺序，并能够重建乙是怎样得出这个意思的，尽管不那么完美。通过重新考虑基本的实践推理形式，乙的推理结构可以构建得明白易懂。在特定情况下，乙把自己置于甲的位置，然后重新创建他采取的甲的推理路线。乙可以重建甲的行为的整个故事，因为乙理解甲的动机和行为是怎样与人类行为模式发生连接的（潘宁顿和黑斯蒂，Nancy Pennington and Reid Hastie，1991年）。推理结构可以表明它适合于实践推理模型。变量 A 代表救孩子的状态。变量 B 代表甲走进那栋着火的房子的状态。

> A 是我的目标（代表我的一般价值观）。
> 为实现 A，好像我应该实现 B。
> 因此，据我所知，我应该实现 B。

为了模拟甲的实践推理，乙从案件事实到形成关于甲被假定的目 172
标是什么的一个假设进行反向推理。乙不知道甲的目标是什么。这个问题是一个猜测和讨论的问题。但是乙凭借他所看到的情况，知道一些案件事实，他看到甲走进了那个着火的房子。换句话说，他看到了甲实际上做了什么。因此，乙通过模拟推理推断甲得出上面的结论。换句话说，乙作为一个主体进行推断，甲作为一个主体，根据甲的目标以及甲是怎样看到的给定情况，用实践推理对她实施的行为作出判断。乙推断甲的目标是要救那个孩子。乙还推断，甲判断有必要走进那个着火的房子去救孩子。乙从结论到前提进行反向推理。通过观察甲实际实施的行为，乙作为主体他使用模拟的设证推理对于甲如何看到的情况以及甲的目标是什么得出结论。

在模拟甲的推理时，乙也需要考虑下面的批判性问题（CQ）。

> CQ1：对于B来说，有没有其他可选择的行为方式？
> CQ2：B是最好（或者最能接受）的选择吗？
> CQ3：除了A，我有应该考虑的其他目标吗？
> CQ4：在特定情况下是否有可能实现B？
> CQ5：B是否知道那些应该考虑的不良后果？

乙假设甲在她实施走进那个着火的房子的行为之前，甲自己看完了这个需要考虑的问题单子。据推测，乙排除了救孩子承担较低危险的其他可能选择的方式。据推测，乙明白并考虑到了在进入那个着火的房子时个人受伤的危险甚至死亡。据推测，乙判断走进那个着火的房子救出孩子是可能的。所有这些批判性问题都需要甲经她个人评议后进入房子前作出适当的回答。要不然，乙关于甲的行为是勇敢的结论的论点就被推翻了。在得出这一结论时，乙必须查阅的批判性问题清单与甲据推测所查阅的批判性问题清单相同。在第一层面上，甲必须评议她自己的实践推理。在第二层面上，乙必须使用既定的甲的行为资料，经历相同的实践推理顺序，只能进行反向推理。模拟的顺序从甲的结论开始，作为给定资料的一个新的部分，然后反向推理，推出关于甲据推测如此行事的目标的一个结论。当然，这只是一个猜
173 测。乙可能永远无法通过直接证据知道甲的真实目标是什么。鉴于该案的事实证据，乙所能做的就是略过证据，并对甲的目标大概是什么的一个假说进行推理。

在上面这个简单的例子中，乙得出一个关于甲实施某一行为的目标的结论。得出一个关于甲具有勇敢品性素质的结论将更加普遍，并将之建立在更大范围的证据基础之上。例如，在甲的一生中有很多事件可能被用来作为证据，证明她是一个勇敢的人这一结论。但是，这组证据的编排将来自上述推论，这种推论是根据众所周知的或者被报告的甲在各种情况下的行为的几次事件。例如，在甲的传记中，很多

这样的事件可能与此有关。那么，根据所有的这些离奇的事件得出的结论将聚集成大量更加复杂的证据。整个证据网络将成为在特定情况下设证模拟推理的基础。

模拟推理的顺序导致了这样的结论，即甲是一个勇敢的人，这一顺序可展示如下：

> 乙看到甲走进那个着火的房子。
>
> 乙知道走进那个着火的房子是非常危险的。
>
> 乙推测甲知道走进那个着火的房子是非常危险的。
>
> 为什么有些人做对个人有危险的事情呢？为了实现一些有价值的目标，危险肯定被认为是值得的。
>
> 根据对甲所做事情的观察，乙推断甲得出了这样的结论，即走进那个着火的房子救孩子对她来说是可能的。
>
> 因此，乙推断，甲的目的是救那个孩子。
>
> 乙认为救那个孩子是一个具有崇高价值的目标。
>
> 乙认为，甲认为救那个孩子是一个具有崇高价值的目标。
>
> 乙得出结论，甲冒着个人危险走进那个着火的房子是为了实现救孩子这一有价值的目标。
>
> 冒着个人受伤甚至可能死亡的风险，为实现一个有价值的目标，如抢救另一个人的生命，这是勇敢的一个标志。
>
> 因此，乙得出结论：甲是勇敢的。

这种设证的模拟推理根据的是案件给定的事实。如果这些事实发 174
生变化，通过新的相关信息的介入，结论可能被推翻。假如所有上述事实均属实，但当甲进入房屋时，假如乙听到甲说，“打电话给记者，我想为这次英雄行为得到一枚奖章”。在这种新的情况下，虽然救孩子仍然是一件好事，但甲是否是真的勇敢引起了人们的怀疑。虽然说甲的行为是一种英勇行为仍然可能是真实的，但对于甲的目标的批判性问题将使人们对她很勇敢的假设产生了怀疑。因为通过模拟推理，乙现在能够用设证法得出结论，即甲的目标是一种自我吹捧（self-

aggrandizement)。这个目标不应该被看成为冒个人生命危险提供充分理由。这种论证至少将使人们对甲很勇敢的假说产生怀疑。

有人会说，在这种情况下，整个问题都是主观的，因为它完全取决于“甲的头脑里”的目标。另外，根据一方当事人对另一方当事人的目标推测，必须承认，争议的每一方的推理都是猜测。但是，推理在很多方面是客观的，并可以清楚地说明分析和评价。但是，对于故事的这些缺失部分或者未说明的部分的推论，通过似真推理，能够推断出来。然后，这一推理可以通过严格的审查进行检验。实践推理根据的是案中给定的材料，可以被证实或者证伪。从前提到最终的结论，实践推理的链条是每一步都可以被评价的推论顺序。尽管这种推理是模拟法和设证法，但作为一个论证顺序，它有一个清楚的结构。

5.10　判断正直的设证证据

实践推理是一种猜测形式，因为第二主体没有获知原始主体内心动机和目标的直接途径。在模拟推理有用的场合，一个假说是真的还是其反面是真的，这往往是不确定的。因此，模拟推理往往最适用于存在意见分歧的情况。模拟论证的目的之一是解决分歧。问题是要判断是一项命题还是其反面才是解释特定案件事实的更加合理的假说。在某些情况下，分歧本身引起了这一问题。例如，在原始主体的正直品性存在争议的典型场合，第二主体意识到了在原始主体的言行中一个明显的矛盾或者信念冲突。在论证中面临这种情况，模拟推理是必要的。

例如，假如乙听了甲做的一个演讲，在这个演讲中，甲提出了某
175 些特定的目标和价值观。甲认为吸烟是一种坏习惯，因为它对健康非常有害。甲劝告年轻人不要吸烟，乙得出结论，认为甲是反对吸烟的。但是后来，乙看见甲点燃一根雪茄并抽起来，于是乙就有了试图调和他归因于甲的两个论证界限的问题。

1. 作为一般政策问题，乙认为甲是反对吸烟的。

2. 乙看见甲吸烟，因而得出结论，认为甲不是真的反对吸烟。

从这两个推论中得出的结论是相互对立的，两者可能都不正确。甲反对吸烟，或者她不反对吸烟。因此，乙必须尽量找到解释这种明显矛盾的一些办法。在这种情况下，很多问题变成了如何解释规则和一般政策的问题。甲真的说过吸烟对每一个人都是一种不良行为吗？也许甲只是认为吸烟对年轻人不好，但它可能对那些健康不会受吸烟太大影响的人来说是没问题的。

乙如何才能解决这个问题呢？如果甲鼓吹的东西真的与其实际做的相反，那么，甲就是一个伪君子。伪君子是这样一种人，她主张某些实际做法对每一个人来说都是正确的行为，但她自己又（有意地和有目的地）实施违背这些做法的行为。这种不一致性表明，她的真实目标和价值观并不是她宣称的公开声明和劝勉之辞。在上述例子中，乙看见甲吸烟了。因此，似乎应该解决支持矛盾的一面。那么，乙必须审查甲所做的演讲的细节。甲在演讲中真正要说的意思是什么以及她的措辞是如何蕴涵她的承诺的？

在这种情况下，乙必须尽量依照甲的实践推理，这一推理是甲在提出反对吸烟的争论时使用的。为什么甲反对吸烟呢？她给出的原因是吸烟有害健康。那么，作为一项政策，甲对于吸烟问题究竟想说什么呢？她是说任何人都不应该吸烟吗？或者她是说吸烟一般是不好的也存在例外吗？例如，如果一个过了三十岁的人偶尔抽一根雪茄，而且不吸入肺里，也许可以认为，偶尔抽一根雪茄并不真的对健康有害。

另外一种可能是，甲抽雪茄的行为可能并不意味着她真正致力于把吸烟当做一项对她个人是健康的政策。对于她的行为，甲可能有很多借口。例如，她可能认为，尽管她通常不会吸烟，但这一次她是通过与古巴大使斡旋，试图挽救一名美国公民的生命。她可能认为，如果她拒绝与古巴大使一起抽雪茄，他将会受到侮辱。她可能推断，如 176

果他感觉受到了侮辱，挽救那个美国公民生命的交易就会告吹。当然，乙不知道像这样的任何一个故事甲都会冒险去做。但是，如果她面临这样的矛盾，并被指责是个伪君子，甲有可能会拿出类似这样的一些借口。

乙必须要做的事情是，根据给定的甲的言行的证据，对于甲的推理进行推理。但是，怎样才能从甲所说的话、所做的事中推断出关于甲的真实想法或者甲所致力的政策的结论呢？事实本身表明，甲的承诺中有一个矛盾，这一矛盾相应地标明了甲是一个伪君子。但这种证据并不是确凿的。乙怎样才能获得更多的证据呢？乙能做的事情之一就是对甲的演讲文本进行解释。甲的原话是什么，以及这些话是否蕴涵一个反对吸烟的一般政策，或者只是一种可能承认例外的受更多限制的政策？乙能够做的另一件事情是，将会与甲进行进一步的对话，问一问甲，她说吸烟有害健康是什么意思。在这个阶段，更多的证据将进入视野。鉴于上述之类的一个借口，那么，乙可能撤回那个说甲是个伪君子的主张。乙必须做的事情是，问一些正确的关于甲在这种情况下的言行的批判性问题，然后与甲进行对话，看甲是否能够回答这些问题。这就是应该如何妥善解决问题的办法。

在类似这样的情况下，就涉及模拟推理，因为这是一个对于甲的推理乙进行推理的问题。因为甲和乙都是主体，从甲的言行中，乙能够推出甲的想法的似真结论。在特别情况下，如果能从甲的言行中推断出甲的信念中存在一个明显的冲突，那么，乙就可以得出结论，认为甲缺乏正直品性。但是存在应当用于支持或者批评这一判断的证据，这种证据能够被证实和验证。一种证据是关于甲所做的事情的事实材料。另一种是文本证据，这种证据可由甲反对吸烟的演讲正式文本提供。这些材料可用作支持或者反驳断言甲缺乏正直品性的证据基础。但是，正如这组证据所示，甲能否被说成缺乏正直品性，这是一个事关甲的信念问题。乙所能做的是进行推断，根据信息去构建一个关于甲在这种情况下的想法的假说，这种逻辑与检验这一假说有关。因为，根据给定的案件材料，在逻辑上可以认为，已经表明了信念的不一致性，或者相反。争议应该通过分离双方的主张来解决。假如一个主张否定另一个主张，两个主张都被认为是原始主体的信念，支持还是反对有无正直品性的情况，就变成了这里是否存在矛盾。这就是问题的核心。

第六章 品性证据的多主体系统

177 在本章中，提出了一个多主体系统，这一系统可以用来协助管理和评价法律中的品性证据。它的根据是本章确定的各种基于品性论证的论证模式和一般的设证推理模式。正如这一系统的模型，品性论证被证明在适当条件下作为证据是可以被合理地接受的。但是，它们也被证明是一种容易出错的证据形式，应该受到批判性质疑。我们已经知道，在有些情况下，可能是危险的和存在偏见的，就像第一章中的品性攻击和中伤的例子所示。系统将显示，当某一主体判断另一主体的品性时，在不完全了解的情况下，推理过程是一种猜测和估计。尽管如此，它可以根据另一个人的言行提供的事实材料，并能够以这样的方式进行评价，以提供一个关于某一主体品性的假说，在法律中，可以作为证据具有证明效力。

在计算机关于法律推理支持系统的研究中，论证模式目前作为有用的潜在工具，人们对其正在进行研究（贝克斯等人，Bex et al.，2003 年；费尔海，Bart Verheij，2003 年，2005 年；戈登，Thomas F. Gordon，2005 年；沃尔顿和戈登，Douglas Walton and Thomas F. Gordon，2005 年）。PFARD 系统在本章的发展是根据为品性证据管理使用而特别设计的一套论证模式。每一个模式都配有一套批判性问题。它表明了这个系统怎样才能应用于法律案件中的证据以证实或者反驳品性证据。当一方当事人对给定案件中的另一方当事人的品性作出判断时，系统显示出所使用的推理的步骤。基本上来说，第一方当事人仔细考虑了所汇报的案件事实，这些事实是对第二方当事人的行为和语言的描述。构成给定案件的这些事实是作为设证推理的材料发挥作用的。那么，第一方当事人通过审查案件给定事实的其他可供选择的解释，并对这些事实的最佳解释作出推论，可以就第二方当事 178
人是否具有特定品性素质构想出一个假说。这种设证论证可以被判断是否是相关的，并根据大量案内证据对其有无说服力作出评价。

6.1　基于品性的推论

第一个问题是要区分两种推理形式的差别，一个是基于品性的推论形式，另一个是与基于品性的推论形式密切相关但又不真正是基于品性的推论形式。后者容易与前者相混淆。① 让我们从一些非常简单而又基本的基于品性的推论形式开始，这些推论形式在第一章中已经确定下来了。首先是一个推论，从一个关于主体行为的举报或者控告的事实，到关于该主体品性的结论。

从说谎到不诚实品性的推论

他说谎了。

因此，他是不诚实的。

这种推论是基于品性的，因为这里面（结论）有一句话是关于该主体品性的。至少我们可以假定，该主体是不诚实的这句话是关于他

① 这种区别在证据法上非常重要，因为关于品性证据的禁止性规定，如果它们根据的不是真正的所谓品性特质，就不适用于根据倾向、习惯、动机或其他因素的各种推论。按照帕克的观点（1998 年，第 719 页），品性证据的禁止性规定并不适用于这样一种情况，即“证言是否导致了这样一个推论，即一个人没有经过任何关于一般的跨情境倾向（品性）的中间推理而实施一个行为……即使有证据显示‘倾向’的意义在于表明一种重复具体情况行为的倾向”。

的品性特征之一。关于这个假定，更多的将在下面讨论，但是，让我们暂时接受它吧。

第一章中还举了一种反向的推理，根据相同的原因，可以把它归类为基于品性的推论。

从不诚实品性到说谎的推论

他是不诚实的。

因此，他现在是在说谎。

在这个例子中，品性属性出现在推论的前提中，而不是出现在推论的结论中。再一次，不诚实是该主体品性的一个属性的假定意味着
179 这一推论是基于品性的。这两种推论都是基于品性的，因为两者在本质上都依赖于该主体被引用的一些品性属性（特征）。

现在让我们用在第三章确认的一种推理来对比这种典型的基于品性的推理，因为作为证据，它们有时候在法律中起着重要的作用。如第三章所示，这种推论的形式是帕克（Roger C. Park）、雷纳德（David P. Leonard）和戈德堡（David P. Goldberg）（1998 年，第 159 页）使用下面的例子确定的。

银行抢劫案从作案手法（Modus Operandi）到被指控犯罪行为的推论

事实前提：被告人使用完全相同的方法抢劫了其他银行。

一般前提：被告人是一个银行抢劫犯，他使用独特的方法实施犯罪。

结论：被告人是实施待定犯罪的人。

这种推论的一般形式可以被显示如下：

从作案手法到实施行为的推论

作案手法前提：主体甲在过去使用相同的一般方法或者惯常

程序（作案手法）实施了一系列的行为。

存有疑问的行为前提：这一特定行为符合相同的作案手法。

结论：有理由怀疑甲实施了这一行为。

这种论证形式非常不具有说服力。因为可能有很多主体使用相同的作案手法，并且可能没有证据证明他们中的任何一个人实施了正在审议中的行为。然而，如果某个人是犯罪嫌疑人，并有大量的其他证据是针对他的，这一论证可能会有些证明效力。但是，这一论证本身并无多大的效力。

在这里，要提出的主要观点是，从作案手法到实际实施行为的推论，可能看上去非常类似于基于品性的推论。但是，作案手法前提与之略有不同。它不是根据对主体品性的概括，而是人们使用一个重复的行为模式或者作案手法，按照常规有条不紊地做某事。关于证据法中通常使用的其他论证形式，可以作出类似的评论，包括根据动机、偏见、习惯（倾向）和声誉的论证。这些推理形式中的每一种形式都 180
不是基于品性的推论，在法律上都可以被当做证据使用。连同尤维勒（Richard H. Uviller，1996 年，第 220 页）以三段论的形式提出的论证，都需要作出许多相同的评论，如第一章所示。

大前提：敲诈勒索犯强迫签订合同。

小前提：戴尔塔（Delta）是个敲诈勒索犯。

结论：戴尔塔强迫签订了争议合同。

如第一章已经指出的，这种论证不具有说服力，因为在缺乏进一步的证据时，它可能很容易就被搞错了。根据尤维勒的观察（第 220 页），很多敲诈勒索犯并不强迫签订合同，并且很多合同是其他敲诈勒索犯而不是戴尔塔强迫签订的（第 220 页）。然而，这里需要强调的一点是，戴尔塔是一位敲诈勒索犯，如果这不是他的品性特征，这就不是基于品性的论证。这是一个关于倾向或者可能是特定类型的犯罪作案手法的论证。

在第二章，帕克等人（Park et al.，1998年，第158页）确定了一种特别有趣的推论形式，它代表着证据法中一种常见的推理形式。在第二章，这种推论被归类到了基于品性的推论。

武装抢劫推论

事实前提：被告人犯了一个武装抢劫罪。

一般前提：被告人是那种实施武装抢劫的人。

结论：被告人犯本罪比犯其他罪的可能性要大。

我们现在需要更加仔细地审查这一推论，并就其是否为真正的基于品性的推论提出一些问题。这一论证是否依赖于一个隐含的前提，即犯武装抢劫罪要求一定的品性特质如暴力特征和冒险呢？如果是这样，武装抢劫推论就是基于品性的推论。但是，它真的归于这一类吗？我们有理由表示怀疑。它看起来更像是一个根据习惯或者作案手法的论证。“那种实施武装抢劫的人”的表达显得有些含混不清。是这种品性特质或者仅仅一个行为模式或者性格就归因于或者断言实施了某种特定行为吗？这很难说，因此，应当尽量注意消除这种证据的歧义。

在证据法上，主要的争议是，在刑事审判中前科是否应该具有相关性。这一争议关涉以下推论类型。

前科推论

181 他有前科（通常是因为类似的一种犯罪行为）。

所以，对于这次审判中被指控的犯罪行为，他被判有罪。

相关性的问题变成了这是否是一个基于品性的论证。这可能是一个根据倾向或者习惯的论证，或者其他一些不是基于品性的论证。另一方面，它可能是一个符合以下形式的基于品性的论证。

基于品性链条的推论

他有前科（通常是因为类似的一种犯罪行为）。

因此，他具有不良品性。

所以，对于这次审判中被指控的犯罪行为，他被判有罪。

在这个论证中，第二个前提已经明确，从而表明这个论证是基于品性的论证。前面那个论证在这方面是不完整的，或者是不明确的。在那些作为一个论证提出的前科推论中，需要做的事情是，要确定它是否是一个基于品性的论证。

6.2　连接证据与品性的推论

我们不难看出，从行为到品性的推论为什么一般被认为在本质上是归纳推论。它们是根据观察到的情况，然后大体上能够计算出来，因而它们为概括表达一种概率提供了经验证据。[②] 同样，我们很容易看出，从品性到行为的推论为什么也一般被认为是归纳推论。假设它们都根据某种以倾向的形式进行概率性的概括，然后用这种概括来预测和猜测某个离奇事件发生的机会。倾向应该只是主体实施某种特定行为有事实根据的实例的一个总结。因此，概率的归纳模式作为有事实根据的实例的总和，似乎自然也是适用的。

在法律和社会科学上，通常接受的品性概念是，品性是一个人按 182
照广义的行为模式或者“特征”，以一定方式实施行为的一种“性格”或者“倾向”。麦考密克（1992 年）的《证据法指南》（*Handbook of Evidence Law*）中给出的“品性”定义被广泛引用，这一普遍接受的品性概念得到了很好的表达：“一个人的性格或者关于一个人性格的一般特征的概括描述，如诚实、克制或者生性平和”。作为一种证据形式，或者作为经常用于提供证据的推理的普通形式部分，根据这

② 概率是一个复杂的概念，要把这一概念界定得没有争议是很难的，但当适用于法律推理时，它往往与贝叶斯定理（Bayes'theorem）有关，贝叶斯定理把条件概率定义为单一陈述或者事件概率值的函数。艾伦（Ronald J. Allen，1997 年）曾经描述过贝叶斯方法。他认为，由于审判中证据运算的复杂性，在正常的审判中不能应用概率。艾伦的观点非常适用于审判中品性证据的运用。

种品性模式，根据一个人的品性进行推论或者推论出一个人的品性，在本质上都是归纳法。这种推论的一些常见形式可以通过下面的例子来说明。

从行为到品性的推论

他做的事情可以被描述为诚实。

因此，他是诚实的。

从品性到行为的推论（预测式）

他是诚实的。

因此，如果他将来实施一些行为，则可能是诚实的（相反，如果其诚实性存在争议，则是不诚实的）。

如第一章所示，有一种普遍的趋势认为，诚实可以非常简单地被定义为说真话的倾向，因此，不诚实就是一种说谎或者不说真话的倾向。在第一章中已经列举了一些这种方法的问题。首先，说谎不仅仅是说一些虚假的东西。说一些虚假的东西可能是因为无知或者受到误导。因此，说谎应该被定义为故意说一些虚假的东西或者他认为是虚假的，必须有欺骗的意图（伯克，Sissela Bok，1978年）。另一个问题是，有些说谎不是表明一个人不诚实的证据。在第一章中，引用了德·拉·利维耶尔向土耳其人说谎的故事，导致了他们攻击一个防卫严密的堡垒（布拉德福，Ernle Bradford，1972年，第153页）。在那种环境下，说这种谎言不被当做不诚实的证据或者品性的道德败坏。因此，对不诚实证据的要求，不只是过去曾经说过一些不真实的东西。正是由于这个原因，从行为到品性的推论，以及从品性到行为的特定推论形式，都是设证法，而不是归纳法。这个问题与如何定义诚实的品性特征有关。诚实是一种特征，它取决于评议的环境，即在既定情况下主体面对的环境以及按照道德要求他应当如何反应。

183 人们很容易认为，所有常见的从品性到行为的推论都是归纳法，但是，如帕克（Roger C. Park，1998年，第722页）所看到的，“倾向证据往往阐明的是过去而不是将来”。在历史和法律推理中，一个人实施某特定行为的品性证据或者倾向，可能被用于作出关于这个人在过去是否实施某些行为的结论。这种推论是不可预测的，但是可回溯的（retroductive），其意思是，它适时地从给定的前提条件反向推断出一个关于先前事件的假说。

从品性到行为的推论（回溯式）

鲍勃（Bob）是诚实的。

因此，关于鲍勃在过去是否实施了某些可能被描述为不诚实的行为，如果引起了疑问，就有一些证明效力，来支持鲍勃没有实施不诚实行为的假说。

从品性到行为的回溯性推论似乎与从品性到行为的预测性推论，除了时间指向不同外，其他的都很相似。一个是从现在到将来，而另一个是从现在到过去。

需要确定的下一个问题是，上面所引用的基于品性的推理类型可以结合起来，形成推理链条，在法律案件中作为证据发挥作用。

说谎证人的推理链条

事实前提：证人在过去说过谎。

品性前提：证人是不诚实的。

结论：在本案中，证人有可能在说谎。

这种推理链条把从行为到品性的推论与从品性到行为的推论结合起来。事实前提是从具体行为推断出一般品性特征，然后，这个结论再次被用作前提（品性前提）推断出进一步的结论。因此，我们所具有的是由两个推论组成的推理链条。用非基于品性的推论（non-character-based inferences）也能够组成相同种类的推理链条，就像武装抢劫推论所说明的。此外，人们可以用部分基于品性证据的推理和部分非基于品性的推论组成推理链条。

本书的理论是，有一个能代表这种情况下的推理形式来代替归纳模式，这个模式被称为设证模式（abductive model）。这一理论认为，
184 建立在一个关于概率的倾向基础上的概括不是归纳推理。相反，概括被认为是可废止的，即允许用事先无法以任何可能的方式预测的例外予以推翻。这种推论根据的是为特定类型的对话设置的证明责任。根据给定的一系列陈述，对话的双方当事人都认为这些陈述是事实，一方当事人提出一个假说来解释这些以推定形式表现的事实。如果它是这些事实的一个好的（或所谓的最佳）解释，另一方当事人有义务暂时接受，经过可能进入对话的进一步信息形成新的事实。

品性证据的设证模式在开始似乎很像归纳模式的一个很差的替代品。在归纳模式中，数字可以附加到每一项陈述中，每一陈述都是论证的前提或者结论，然后运用概率演算定理，概率能够被计算出来，用来衡量这种推论的证明效力。这种方法被认为是客观的和科学的。相反，设证模式带来了两个当事人之间的询问或者对话背景和每次对话所问的问题，并且必须为一项主张分配一些证明责任。人们普遍认为，这些概念似乎都是主观的，这可能是因为我们无法通过把数字添加到每一个有关的陈述上去，然后执行数值的计算结果，来计算某一特定推论的效力。或者即使我们能够计算某一特定推论的效力，数字的分配似乎也很随意。

设证推理的概念对于逻辑学领域来说是一个相对比较新的概念，但是在人工智能领域，现在有很多设证推理被当做处理那种可废止推理的一个工具来使用和提倡，在人工智能领域，可废止推理是极其普遍的（约翰·约瑟夫逊和苏珊·约瑟夫逊，1994 年）。设证模式也可以很好地应用于证据法中常见的那种痕迹推理（trace reasoning）（沃尔顿，2004 年）。例如，如果在犯罪现场发现的脚印与犯罪嫌疑人的鞋子相匹配，那么，这一痕迹在本案中就被认为是相关性证据。为什么？按照设证模式，它是相关性证据，因为这个痕迹是怎么留在那里的，一个合理的解释就是，这个犯罪嫌疑人从那里走过，他的鞋子留下了这一痕迹。如果是这样，可以把他与犯罪联系起来，把这个脚印当做本案的相关性证据。当然，对于这个脚印，可能还有其他的解

释，但是，在没有其他解释的情况下，这一证据具有证明效力。证明效力是否最好应该被视为代表一种根据概率的判断呢？也许是，但它也可能被认为是根据案件事实能够得出结论的设证判断，这种案件事实是最佳解释的根据，这就导致一种推定，即在对话中，将证明责任转移给一方或者另一方。在我的著作中（沃尔顿，2004年），它表明了在基于对话的（辩证）模式中怎样才能分析和评价这种推论。

预测是与概率有关的一种推理形式，因而它适合于把从品性到行 185
为的推论划分为归纳推理形式。既然从品性到行为的回溯性推论形式似乎具有相同的结构，除了时间不同外，很自然地也把它看作归纳法。但是，本章的观点是，上述被模式化的品性推论的常见形式，在本质上，三种当中有两种被视为设证法，而不是归纳法。也许有人想当然地认为，从品性到行为的预测性推论形式，在一般情况下，最好被视为归纳法，但是，上述被模式化的其他两种推论形式，最好把它们归类为设证法。

6.3　概括与谬误

按照标准的分类，有三种类型的概括。普遍概括是绝对的，也就是说，在可预见的范围内，在表述中的所有个体，甚至不允许有一个例外。例如，“人固有一死”这一概括就是一个绝对的概括，这意味着，它是指所有的人无一例外，因而通过一个相反的例子，它就是会被证伪。“人固有一死，苏格拉底是人，因此，苏格拉底终有一死。”这一熟悉的推论是符合逻辑的演绎推理，因为它的依据是一个绝对的普遍概括。这意味着，前提是真的，而结论是假的，这在逻辑上是不可能的。归纳概括是像这样的陈述：“大多数彩票中奖者十年内没有中奖”，或者“98%的彩票中奖者十年内没有中奖”。这些概括往往表示概率，甚至在通常情况下，可以通过添加数字予以测量。根据归纳概括的推论效力，可以通过给推论中的每一陈述分配0和1之间的数字来予以测量，以及使用概率演算定理计算推论的效力。

演绎推理和归纳推理，分别根据绝对概括和归纳概括，过去在逻辑学上占据主导地位，特别是启蒙时期随着科学的上升。根据当时逻辑学上普遍接受的观点，伟大的证据理论家约翰·威格莫尔（John H. Wigmore，1931 年，第 17 页）的方法是作出一个假设，即只有两种推论，归纳和演绎。尽管坚持这一理论立场，但威格莫尔深入实践研究审判中实际使用的推理，当讨论这些案件的时候，对于最佳解释，经常采用推论的语言。例如，在以下两个例子中，威格莫尔（1931 年，第 2 页）考虑到了这些推论。

186 **偏见证人的推论**

上周，证人甲与被告人乙发生了一次争吵，因此，甲可能对乙有偏见。

关于血刀的推论

甲在乙的房子里被发现拿着一把带血的刀，因此，甲可能是杀害乙的凶手。

这两种推论中没有一个是演绎法或者归纳法。尽管有争吵，但有可能证人说的是真话，或者提供准确的证言。并且尽管使用“可能”一词作为限定词，但这一推论并不真的是根据数字概率（numerical probabilities）。恰恰相反，争吵的事实引起了证人是否可能有偏见的问题，并且除非能够回答这个问题，偏见的推定使得证人证言作为证据其可靠性将受到怀疑。类似的分析可以被应用于血刀推论。甲是凶手的假说解释了甲被发现在乙的房子里拿着一把带血的刀的事实。可能会有其他的解释，但甲谋杀乙的假说可能是符合该案的最佳解释。因此分析，在这些情况下，概括可以被划分为大致的概括和存在例外的概括，这只能通过有关案件情况的大量证据来判断。根据这种概括的推论是设证法。这种概括在证据法上非常普遍。例如，证言证据和品性证据都是根据这样的概括，即一个具有如诚实的一般品性特征的人，在一系列特定的环境中，通常会怎样做。这种证据最好被视为依赖于这样的概括，即既不是绝对的，也不是概率的，但其依据是设证推论。

近年来，在人工智能领域，人们对这三种类型的推理产生了强烈兴趣（普拉肯，Henry Prakken，2001 年；贝克斯和普拉肯，Floris Bex and Henry Prakken，2004 年；贝克斯等人，Bex et al.，2004 年）。在此之前，艾尔弗雷德·西奇威克（Alfred Sidgwick）是疯狂批评那些完全集中在演绎和归纳推理形式的逻辑学家们的狭隘性的一个声音。西奇威克（1983 年，第 23 页）认为，如果你依赖于一个绝对的普遍概括，将之作为推论的依据，一旦承认有一个例外，它作为支持推论的价值就丧失了。法律论证充满了概括，当有新的证据介入案件时，这些概括允许有例外，而这些例外是不能事先量化或者预期的（安德森，Terence J. Anderson，1999 年）。根据对于主体品性的概括的推论符合这一类。

有关品性的陈述在法律中往往成为证据的关键，因为它们是通过
作一般性陈述确保推论的正确性来发挥作用的。一项品性陈述，如 187
“证人是一个说谎者”或者“被告人是一个有暴力倾向的人”，准许推出这样的结论，即具体陈述作为案件证据具有相关性。例如，如果犯罪是一起暴力犯罪，那么，被告人是一个有暴力倾向的人的陈述作为证据，对被告人实施了这一犯罪，就有了证明效力。即使它可能只具有很弱的证明效力。安德森和特文宁（Terence Anderson and William Twining，1991 年，第 43 页）把一般性陈述分为四类，在法律上，对于证据的推理非常重要。第一类，他们将之称为科学概括，例如像万有引力定律。第二类，他们将之称为常识概括，他们的例子之一就是这种概括，即逃逸意味着有罪。他们区分的第三类概括是普遍持有的信仰。他们给出的例子是，民族或者种族偏见表明，某某起源的人具有特定的特征。他们划分的第四类概括是，提出与本案有关的一般背景材料。所给的例子是关于一个人的习惯或者品性的概括。值得注意的是，所有这四类陈述，作为符合逻辑推理的概括，都是有两个对立部分的。根据它们的推理往往缺乏说服力，并且在有些情况下，甚至是谬误。例如，关于民族或者种族偏见的概括往往与偏见或者一种歧视有关，这与合理的逻辑推理是完全对立的。常识概括倾向

于根据普遍持有的信仰和普遍接受的意见，它们往往是错误的或者肤浅的。它们甚至与传统的谬误、由人多的推断（argumentum ad populum）或者诉诸民意有关。

使用根据像这些被安德森和特文宁所描述的概括，在证据法上是不可避免的，但是需要予以注意，因为在有些情况下，它们能够让推理成为谬误。特文宁（William Twining，1999 年，第 357 页）表达了这种矛盾观点，他说尽管概括在法律论证中是必要的，但它们也是危险的。他把根据这些类型的概括进行的推理而造成的危险分为五种（第 357—358 页）。

1. 有关发生率（frequency）或者普遍性（universality）（全部/大多数/一些）、抽象级（level of abstraction）、可废止性（defeasibility）（例外、限制）、精确度（precision）或者“模糊性”（fuzziness）、经验基础（empirical base）/置信度（confidence）（被科学界接受，平时第一手的或者体验间接经历的部分，投机性的等）等方面的恰当概括可能是不确定的。

2. 关于同一性（identity）（这种概括——可能有互相矛盾的概括提供给对话的每一方）或者资料来源（其概括——在家庭暴力案件中的男性/女性的经历）可能是不明确的。

188 3. 事实上可能没有“认知一致性”（cognitive consensus）的问题，尤其是在一个多元化的社会里。

4. 价值判断（偏见、种族主义或者性别刻板印象）可能是伪装的经验命题。

5. 当要求明确表达时，概括可能以承载价值的语言或者含蓄的范畴表达出来。

特文宁所举的这些错误符合这样一类概括，传统逻辑学所确认的，被称为草率概括的谬误（the fallacy of hasty generalization）。这一谬误也经常被称为片面（secundum quid）（在某一方面），因为它涉及忽视一般化的例外，没有考虑到所有方面，而且可能在例外情况下也不能成立。更令人困惑的是，它也被很多逻辑学教科书称为偶然性谬误（fallacy of accident）。一部最重要的教科书（科皮和科恩，Irving M. Copi and Carl Cohen，1994 年，第 125—126 页）把它视为一个谬误的变异，其发生的场合是，当“我们把一项概括应用于个案时，它没有进行正确的管理”。这种谬误的另一种变异发生的场合是，我们通过把“一个在个案中是正确的原则应用到大量案件中”，过于草率地作出了结论。下面引用的是他举的两个例子（第 125 页）。

传闻的例子

传闻证据在法庭上不能作为证据被接受，这一规则不适用于被报告的进行口头交流的一方当事人死亡或者该当事人报告的传闻与其自身的最大利益相冲突。

欧西德莫斯（Euthydemus）的例子

在与年轻的欧西德莫斯的对话中，这位年轻人打算成为一名政治家，苏格拉底从欧西德莫斯的信念中推断出很多被传统接受的道德真理：欺骗是错误的、盗窃是非正义的等等。然后苏格拉底（如色诺芬（Xenophon）在他关于对话的报告中讲述的）提出了一系列假设的例子，欧西德莫斯对此勉强表示同意，即欺骗（为拯救我们的同胞）似乎是正确的，盗窃（为救朋友的生命）是正义的，等等。

在这两个例子中，所犯的谬误是从忽视概括的例外引起的，这种概括应该被限定。谬误可能被分析成为令人困惑的绝对普遍概括的误差，认为绝对普遍概括没有例外，只有限定的概括才有例外。这类谬误与特文宁在法律论证中所警告的那种锁定歧视和刻板印象的概括有关。

6.4 基于品性的证据与其他证据的对比

正常的证据种类在很多审判中通常被发现很重要，根据其迹象， 189

这种证据在论证理论方面可以作为论据。例如，假如一个鞋印与犯罪现场发现的犯罪嫌疑人的鞋子是匹配的，我们可以说，这个鞋印是指向犯罪嫌疑人有罪的标志。这就是犯罪嫌疑人犯罪的证据。这不是结论性的证明，因为这可能是被栽赃的，或者这可能是由于奇怪的巧合，碰巧与被发现的犯罪嫌疑人的鞋子相匹配。不过，人们普遍认为，这种发现是相关性证据。它往往可能被列为间接证据（circumstantial evidence），当然，尽管如此，它在一定程度上也可能是证言（testimonial）。例如，一位专家可能被要求作证，证明那个脚印与鞋子相匹配。与品性证据相比，它似乎更有力，且不太容易受到错误或者主观性的怀疑。毕竟，它是以铁的事实即脚印的发现为根据的。它是一个被留下的痕迹，能够接受审查，或者它的照片能够被展示。品格证据似乎更加模糊，并且是以主观解释为基础的。在这里，根据两种基本的论证，我们可以区分这两种证据的差别。一个论证是明确地通过主体的品性居间促成的，并取决于一个关于该主体品性的前提。③ 另一个论证则不是。第一个可以被称为基于品性的证据（character-based evidence）。第二个可能被认为是间接证据或者法庭科学证据（forensic evidence）。为弄清两者的差别以便于讨论，让我们把这种用于对比的证据称为非基于品性的证据（non-character-based evidence）。

如果你尝试重建这两类证据的论证结构，有一个关键的差别。让我们从实物证据或者间接证据开始，如那个鞋印的案子。它是根据一个被称为根据痕迹论证的论证形式。但是，它也根据另外一些非明示性前提。其中一个前提就是这样一种假设，如果鞋印与在犯罪现场发现的属于犯罪嫌疑人的鞋子相匹配，这将表明犯罪嫌疑人到过犯罪现场。为什么？这很难说清楚，但是其原因与人们通常穿着鞋子去一个地方以及鞋子怎样才能在地上留下印迹的假设有关。因此，存在一个

③ “明确地”（explicitly）是一个重要的限定词。在这里，作出明确地区分要比看起来更加困难。例如，正常的证言证据，作为案件中犯罪的目击证人，并不明确地取决于证人的品性。但暗地里它确实又取决于证人的品性，其原因是，认为证人具有不诚实的品性，这可能是一个合理的批评。在此基础上，你可能认为，所有的证人证言都是基于品性的。

由连接犯罪嫌疑人与犯罪现场的推论组成的论证链条。重建鞋印案件 190
证据的另一种方式是把它作为设证推理链条进行重建。对于观察到的鞋印这一事实的最佳解释是，犯罪嫌疑人穿着鞋子到过犯罪现场时就留下了这个痕迹。除非提供了一个更好的解释，通过似真推理得出的结论就是犯罪嫌疑人自己以这种方式制造的鞋印。正如重建该案的论证模式，存在一个连接这一结论与犯罪嫌疑人犯了该罪的最终结论的论证链条。那么，在这种间接证据情况下，尽管推理是设证法，并根据的是论证链条，要求我们假设使用正常情况下的其他假设，除非给出相反的理由，我们通常能够把这种证据当做相关性的和合理可靠的证据予以接受。

这种情况与品性证据完全不同。首先考虑一下可预测性的品性证据。有一个臭名昭著的小偷，并且还是个骗子，他甚至靠欺骗谋生，但在一起具体案件中，他可能非常准确地表述发生的一些事件。他的描述可能被证明是真实的，甚至在一些细节上也是非常准确的，这可以通过其他证据予以证实。或者有一个人被证明他在过去是非常勇敢的，在不同环境下，他可能表现得很懦弱。这种证据是很危险的和容易犯错误的，至少部分是因为任何试图预测未来都是容易犯错误的，尤其是其根据的概括允许有例外的情况。预测性推理可以与设证推理进行对比。后面这种推理通常情况下是根据事实或者对过去一些事件的观察作为线索，然后甚至通过构建一个关于事件大概是怎样发生的解释，进一步探索过去发生的事情。对于这种品性证据的设证推理采用的一般形式如下：

根据过去行为确定主体品性的设证推论

事实前提：一个被观察的事件似乎是某主体引起的。

品性前提：这一事件的发生符合某特定品性素质。

主体特质前提：这一主体具有这一品性素质。

结论：这一主体导致了这一事件的发生。

与那种非品性证据相比，这一推论似乎也是非常不可靠的和不稳

191 定的，非品性证据往往被当做相关性证据，如法庭科学证据。例如，假如犯罪是一起诈骗案，而实施这种诈骗行为与不诚实的品性素质是一致的。假如我们划定了正常的犯罪嫌疑人范围，鲍勃（Bob）则是其中之一，而他的不诚实是出了名的。是不是就能得出是鲍勃实施的所谈论的这起诈骗罪呢？几乎不可能。事实上，正是这种虚假的推理其中有很多与偏见或者谬误的推理有关联。周围有很多不诚实的人，把鲍勃挑出来是仓促地作出一个草率的结论。

总结一下直到目前的讨论，我们可以说，与非品性证据相比，如间接证据，在法律上使用通常被认为是缺乏说服力的，是不可靠的，却被认为是具有相关性的。到目前为止，这种论证似乎与偏见很好地建立了联系。难怪证据规则忍痛将之作为不具相关性的证据予以排除，试图限制这类证据在法庭上使用。但是，还有更多可说的。假如发现一个孩子被殴打致死，孩子的母亲被指控犯了虐待儿童罪。假如间接证据证明她是有罪的，但其本身的证明没有排除合理怀疑。假如这位母亲有暴力和虐待品性的长期记录。这些证据本身，该记录可能是不确凿的，甚至说她所犯的罪行正是她目前被指控犯下的罪行，可能是带有偏见的证据，但是，在大量案件证据范围之内，作为其中一件证据，它可能是相关性证据，但它本身是不确凿的。但是，与案件的其他证据相结合，它提供了一个额外的理由来支持争议的最终结论。换句话说，在所有的案件中，对于过去行为的品性设证推论作为证据并不是一点儿价值都没有。作为一种容易出错的证据形式，它在一些案件中，也起到了一些作用，可以为本案收集的其他相关性证据提供一点儿支持力。

还存在另外一类案件，对过去行为的品性设证推论在法律范围内是一种重要的相关性证据。这涉及一种品性论证的否定形式。

对过去行为的否定性品性的设证推论

事实前提：一个被观察的事件似乎是某主体引起的。

品性前提：这一事件的发生与某特定品性素质不一致。

主体特质前提：这一主体具有这一品性素质。

结论：这一主体没有引起这个争议事件的发生。

在这里，我们想到的这类案件是，被告人认为他没有犯被指控的 192
罪，因为犯这种罪要求主体要有某种不良品性，但没有证据表明被告人具有这种不良品性。被告人甚至认为，相反，他就有良好的品性特征，他有良好的声誉，并且品性证人能够证实他具有非常优秀的品性。例如，在一起强奸案件中，除了被害人和被告人的主张，没有其他证据。被告人可能具有的唯一论证是，他的整个一生的良好品性能够表明他犯这种罪是令人难以置信的。因此，这一论证在有些法律案件中可能是一种非常重要的证据形式。普通法的证据规则规定，刑事被告人有权提出这种基于品性的论证，而且被认为是具有相关性的。但是，再次考虑一下上面这种论证的肯定形式，这种品性证据本身不是确凿的，甚至不是很有说服力。但是，在案件中的更大范围的论证背景之下，它对于被告人反对指控起着重要的作用。

总之，基于品性的证据与其他痕迹证据没有什么不同，在某些方面，它们在法庭上经常被正确地当做相关性证据。在一些案件中，可能是设证法，而在其他案件中，则不是。它取决于额外的假设，如其他证据。它有时可能缺乏说服力，但在其他案件中，它可能是非常有力的证据，就像其他证据一样。作为一种证据，它之所以有这种明显的差别，是因为它是通过明确的前提作出的，该前提对主体的品性作出了假设。因此，论证直接取决于对品性的假设，包括这一假设蕴涵的全部缺点。其中的缺点是，这种推论往往可能是根据谣言、诽谤、民意甚至故意的品性中伤。即使有时根据充分的事实证据，它也可能出错，因为它在本质上就是一种缺乏说服力的和可废止的论证形式。此外，不管出于什么原因，这种论据总是很容易给观众留下深刻的印象。可能是因为它代表了一种我们在平时的思维中经常使用的普通启发式（common heuristic），我们可能没有像在法庭上应该做的那样，在我们的推理中不太注意和挑剔。

6.5 论证模式

我们将回顾一下第五章中尤维勒（Richard H. Uviller，1982 年，第 849 页）区分的三种品性证据。应该注意的是，所有这三种证据都来自证人证言。第一种是正常的事实证据种类，证人详细讲述一个事
193 件，表明主体具有某种品性特征。第二种是一种描述，是证人提供的他自己关于主体品性特征的意见。第三种是声誉证据，它来自证人所熟悉的社区对主体的一般看法。现在我们对这个清单加上第四种品性证据，即它来自通过指责其不一致性，质疑这三种观点中的任何一种观点。例如，在第三章研究了这种证据，在那种提供的证据表明一个人没有按照他所宣称的东西去做的场合。不一致性的发现作为用于质疑证人证言的论据，也发挥着重要作用。如第五章所示，在审判中评价这种证据的手段是询问证人程序。证人可能会举报被指控的事实，或者通过从这些事实中进行推论大胆地提出一种意见，然后，其陈述的一致性和可信性可能会通过在交叉询问中提出的问题而得到验证。

当你把所有这些种类的证据放在一起时，你就会获得一个关于在审判中是怎样判断证据的清晰印象。一系列的指控事实被当做证据通常以证人证言的方式提出来。这些都不是“事实”，其意思不是说它们都是真命题将来不能被拒绝或者受质疑。它们被假定为事实有两个原因。第一，它们被当做相关性证据在审判中被提出来，这意味着它们采用各种可接受的论证形式通过审判规则被确认为证据，如根据证人证言的论证。第二，它们关系到审判中被决定的问题——所谓的案件最终待证事实（ultimate probandum）。主要的问题之一是把这些论证模式中的每一种模式都确定为一种推论形式，这种推论形式通常被认为是具有相关性的，并在品性证据的案件中被使用。

在前几章中，已经提出了根据证人证言和设证论证的论证模式。每一种模式都含有一系列的批判性问题，这些问题都是用于提供开始对话的标准方式，在特定案件中，当有论证发生时，需要对之进行正确评价。另一个对品性证据非常重要的论证模式就是实践推理模式。

实践推理模式

A 是我的目标（代表我的一般价值观）。

为实现 A，似乎我应该实现 B。

因此，据我所知，我应该实现 B。

在研究实现 B 是否是需要谨慎地采取行为时，原始主体通过提问下列问题进行评议。

实践推理的批判性问题（CQ） 194

CQ1. 对 B 来说，是否还有其他可能的做法？

CQ2. B 是最好的（或者最能接受的）选择吗？

CQ3. 除了 A，我是否还有其他应该考虑的目标？

CQ4. 在给定的条件下，是否有可能实现 B？

CQ5. 是否已经知道 B 是应该考虑的坏的结果？

由于这种证据的模拟性质，这一模式对于所有的品性证据案件都非常重要。说起已经被发展的这一模式的修正版本，也是很重要的。阿特金森（Katie Atkinson）、本奇-凯彭（Trevor Bench-Capon）和麦克伯尼（Peter McBurney）（2004 年，第 88 页）在很多案件中表明，最后的行为不仅关系到主体目标和手段的正当性，而且关系到主体的基本价值观。他们（阿特金森等人，Atkinson et al.，2004 年 a，2005 年）认为，理性主体实施行为的前提有三个元素：实施行为的手段、主体的目标和渴望该目标的原因（价值）。他们把价值描述为社会利益，解释为什么目标是值得渴望的。在他们的模式中，价值是支持目标的正当性论据。关于把这种基于价值的实践推理模式应用到品性证据的研究，需要说的还有很多，但是，在这里不足以做进一步的评论。这将是一个很好的研究课题。

下一步是要重新整理一下第六章前四节作为论证模式描述的各种推论。让我们从三个最简单、最基本的推论开始。

从行为到品性的论证模式

主体甲做的事情可以被归类为与特定品性素质相符合。

因此，甲具有这种品性素质。

配套的批判性问题（CQ）

CQ1. 争议的品性素质是什么？

CQ2. 如何界定这种品性素质？

CQ3. 争议行为的表述与这种品性素质的定义真的相符吗？

195 **从品性到行为的论证模式（预测式）**

主体甲具有一种已经被界定了的品性素质。

因此，如果甲将来实施某一行为，这一行为可能会被归类为与该品性相符的行为。

配套的批判性问题（CQ）

CQ1. 争议的品性素质是什么？

CQ2. 如何界定这种品性素质？

CQ3. 争议行为的表述与这种品性素质的定义真的相符吗？

尽管这两种论证模式相配套的批判性问题是相同的，但是，从品性到行为的预测性论证模式仍然需要与从品性到行为的回溯性推理模式区分开来。相应地，这两种模式需要与从主体的过去行为到该主体的品性的论证模式区分开来。

根据过去行为确定主体的回溯模式

事实前提：被观察的事件似乎是某主体甲造成的。

品性前提：这一事件的产生与某特定品性素质Q相符合。

主体品质前提：甲具有Q。

结论：甲造成了争议的事件。

配套的批判性问题（CQ）

CQ 1. 争议的品性素质 Q 是什么？

CQ 2. 如何界定这种品性素质 Q?

CQ 3. 争议行为的表述与这种品性素质 Q 的定义真的相符吗？

CQ 4. 关于其他主体的引用有多大？也可能是他们造成了这起事件，他们也具有相同的品性素质。

预测模式是一种归纳论证模式，而回溯模式则是一种设证论证模式。尽管很容易混淆这些模式，但在实际案例中，从品性证据的观点中仔细地区分它们的差别是很重要的。 196

在下面的第九节，将提出一个分析和评价品性证据的一般系统，它将预先假定存在一套论证模式。在这些模式中，其中之一将代表设证推理。但是，还有一组模式特别适合于基于品性的论证，包括上述本节确定的一种模式。在这一标题下，有一组特殊的模式是，这一组代表各种人身攻击论证。

6.6 人身攻击论证

人身攻击的历史起源一直是一个谜。它开始作为一种明确确定的论证类型通常要归功于洛克或者伽利略（菲诺切罗，Maurice Finocchiaro，1980 年）。但是，最近的历史研究（纽凯曼斯，Gabriel Nuchelmans，1993 年），通过中世纪的论文，将其起源追溯到亚里士多德。其中一个起源（纽凯曼斯，第 37 页）是对于 peirastikoi logoi 的推论的一篇短文，或者通过审查答辩人持有的观点，被设计用来验证或者探究答辩人的知识的论证（《论智者驳斥》，*On Sophistical Refutations*，165a37）。“人身攻击论证”的历史发展的另一起源是在《论智者驳斥》（178b17）中更经常被引用的短文，在该文中，亚里士多德用一个针对提出该论证的人的直接驳斥与对该论证的直接驳斥进行对比。然而，因为有两个起源，教科书对人身攻击起源的处理一直是很模糊和令人困惑的。

已有文献论及人身攻击论证（argumentum ad hominem），或者使用人身攻击论证来试图驳斥对方的论证（巴斯和马滕斯，E. M. Barth and J. L. Martens，1977 年；菲诺切罗，Maurice Finocchiaro，1980 年；布林顿，Alan Brinton，1995 年；沃尔顿，Douglas Walton，1998 年）。这种论证形式的核心是攻击个人的道德品性。问题是看在前几章所学的关于证据背后的品性判断怎样才能对这种论证形式作出新的阐释。尽管在我的著作中已经对各种人身攻击论证形式作了分析和归类，但仍然还存在很多关于品性证据的问题，作为一种根据品性被指控事实的论证形式，品性证据可以用来支持或者反驳这类论证。

本案例研究关注的这种人身攻击论证属于人身攻击类型，对此，上文已经界定了。另一种类型是洛克式的类型，是洛克在他的文章中
197 描述的，在汉布林（Charles L. Hamblin，1970 年，第 106 页）的一篇不起眼的短文中作了全面引述。洛克把这类论证描述为强迫“一个人根据他自己的原则或者妥协得出结论”。这类论证在我的著作中被称为“根据承诺的论证”（沃尔顿，Douglas Walton，1998 年）。巴斯和马滕斯（E. M. Barth and J. L. Martens，1977 年）把人身攻击的谬误视为对这种洛克模式的最好分析，基本上与根据承诺的论证是相同的。但是，这是两种明显不同的论证类型，尽管根据承诺的论证属于人身攻击论证的人身攻击类型的一部分，但它不是这种论证的全部（沃尔顿，Douglas Walton，1998 年）。人身攻击论证应该被视为基于品性的论证类型。它与那种根据另一方当事人的承诺进行的论证不是同一种论证。

人身攻击论证也不应该被看作这样一种论证，即认为另一方当事人具有一系列的不一致承诺，因而她的这一系列的承诺不能代表一致性的立场。在我的著作中（沃尔顿，Douglas Walton，1998 年，第 252—253 页）给出的这一类型论证的论证模式如下：

根据言行不一的承诺（或者自我否定）进行论证的论证模式

甲致力于命题 A（一般情况下，或者根据她过去所说的）。

甲致力于命题非 A，这是她当前主张的论证的结论。

因此，甲的论证应该不被接受。

根据言行不一承诺的论证看起来类似于间接的人身攻击论证（参见下面的这种类型的论证模式），但它缺少品性前提，因此，它不是基于品性的论证，也不应当被归类为人身攻击论证类型。

当开始接近任何具体情况时，另一件事情需要立即予以注意，这就是间接类型不同于直接类型或者所谓的诽谤性类型（abusive type），但也与它们有关系。间接类型在本质上涉及一项指控，即当事人被攻击说实际的言行不一，这种言行不一的特征可以被表达为，“你没有践行你所鼓吹的东西”。那么，这种言行不一指控被用作发动直接或者个人的人身攻击论证类型的根据，造成的结果是，被攻击的人具有不良品性，因而她的论证是糟糕的，或者不应该把它当回事儿。因此，差别是直接的人身攻击不要求间接的言行不一指控，而间接的人身攻击则有这个要求。

在分类研究中，上述列举的人身攻击论证的亚类型是诽谤性的（直接）人身攻击、间接人身攻击（the circumstantial ad hominem） 198
和偏见人身攻击（the bias ad hominem），破坏健康的亚类型以及如此之类的亚类型（the tu quoque subtype）。每一种亚类型都有一个明确的形式（沃尔顿，1998 年）。在我的著作中（沃尔顿，1998 年）已经研究出了辨别和评价人身攻击论证的方法，就是对每一种明确的被认可的人身攻击论证亚类型使用一套论证模式（论证形式）和一套适当的与每一种模式相配套的批判性问题。下面是人身攻击论证的直接的或者所谓诽谤形式的论证模式——在布林顿（Alan Brinton，1985 年）和我（沃尔顿，1998 年）的著作中被称为人身攻击论证的风格类型（the ethotic type）。变量甲代表论证者，变量 α 代表论证。

人身攻击论证的风格

甲是一个具有不良品性的人。

所以，甲的论证 α 应该不被接受。

为什么这一论证在有些情况下被认为是有道理的？原因是攻击论证者的品性，如果成功了，就破坏了论证者作为一个能够被信赖的人的可信性。在政治上，或者在法庭上审查法律上的证言时，很多都取决于一个人的可信性。因此，人身攻击论证在这种背景下使用可能非常具有说服力。就本章的目的来说，主要的问题集中在第一个前提上。应该怎样根据证据进行适当的推理来支持或者批评这种说某人具有道德上的不良品性的观点呢？答案是这一观点应该根据给定的事实或者案件材料，通过设证推理予以支持或者批评。

间接的人身攻击论证或者“你没有践行你所鼓吹的东西”的论证的论证模式如下。变量 A 代表一个主张。

间接人身攻击论证

1. 甲拥护论证 α，表明他致力于 A。

2. 甲实施一个行为或者一系列的行为，意味着甲致力于反对 A。

3. 因此，甲是一个伪君子。

4. 所以，甲的论证 α 不应该被接受。

在具体情况下评价人身攻击论证，首先关系到他是否满足模式的
199 要求，其次，关系到如何使用那些批判性问题。错误的案例是那些在进一步的对话交流时批判性问题受到抑制的场合。但是在原则上，在有些情况下，这两种类型的人身攻击论证的使用可能是有道理的。哪类推理应该支持这个前提呢？它怎样才能被证明或者不能被证明这个人是一个伪君子呢？答案是，这一前提应该通过设证推理进行证明，即根据宣称表述该人在特定情况下的言行的给定数据库进行设证推

理。如果有这种证据支持以及需要适当的证据支持其他前提，间接人身攻击可能是有道理的论证。

偏见亚类型与直接类型或间接类型明显不同。偏见类型是比其他两种更温和的一种论证形式，因为它以不同的方式攻击论证者的品性。例如，它并不断言论证者是一个恶人或者说谎者。它只是因那种双面论证中好的判断技巧来攻击论证者的品性，这种论证要求审查争议双方的证据。但是，可以理解为什么在有些情况下很难说人身攻击论证是否应该归类为偏见类型还是直接类型。这两种论证都可能攻击论证者的判断技巧。但是偏见类型会特别攻击论证者的偏见，作为贬低其论证的理由。例如，如果能够在法庭上表明证人是带有偏见的，那么，陪审团将倾向于贬低其证言的价值，即使该证言的价值可能根本没有被贬低。因此，在直接的或间接的人身攻击论证类型中发现的那种品性证据与证人或论证者的偏见证据之间存在一个重要的差别，而证人或论证者的偏见证据在论证中没有被权衡。

在第三章中，审查了攻击阿尔·戈尔的正直品性的例子，考虑的问题是，在这个例子中，该论证是否真的是一种人身攻击论证或者只是对戈尔本身的一个直接的人身攻击。我相信在这个问题上，存在的问题不只是像很多评论家最初可能倾向于认为的那样。在某种意义上说，社论是一种虚假的人身攻击论证，作为一种论证，它具有的娱乐价值与其严肃的政治内容差不多。另一方面，当含有一个间接人身攻击论证时，这里有足够的反驳要素作为社论分类的正当化根据。这种分类的根据是，戈尔的演讲作为一个整体在社论中被该论证攻击，虽然社论本身没有给出演讲的具体细节。但是，演讲是最近的新闻，而社论的读者大体上都明白它的内容。因此，对于《时代》杂志作为人身攻击论证引用的上述片段的分类是带有某种偏见的。但是，只是允
许这一分类的根据是有条件的和部分的。对于该论证的一个微妙分析 200
是，它被用于攻击戈尔的个人素质，在某种程度上成了社论内容的有趣材料，而冒充人身攻击论证，从而使得该社论作为政治观点似乎更加合情合理。因此，有趣的是，该论证是一种不明确的人身攻击，除了（有争议的）论点之外，它具备这类论证的所有要素。

这种论证在对话中通过把推定效力转移到应答者对攻击作出答复而发挥作用，答复这种论证是通过拒绝对方的主张或者其他适当的方式。在没有作出答复的情况下，由于推定效力的支持，该论证具有一种不可动摇的势力。但是，如果所给的答复不适当、不成功或者不合情理，这将使得品性攻击论证更加强大。这种情况的一个有趣的特点是，《时代》杂志社论刊登了被认为是戈尔的一个答复，在社论中被描述为“最令人作呕的杜撰”。但是，在那种政治心理呓语中，这一答复的表达对读者来说太熟悉不过了，并且大都认为是荒谬的，该答复令人难以忍受的事情是，其效果增加了品性攻击论证的效力，而不是消除了它的攻击力。该答复给予那个原始指控更多的支持，认为戈尔被他自己充满情感的花言巧语而忘乎所以，他不但是不诚实的，而且还深感困惑，人们不相信他能给予一个直接回答。没有通过质疑该论证作出答复，该引证适当地决定了这一论证，作任何进一步的答复都更加困难，演讲措辞的时尚性使得它看起来很不真诚。

6.7 规划识别与实际言行不一

尽管人身攻击论证在传统上一直被看作一种逻辑错误，在论证领域，上面引用的最新研究表明，在很多情况下，就像在对话论证中使用的——包括政治论证的情况——人身攻击论证并非谬误。这一研究表明，虽然某些人身攻击论证肯定可以被判断为谬误，但很多其他的论证则是非常有道理的（当在适当的背景下被评价），尽管仍然还有一些论证应该被评价为缺乏说服力（没有得到充分的支持）而不是谬误。也许最有说服力的证据是，人身攻击在法律上使用时有时好像是一个有道理的论证。例如，证人的诚实品性在审判的交叉询问中可能会受到攻击。如第一章所示，还有其他法律论证的例子，证人的品性可能被用作攻击他或她的观点的证据。弹劾证人在证人询问中是被允
201 许的，并且在很多案件中是最有效和最有用的证据之一。为判断证人的故事的证明效力，如果证人的证言能够被证明与其先前的证言有矛

盾，这则是审判者需要的一种非常重要的证据。当然，证明证人在其信念上的不一致性可以成为一种弹劾形式，能够破坏证人的可信性。但即使这样，这种证明也可以成为审判者的一种重要的证据形式。品性也可能具有相关性，并且非常重要，例如在法庭判决阶段的论证中。这些例子表明，人身攻击论证并非天生就是谬误，在很多例子中，在适当的条件下，对于帮助解决意见分歧，它可能是有道理的、适当的和有帮助的。

在我的著作中（沃尔顿，1998 年）研究了几个有趣的人身攻击论证的间接类型的案例。其中一个被称为吸烟的案例（第 7 页）。在这一案例中，一位母亲告诉她的孩子，吸烟是一件非常糟糕的事情，因为吸烟与慢性肺病有关。因此，这个母亲认为，孩子不应该吸烟。她的孩子回答说，“你自己吸烟，你反对吸烟的观点不过如此而已！”在传统逻辑上，这种案件将被归类于间接人身攻击论证的标题之下。在此基础上，孩子可能会被说是犯了一个逻辑谬误。孩子从其母亲自己的行为中大概是错误地得出结论，认为母亲的吸烟有害健康的观点是不正确的或者是难以置信的。草率地得出这一结论是荒谬的，因为母亲对于吸烟的观点可能是恰当的。吸烟有害健康可能确实是正确的，母亲能够提供充分的证据予以证明。但是，孩子也有一些值得考虑的问题。如果母亲真的相信吸烟有害健康，那么，为什么她自己还吸烟呢？考虑到母亲的行为与其观点的冲突，这个问题问得并不赖。明显的矛盾似乎要求一个解释。因此，对于孩子的说法可能有两种解释方式。如果它是草率的突然拒绝吸烟有害健康的论证，它就是荒谬的。但是，如果它对于这一明显的矛盾只是问一个批判性的问题，它可能是一个有道理的观点。

在这种情况下评价人身攻击论证可能不仅仅取决于孩子的观点，它可能也取决于母亲和孩子的对话如何继续进行下去。在这种情况下，对话继续进行的方式有很多种。母亲可能承认，尽管她吸烟，她也经常努力去戒烟。母亲甚至可能用这一点作为认为孩子不应吸烟的一个额外理由。她可能认为，吸烟有瘾，因此，孩子开始吸烟将不是一个好主意。但是，对话也可能以另一种方式继续进行。母亲可能只

是借口孩子犯了人身攻击的谬误，并拒绝进一步讨论这一问题。所
202 以，怎样才能解决这种情况呢？孩子使用的间接人身攻击论证是一个错误的例子吗？或者至少在某种程度上，孩子的观点有可能是有道理的吗？首先，请注意孩子观点的根据。孩子观察了母亲的行为，通过使用这些观察，孩子于是就构建了一个关于其母亲意图或者目标的似真假说。既然母亲吸烟，并且她承认她吸烟，孩子就得出一个暂时性结论，可能母亲并不真的相信她自己的吸烟有害健康的观点。毕竟，孩子可能会作出推理，事实胜于雄辩。当然，孩子们是很难理解抽象的关于吸烟的危害的医学证据。但是，孩子们所看到的是大人们的行为，他们往往受这种行为的影响更大。因此，孩子把他的观点建立在一个明显矛盾的基础上了。母亲没有践行她所宣称的东西。因此，孩子得出结论，母亲对吸烟有害健康的观点的诚意多少有点儿令人怀疑或者有些问题。

在我的著作中（沃尔顿，1998 年，第 32 页）讨论的另一个关于间接人身攻击论证的经典案例被称为运动员反驳（the sportsman's rejoinder）。在这个案例中，一位猎人在运动中被指控野蛮，因为他为了自己消遣而牺牲无辜的动物。猎人对于这一批评作出回答，“你们为何吃无害的牛的肉呢？”为辩论起见，让我们假设批评者实际上是一个非素食主义者，也时不时地吃肉。现在我们要问猎人使用的间接人身攻击论证是合理的还是不合理的。首先，请注意，猎人似乎也陷入了批评者的那种矛盾。因为如果批评者承认他自己也吃肉，而批评猎人杀害动物，他肯定是言行不一。因为在他谴责那些吃肉的人们的同时，承认自己也吃肉，这确实出现了实践上的不一致。在这种情况下，为了解决这个问题，人们必须非常认真地分析这种明显的矛盾。首先需要注意的是，批评者并没有真的批评猎人吃肉，批评者批评猎人在狩猎运动中为了自己消遣而乐于牺牲无辜的动物。这在逻辑上，只要批评者自身不是猎人，他可能是很一致的。正如狄摩根（Augustus DeMorgan，1847 年，第 265 页）指出的，“对吃肉的人来说，直到我们为了消遣而变成了屠夫，才会有相似之处。”在这种情况下，我们可以看到，认为猎人犯了间接人身攻击谬误是有些根据

的。只要批评者自身不是猎人，他就能够否认他喜欢在狩猎运动中牺牲无辜的动物。换句话说，认为批评者言行一致是有根据的，因而认为他的批评是完全荒谬的不一致是没有根据的。

但是，对于所有这些人身攻击论证，两方面都还要说一下。在吃 203
肉和狩猎之间存在一个连接点。在通常情况下，吃肉确实需要事先杀死动物，因此，吃肉至少间接与杀害动物有关。通过吃肉，就作出了杀害动物的这种特定承诺。吃肉并不必然意味着吃肉的人杀害动物或者赞成狩猎。然而，吃肉促使了杀害动物，因为需要杀害动物来提供肉。在伦理学上，这种间接参与往往被称为“肮脏勾当”（dirty hands）问题。通过间接支持不正之风，即使他自己没有直接实施这种行为，他也可能被指责为同谋。

在所有这些间接人身攻击论证的例子中，论证的根据是被指控的不一致性。它不是（通常情况下）在逻辑上的那种被指控的不一致性，而是在言语与行动之间实践上的不一致性。因此，解决这一问题取决于规划识别。指责的人称，另一主体行为的方式违背了他口头表达的目标、计划或者承诺。但是，通常的问题是要判断是否真的存在实践上的不一致性。在吸烟的例子中，能够表明确实存在一个实践上的不一致性。母亲主张禁止吸烟，但她自己却吸烟。在运动员反驳的例子中，在吃肉和谴责为运动而狩猎之间不存在不一致性。但是这里能够发现存在一种连接点。一旦这些问题涉及对被指控的不一致性进行了分析，就能够确定人身攻击论证有无说服力，或者它是否是谬误。但是，要进行分析，必须链接主体所表达的目标与其实施的行为之间的连接点，这些行为被认为是与这些目标是相关的。构建这样的分析取决于在根据正常的做事方式实施行为的顺序内找出这些连接点。例如，我们知道，为了我们能够吃到肉，有必要杀死动物。因此，如果有一种提供能够用于证明人身攻击论证有无说服力，以及如果它缺乏说服力或者不合理，能够指出其缺点的分析工具，这种必要的工具就是实践推理、多主体推理和规划识别。我们需要察看给定情况下作为主体的两个论证者。其中一个论证者认为，在表达的论证与归因于另一论证者的行为之间存在实践的不一致性。但是，这里真的存在实践的不一致性，或者只是表面上是一种实践的不一致性吗？为了解决这个问题，在这种情况下，论证的评价者需要收集文本证据，
204 并以规划的形式连接所表达的论证和被指控的行为，构建一个假说。为了完成这项任务，评价者需要大量的以脚本的形式存在的程序，能表明在论证领域正常情况下是怎样做事的。根据这些脚本，能够建立或者反驳这些连接。因此，实际上，对人身攻击论证的评价取决于我们都非常熟悉的那类情况下的规划识别或者某种类似的决定行为与目标之间的连接点的方法。

在通常情况下，人身攻击论证是通过这种推理进行的，即从关于一个人行为的假设材料的前提，到关于这个人假定的内心状态、目标或者信念的结论。对于这些论证，还存在一种道德成分。正如在戈尔的例子中所表明的，指控间接的不一致性的真正作用通常是要攻击一个人的正直品性。论证的攻击点在于攻击这个人，使其看起来像个伪君子。这种攻击如果成功了，将向观众表明，这个被攻击的人具有不良的道德品性。结果很可能会破坏这个人的可信性，他要在公共领域提出任何旨在说服他人的办法将变得极其困难。

6.8 人身攻击论证中的模拟推理

在模拟推理中，第二主体用他自己的推理对原始主体的推理进行推理。判断人身攻击论证的过程，根据的是一个更加复杂的模拟推理形式。原始主体是这样一个人，当她提出一些具体观点时，她被指责犯了人身攻击谬误。第二主体是攻击原始主体的人，认为原始主体是个坏人。但是，这种人身攻击论证通常情况下也有观众。例如，在审判中，这个观众就是审判人员——法官或者陪审团，这要视情况而定。在媒体上的政治辩论的情况下，观众通常是政治选区的选民。通常情况下，在这些观众眼里，原始主体提出人身攻击论证是要败坏第二主体的名声。例如，在戈尔烟草的例子中，《新闻周刊》（Newsweek）的社论上出现的对戈尔的攻击。很多人在读这份杂志，观众包括所有阅读《新闻周刊》的人。尽管戈尔本人也可能是其中一

位读者，但辩论真正针对的是这些观众。在这个案子中，这篇文章的目的是什么有点儿不太清楚。它可能是一个政治攻击，但是它只是一篇引起质疑的社论，以使读者有兴趣进行评论，也有部分可能是一种幽默，或者似乎涉嫌“起哄”。

如果你从被针对的观众的角度看本案中的人身攻击论证，应该怎 205
样评价这一论证呢？观众用其自己的推理来判断第二主体在其人身攻击论证中的推理。但是，戈尔的攻击者也是用他（或她）关于戈尔的推理进行推理，认为戈尔在他的信念上是不一致的。观众或者读者群可以被描述为第三主体。当然，观众不是一个孤立的个人，但能够被指望跟任何一个主体以同样的方式进行推理，并得出结论。这种情况是一种三重嵌套的模拟推理。主体丙用他自己的推理对主体乙的推理进行推理，主体乙用他的推理对主体甲的推理进行推理。因此，通过模拟推理的传递性，主体丙用他自己的推理对主体甲的推理进行推理。第二主体用他的实践推理提出关于戈尔信念的不一致性的观点。但是由于观众能够很容易地掌握实践推理，那么，他们能够容易理解攻击的实质。这一论证是很有效的，因为观众很容易理解一个人是怎样陷入目标与行为的冲突之中的，并且观众也能很容易理解这种冲突可以象征着一种不一致性，将论者的真诚与信誉置于受怀疑的境地。

模拟推理的中介因素是原始主体的信誉。被第二主体攻击的正是这种信誉。先前可能被假设的第三主体的信誉认为戈尔作为一名政府官员受到一定的尊重。如果证明戈尔的信念存在不一致，在某种程度上表明他是一个伪君子，这一结论将影响他作为一位政治领导人的信誉。因此，这种攻击绝不仅仅是幽默或者只是对戈尔的某些无辜癖好的评论。这种人身攻击可能会毁掉他作为一位政治家的信誉。在本案模拟推理中，另一个复杂因素是这篇社论大体上报道了某人（我们不知道是谁）先前对戈尔提出的人身攻击观点。正如社论所报道的，戈尔对这种观点进行了答复。社论甚至援引了戈尔的答复。因此，这篇社论不是攻击的始作俑者。至少我们可以这样认为。然而，通过将攻击及其回复带给更大范围的观众，这篇社论可以被视为发动这一人身攻击的论证。

在本案的这种论证中，还有一个第四层次的模拟推理。我们作为评价这一观点的观众成员，在社论上阅读了这一观点。但除此之外，我们试着采用一种批判性视角，通过客观的（或者至少是公平的）标
206 准来辨别、分析和评价这一观点。有人可能会认为，社论的很多读者不会不辞劳苦地认真分析社论中的论证。他们会把证明戈尔的虚伪当做一种娱乐。如果他们一开始就反对戈尔，这种攻击将正好被当做不喜欢他或者拒绝其政治观点的另一个理由。但是，一位批判思想家将怎样使用模拟推理来更加深入地研究人身攻击中的论证并对此提出批判性问题呢？答案是，运用模拟推理，批判性质疑者必须尽量将自己置于戈尔进行推理时大体上面对的状况，至少在其根据给定的证据能够判断的范围之内。本案的事实是什么呢？我们被告知戈尔作了一次演讲，并且对于因吸烟引发肺癌而生命垂危的人，戈尔忧心忡忡。于是大体上戈尔将反对任何把支持吸烟作为一项政策的行为。在本案的这部分，事实（演讲中作出该主张的确切措辞）是不完整的。但是，从这个假定事实作出的推论似乎是很有道理的，没有太多的根据质疑这种推论。

但是，我们现在要谈谈被指控的不一致性的另一方面。戈尔所做的与其在演讲中提出的建议大体上是不一致的吗？我们被告知，在戈尔的妹妹去世后的几年中，他的家人继续种植烟草，他也继续接受来自烟草利润的资金。通过模拟推理，我们在这里需要做的是尽量使用我们的推理，通过提问更多的批判性问题，努力再现戈尔的假定目标和计划。在戈尔的家人当中，是谁在继续种植烟草？戈尔能控制这种活动吗？他从中获益吗？他知道这件事情吗？他曾试图对此做些什么吗？难道他不应该试图做些事情进行干预吗？如果我们通过规划识别行为，尽量把我们自己置于戈尔大体上所处的状况，我们可以看到，戈尔可能控制不了他的家庭成员的这种活动。怎样看待对他继续接受来自烟草利润的竞选资金的指控呢？同样，需要询问有关戈尔个人参与的一些批判性问题。二者之间有什么直接的联系呢？戈尔是直接获得烟草公司的捐款吗？在某种程度上，这能够充分表明来自“烟草利润”的支持。这可能是很难说，所有竞选资金从何而来，因为依据法

律，大笔捐款不能超过一定数额。因此，支持来自许多小额的捐款。可能无法追查所有的捐款来自可识别的利润或者来自个人捐助，这样做可能也是没有用的。那么，换句话说，我们有理由认为，任何国家的政治人物都接受了来自可称为“烟草利润”的资金。重要的事情是，在戈尔的推理中，他是否把自己看作“烟草利润”的支持者。从本案所给的材料中，只有一个暗示，就是这种情况。没有真正的证据表明，戈尔认为自己和他的行为是这个样子的。因而没有证据证明戈 207
尔在他的信念中是不一致的。我们必须在戈尔的规划中从其实践推理的视角审查其行为和目标，因为我们可以通过规划识别重建其行为和目标。当然，这种移情行为的根据是假设，并且我们只能根据归因于戈尔的一连串的行为计划间接地推断出来。但是，案件的给定材料提供了假定事实，从中可以推出这些推论。正是在这种规划识别框架内，应该对模拟推理作出判断。根据这些事实作出判断，没有强有力的论据表明戈尔在他的信念中是不一致的，在某种程度上，这将表明认为戈尔是个伪君子是有道理的。一旦我们试图将自己置于对戈尔的推理的评价者的位置，只要我们可以根据案件的给定材料重建戈尔的推理，人身攻击就达不到目的。只是推测或者讽刺地表示戈尔是虚伪的，但这没有得到证明。

但是，在模拟推理中采取另一步并从社论读者的视角看待此案是有帮助的。他们严格地审查过论证的措辞了吗？他们问过所有正确的批判性问题吗？他们奠定了案件事实并针对这些事实证据就人身攻击的论证进行权衡了吗？据推测，很多人恐怕是没有。很多人可能是快速浏览社论，并把它视为一个不错的笑话，这将证实了他们自己对政治人物的怀疑。社论中人身攻击论证的暗示和讽刺因而将对观众产生影响。事实上，社论的幽默价值似乎更大范围地证实了人们对政治人物诚信的怀疑。人身攻击能够起到作用的原因与讽刺和诽谤经常起到作用的原因是相同的，都是通过败坏一个人的声誉这种暗示实现的。提出一个令人怀疑的主张能够创造一个可以引起观众怀疑的强有力的暗示。如果观众事先有了意向或者已经有了一定的看法，即使是一个缺乏说服力的论证，只要它支持这种观点，观众可能非常情愿地接受它。从他们的视角来看，这只是他们持有他们已经持有的观点的另一个理由。他们将它添加到了他们已经接受的支持该主张的论证中。品性攻击非常有力，并且很容易提出，即使其根据微不足道或者没有真实的证据。它之所以是强有力的，是因为它破坏了品性受到攻击的那个人的可信性。它之所以容易提出，是因为几乎不需要证据就能够引起观众的怀疑，而这些观众可能已经对它有了怀疑。

6.9 PFARD 多主体对话系统

品性判断的 PFARD 系统是一个五元组（five-tuple）{P，F，A，R，D}。P 是一组明确的道德品性特质，如勇敢或者正直，在一般抽
208 象层次上被精确定义。这些一般的品性素质（特质）按照定义被汇编成册，这些定义都是在有争议的具体案件中对任何一种品性推论的评价独立地达成一致意见。F 是一组陈述，代表所观察或者记录的案件给定事实的材料。它们在法律上往往被称为事实，在科学上则被称为数据，但是它们更像是假说或者假定，因为当有新的证据介入时，它们可以被撤回。A 是一组论证模式，用于根据案中给定的一组事实 F 推断出其他的陈述。在品性判断论证中，最重要的形式是实践推理模式和设证推理模式。R 是一组特定领域的惯例，代表根据脚本实施行为的常见方式。D 是一组对话，对话的种类各异，但都是审慎的对话，其中说服性对话和信息寻求对话是最重要的类型。对话的参与者是两个主体，被称为原始主体和第二主体。另外，正如在我们的著作中（沃尔顿和克拉伯，Douglas N. Walton and Erik C. W. Krabbe，1995 年）提出的，对话有规则、有动机、有措辞、有信念集等等。这一系统最简单运行方式如下：原始主体实施了一些行为，这些行为被第二主体看到了。原始主体还可能说了些什么，这些话也被当做给定的材料或者事实。或者第二主体通过其他来源，如证言或者阅读，知道了原始主体所说的东西。事实是第二主体所说的被认为是真实的一组陈述，但这组陈述今后可能被证明是不真实的。使用 A 和 R，第二主体扩展了这组给定事实，并据此进行推论，得出假说。被扩展

的这组陈述构成了事实和假说，这些事实和假说符合 R 的某种要件，使用对话 D 来验证它是否相符。这个过程是模拟的，因为第二主体重演或者重构了归因于原始主体的行为和计划。

进行品性判断是可能的，因为正如在给定案件中所描述的，当给第二主体提供一组材料时，他可以使用模拟推理来理解原始主体的推理。第二主体使用设证推理来构建另一主体目标和行为的似真假说，而另一主体根据给定材料，通过设证推理，来判断这一假说是否是最有道理的。第二主体可以重建原始主体的计划和行为，因为两个主体都了解他们平时共同经历的惯例。图 6.1 总结了品性判断中使用的设证推理和模拟推理的结构。 209

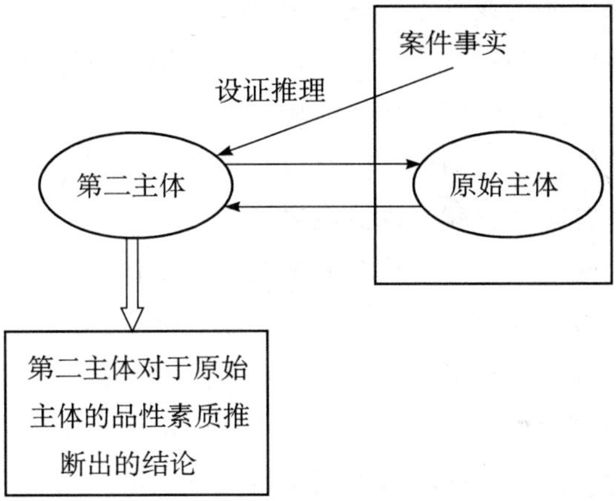

图 6.1　品性判断中使用的设证推理和模拟推理

在品性判断的情况下使模拟推理成为可能的两个推理的人都是主体。作为一个主体，在面对问题时，原始主体评议在给定情况下应该怎样去实施行为。同样，作为一个主体，第二主体可以审查描述原始主体所做的事情的材料，并能够理解原始主体在面临当时的情况为解决问题是怎样实施行为的。第二主体可以问一些与原始主体所问的同样的问题，并看看对于这些问题的答案是否有道理。尽管原始主体面临的状况可能与第二主体面临的状况大不相同，甚至可能是不同的历史时期或者不同的文化背景，但是他们面临的状况的某些方面将会保持不变。这些方面包括所谓的脚本，或者做事的常规方式。用于得出品性判断结论的模拟推理和设证推理的过程发生在两个层面上。在原始层面上，原始主体在给定条件下可供选择的行为方式中通过选择进行评议如何实施行为。在第二层面上，第二主体进行批判性讨论，询问一些问题，包括原始主体做了什么事情以及做这些事情的理由是什么。通过模拟推理，从一个层面走向另一个层面是可能的，因为两个参与者都是主体，它们能够接触实际问题，并能够找到大致相同的解决办法，或者至少思维的过程是相同的。

原始主体在有问题的情况下进行评议去做什么。根据她的目标以及她所明白的能够用于实现这些目标的手段，原始主体使用模拟推理来进行推理。第二主体使用回答式对话方法对原始主体的实践推理进行评价。如果上述实践推论的两个前提都是原始主体的承诺，那么，
210 结论就是应该成为的她的承诺。但是，如果她或者进行评议的其他任何当事人询问上述所引用的任何一种适当的批判性问题，那么有关承诺的实践推论的结论必须（至少暂时）被撤回。一旦对这个提出的问题有了适当的答案，它就可以被恢复了。

在第二层面上，行为的整个故事和原始主体在原始层面进行的评议被作为大量事实材料提出，描述了原始主体实际的言行，然后第二主体将这种情况当做给定事实 F，并询问一些关于 F 的问题。关于 F，可能有各种各样的问题。第二主体可能会问为什么原始主体实施某种特定行为。或者证据本身可能是传记性质的，第二主体可能问一些关于原始主体表现出来的品性素质的问题。她是不是就像她实施特定行为所表现出来的那样很勇敢？她是否显示出正直的品性素质？为了回答这些问题，第二主体使用设证推理按照上述实践推论进行反向推理。第二主体把实践推论得出的结论当做原始层面上的给定材料。一旦原始层面上的事件都是过去发生的事件，它就是人们所知道的原始主体所做的事情。然后，第二主体必须从结论以及原始主体基于该结论所根据的前提所做的推论进行反向推理。为了完成这一设证推论任务，第二主体必须尽量重建原始主体的评议，在原始层面，它们大体上是怎样发生的。例如，假如原始主体实施了行为 B，并假如在原始层面，从材料中看起来原始主体认为行为 B 是实现目标 A 的适当

手段。然后根据设证论证，使用模拟推理，第二主体可以推断出原始主体在按照这种方式实施行为时，在她的想法里是有目标 A 的。[4] 当然，这个结论只是一种猜想。但是，它是建立在根据给定证据进行的设证推理基础上的。在行为实施的时候，原始主体实际上是不存在的，她也不能够确切地知道原始主体想的是什么，但是，得出的结论可能是明智的、似真的假说，是有充分的证据支持的。

论证模式怎样才能像那种应用于法律论证的运算模式的设证推理一样，在审判中能够用于协助律师和法官评价品性证据呢？当前研究努力的关键问题是要具体弄清楚如何才能把所使用的批判性问题与审 211
判中的惯例和评价法律证据的模式结合起来。当前在这个问题上的研究取得了两个关键性的进展。其中一个就是费尔海（Bart Verheij，2003 年）提出的论证模式正式模型化方法的建议，他解释说，批判性问题可分为四种不同的作用：

(1) 批评模式的前提；
(2) 指出该模式不适用的除外情形；
(3) 设置模式使用的条件；
(4) 指出与模式的结论具有相关性的其他可能的论证。

关于第一个作用，费尔海认为，应该对明确的批判性问题不作要求，只是问一问模式的前提是真的还是假的。他给出的（2003 年，第五节）理由是，"其前提是真的，是有充分支持的"，这是"任何（他用的是斜体字）模式使用的一个先决条件"。正如费尔海在人身攻击论证的例子中所表明的，这个建议能够使我们删除一些批判性问题。当涉及格式化的模式时，这个建议对于减少冗余是有意义的。格式化的部分要求是一般状况，即通过问其前提在给定情况下在事实上

④ 界定行为和建构行为顺序也需要技术设备。有很多可用的方法，其中推荐的一种办法就是汉布林（Charles L. Hamblin，1987 年）的行为状态的语义学，在我们著作的附录里能够找到（沃尔顿和克拉伯，Douglas N. Walton and Erik C. W. Krabbe，1995 年，第 189—223 页）。其关键内容是部分策略的概念。

是否是真的，能够评价符合模式的论证，而事实上总是应该如此。

费尔海区分批判性问题的这四种作用表明，在任何格式化法律论证的项目中，以不同于处理其他问题的方式处理某些问题可能是有帮助的。问其前提是否是真的这类批判性问题可能会被删除，因为在所有的情况下无论如何都要考虑它们。如果论证模式根据的规则能够被确定，指出除外情形的批判性问题可能被视为规则的例外。其他批判性问题可以被看作是规则赖以存在的假设。

这些建议导致了法律论证支持系统（戈登，Thomas F. Gordon，2005 年）运算模型的产生，这种系统采用了一种新方法，在这种新方法中，模式可能具有双重作用。它们也可以按照逻辑学的传统方式被用作分析和评价一个给定论证的方法。但是，它们也可以被当做启发式研究程序来帮助发现和构建案件的法律论证，在此案中存在一个争议的或者被调查的问题。在语义网框架（framework of the seman-
212 tic web）的资源描述框架（RDF）中，这一模型界定了论证。理解这一模型是怎样代表批判性问题的关键在于推定与例外之间的差别上。模型中表述的每一论证都包含了一个例外清单和一个推定清单。推定被认为是真的，而例外则被认为是假的。例如，根据过去行为确定主体的回溯性论证模式，考虑一下与之相配套的那四个批判性问题清单。第三个批判性问题可以被删除，因为它只是重复了品性前提。前两个批判性问题可以归类为推定，因为它们被认为是真的，这种特征是可以被识别的，而且能够以某种方式予以界定。但是，第四个批判性问题被认为是假的。也就是说，人们认为没有其他主体的大参考类，这些主体也可能导致了这一事件的发生，并且也可能具有相同的特征。可能会有这一类的主体，但是，这种论证的反面可能证明这一主张，为造成重大影响，批判性问题将反驳从品性到行为的论证。

如何通过应用推定与例外的差别来分析这种模型的论证模式，还需要进一步研究。但是，假如这个研究项目能够顺利进行，让我们来看看在这种模型中论证是怎样被分成几个组成部分的。基本的单位是原子，它与原子主张的传统逻辑概念是相同的。另一个单位是争点，为掌握论证赞成与反对某些主张宣称的价值的线索和适用于案件的证明标准的记录。一个案件被作为一系列模型化了的争点。争点的概念是怎样定义案中论证的相关性的。适用于案件的各种证明标准都是公认的，包括普通法的微弱证据标准（scintilla of evidence）、优势证据标准（preponderance of the evidence）和排除合理怀疑标准（beyond a reasonable doubt）。任何给定的论证都包含一个作为后项的原子清单和作为前项的原子清单。这种论证也有一种类型，相当于一种论证模式。

为了展示这种模型是怎样运行的，我们把它应用到一个符合回溯性论证模式的论证例子中，以便根据过去行为来确定主体。

使用根据过去行为确定主体的论证的案例

鲍勃（Bob）是一家公司的主管，他被指控为谋取自身利益不当使用内部信息来操纵股票交易，在某种程度上，这是非法的，是欺骗投资者。他被指控犯有欺诈行为。在对他的审判中，控方认为，鲍勃缺乏正直品性，并使用这一观点得出结论，即鲍勃欺骗了投资者。我们把这个论证标为论证 1（arg-1）。

应用回溯论证模式，根据过去行为确定主体，在这个模型 213
中，针对鲍勃的论证表明，这一论证的结构如下：

编号：论证 1
方向：赞成
模式：根据过去行为确定主体的回溯模式。
后项：鲍勃欺骗了投资者
前项：
(被观察的事件 F 是甲造成的)
(F 的发生符合 P)
(甲具有 P)
推定：
(有一种道德品性素质 P 能够被确定为：真)
(P 被界定为：真)

例外：

（有一个具有 P 的主体的大参考类，可能造成了 F：假）

这个例子中的论证被推定是有效的，这意味着前提被推定为是支持结论的，但是它可以是被推翻的。它可以通过三种方式被推翻。首先是反驳，一种在相反方向具有相同结果的论证。其次，通过针对推定的论证，前提可能被推翻。再次，通过主张一个例外，前提可能被推翻。

在设计法律推理支持系统中，作为一个有用的工具研究论证模式，在法律上，仍然是人工智能的一个新领域。但是，这项工作表明了它很有希望，它不仅作为重建在给定背景下发现的论证的工具，而且也作为能够用于协助律师创造新论证的工具。还有很多工作要做。其中一个最需要调查的领域在语义网上被称为本体论（ontology），它是指定义域的基本概念分类系统。因此，在品性证据系统中，需要的是道德品性素质如正直和诚实的本体论。只有当这种本体论发展了，品性证据的判断系统才能被应用。我们不打算走这么远，并对一般性系统的建设所迈出的第一步感到满意，这种一般性系统是建立在论证模式基础上的，在原则上，还不足以表明怎样有可能以理性的方式得出品性证据的逻辑结论。另外，PFARD 系统也表明了如何提出关于品性论证的批判性问题，以及当品性论证缺乏说服力和存在逻辑上的漏洞时，如何攻击和反驳它们。

214

6.10 方法小结

通过充满想象力地把自己置入另一个人的思想里而获得品性判断的过程，传统上被认为是主观的。但是上述分析表明，它可以根据一系列给定的事实前提，运用 PFARD 系统，通过模拟推理和设证推理的逻辑过程来完成。设证推理是一个客观过程，它根据给定的一系列事实构建可能选择的解释，然后从中挑出最佳的或者最合理的解释作为按照设证法推断出的结论。考虑作出一个像勇敢或者正直这样的美德的品性判断。你必须从被谈论的美德的定义出发，这个定义是参与讨论的各方当事人都同意的。例如，勇敢可能被定义为这样一种美德，努力实现有价值的目标，即使面对严重困难以及个人危险，仍然坚持不懈。因此可以设想，勇敢行为是利他主义的，是不计较分内分外的。于是这个定义就应用到可由一系列的假定事实构成的具体案件之中。例如，假如有人给我们提供一个关于玛丽冲进着火的房子去救孩子当时发生了什么的陈述。可能有一些关于玛丽试图解释她为何这么做如此等等的对话。这些事实构成了案件的既定事实。对于玛丽为什么这样做，那么，第二主体可以设想出各种可能的解释。如果事实完全符合该描述，通过设证推理可以得出结论，玛丽是勇敢的。如果在玛丽的一生中，在其他场合她的行为也能够被描述为是勇敢的，这种关于玛丽品性的一般性结论将会得到特别的支持。正直是一种不同的美德，并且对于支持某人具有正直品性的假说的证据的收集和处理方式多少是不同的。正直是在根据有价值的特定目标或者价值观实施行为时表现出来的一种的完整性的或者一致性的品性。因此，如果主体说明了其特定目标或者表达了具体信念，但后来以明显背离这些标志或违反这些明确表达的信念的方式实施行为，他就可以被认为缺乏正直品性。例如，假如一个人说他具有诚实的美德，但是后来发现他说了谎。在这种情况下，证据就是其信念的冲突，是一种言与行之间的矛盾。

一般来说，通过本书的分析，要表明的是，尽管品性判断一开始似乎是主观的，但它们是建立在客观的逻辑推理结构基础上的。通过收集证据，根据一系列的事实材料进行推论，获得品性判断，并使用品性判断，根据推理链条来得出结论。这一过程从代表案件材料的陈述开始，然后使用论证模式从那些前提中推出新的陈述作为结论。这种品性判断是建立在大量的证据基础上的。这些判断是可以证实或者 215
证伪的，因为通过进一步的事实证据，能够支持或者反驳这些给定事实。另外，通过诉诸或者质疑这些推论也可能支持或者反驳这些判断，这些推论是在逻辑推理中用于根据案件材料进行假设的。当然，这些判断在某种程度上是主观的，因为所涉及的推理过程是模拟的。

某一主体对于他所想的得出的结论就是另一主体的想法。模拟推理的过程是一种推论，因为就像唯我论者（solipsists）经常主张的，你不能直接进入另一主体的头脑中的思维过程。但是，已经显示的是，这个过程能够根据推理过程成为一种智能重建，而推理过程则是客观的，而且可以观察和记录的证据能够支持这一推理过程。理解这一过程的关键是设证法。很多人尤其是实证主义者认为，品性判断的过程是纯主观的，因为它根据的不是演绎推理或者归纳推理。它根据的是第三种推理，即设证推理，或者对最佳解释的推论。这种似真推理的形式是容易出错的，而且是根据正常的预期，这种预期是两个主体在双方都很熟悉或者至少在某种程度上比较熟悉的那种状况下能够共同的预期。最佳解释是一个关于主体进行那种对话的目的的很不错的解释。当然，对实践评议足够好的解释，对于科学解释不一定就足够好。什么是足够好取决于人们进行的对话类型的用途。

下面所列的是，推理链条经历的各种阶段，以便根据 PFARD 模型作出品性判断。系统从一个解释案件材料的假说开始，然后使用设证推理向前推进，通过相反的相关性证据验证，来完善这个假说。

1. 有两个主体，即原始主体和第二主体。两个主体都很熟悉实践推理。具有目标的主体能够实施行为，并能够从环境中获得信息。他可以监视另一主体的行为。这两个主体可以共享关于被称为常规的行为顺序在特别领域通常是怎样运行的信息。

2. 原始主体对于怎样解决问题进行评议。第二主体可以使用模拟推理来理解原始主体的评议，系统地尝试解决问题。

3. 有一组描述原始主体言行的给定材料或者事实，第二主
216 体被提供这组材料或者案件事实。其他假定的事实也可能进入到案件中来——例如，对于原主体在其他场合行为的指控。

4. 第二主体根据脚本按照常规来填补材料中的漏洞，编造原始主体言行的故事，作为他能够理解的一个有关联的和有道理的陈述。第二主体使用论证模式，能够填充原始主体的推理中非明示性的前提和结论。

5. 就给定的材料，第二主体问一些关于原始主体道德品性的问题。第二主体构建一个假说，说明原始主体具有某种明确确定的品性素质或者美德。因此，具体问题就成了可以准确地说原始主体是否具有这种素质。

6. 为了解决这个问题，第二主体构建一个关于原始主体言行的具有互相矛盾的可能解释。然后就使用给定的这组材料当做证据来验证和评价两个或者更多相反的假说。

7. 在验证这些假说时，以批判性讨论的形式开始进行对话，看原始主体是否展现出了这种素质。一方提出论证，支持原始主体具有特定品性的道德素质的观点。这些论证采用了论证模式的形式。

8. 在批判性讨论中，提出了适当的批判性问题，关涉到用于支持原始主体具有特定品性素质的假说的实践推理。批判性问题对于采用论证模式形式的论证作出回应。

9. 批判性问题在多主体对话中得到答复，提问者和应答者就给定的案件事实批判性地审查双方的论证。根据论证模式，双方提出论证来支持他们的主张，这些论证包括基于品性的设证论证。

10. 通过确定哪一方的论证链条更加合理，提出对案件事实的最佳解释，解决了争议的问题。如果双方论证的合理性相同，就要根据对抗阶段设置的证明责任来判断假说是否是可以接受的。

在有些情况下，尽管有关品性问题的批判性讨论可能在伦理学上 217
是有意思的和有见识的，但可能得不到肯定性结论。尽管如此，论证可能建立在充分证据的基础上，并且可能是有价值的和有道理的。如果获得案件的处理决定是很重要的，下一步可能就是要收集更多的相关性证据，然后继续进行讨论。但是，根据逻辑推理，即使意见分歧没能被解决，品性素质的道德讨论也可能产生深刻见解和充分证据。在重建品性判断的评价过程是怎样运行的时候，最为重要的是论证的各种形式，以及与每一论证类型相配套的那些批判性问题。品性判断论证最重要的形式是设证推理和实践推理。设证推理可以被看作一种论证形式，其中提出互相矛盾的假说来解释一系列给定的事实，质疑有关这些已知的或者假定的事实证据来验证设证论证。实践推理是具有目标导向的推理，其中主体从各种现成的方法中选择一种方法，然后得出审慎行为界线的结论。在通常情况下，这两种论证形式根据的都是似真推理，这意味着它们得出的结论似乎是正确的，就与人们进行的对话类型相适应的证明责任来说，这两种论证形式的结论可以被当做一种承诺。

在品性判断中，模拟推理是合理的，因为某一主体只能够推断出另一主体的真实想法或者他试图要做什么。然而根据这个推论，主体能够得出正确的结论。在有些情况下，该结论能够建立在非常充分的证据基础之上。但是，这些证据很少是确凿的，因为两个主体的思维之间存在一个推论的飞跃。例如，在法律和历史推理上，有争议的给定行为和被报告的事实通常都是在过去发生的。在通常情况下，假定的事实都是根据证人的报告，如果事件发生得很久远，证据将是不完整的。例如，在考古学上，几乎没有人可以知道一个过去的文明，任何通过挖掘提供的证据进行的假设都将采取合理的推测形式。尽管如此，这种推测能够通过给定的大量证据得到令人满意的支持。它们还可以从逻辑上进行评价，并可以根据已知的事实比较不同的解释。根据合理的推测，可以从证据中得出这些推论，并且还可以通过问一些正确的问题和援引相反的证据来质疑这些推论。过去行为的历史解释被实证主义哲学家认为是建立在普遍规律和归纳概括基础上的。但是，在通常情况下，它们并非如此。它们是根据这样一种合理概括，即在主体所熟悉的那种环境中，事物通常会怎样发展，该主体试图重
218 演其他主体的过去行为。这种似真性在品性判断中尤其明显和最为引人瞩目，因为从一主体到另一主体的思维存在一个模拟推理的推论飞跃。

雷德梅恩（Mike Redmayne，2002 年，第 693—695 页）考察的统计证据表明，前科对于一个人更可能或者更不可能犯同种罪的结论

具有相当大的证据价值。这些统计数字随着所涉及的犯罪类型的不同而有所变化。例如，犯抢劫罪的可能性大大高于犯毒品罪的可能性。这些统计数字显示，品性证据在预测特定类型的犯罪时确实具有一些价值，但是，这些统计数字是非常不可靠的（雷德梅恩，2002 年，第 700 页）。可能由于这个原因，在刑事审判中，排除品性证据的政策在英国法律中受到了明显的挑战。雷德梅恩（2002 年，第 684 页）报告说，在 2002 年，有人提出建议，要弱化品性证据不可采性的推定。一位英国法官甚至在 2001 年提出建议，应该考虑在每一个审判开始的时候揭露被告人的前科。

在原则上，如果基于品性的论证类型是一种有道理的论证，那么，在法律上，为什么品性证据受到证据规则如此严重的限制呢？答案能够在基于品性的论证有多强大以及它们作为谬误的损害潜在性中找到。因为在最有利的情况下，这种论证并不是完全值得信赖的，并且因为它是欺骗性论证的一种有力武器，应该采取谨慎的和怀疑的态度对待这种论证。在不确定的条件下，这种论证最有帮助，在这种情况下，无法获得更确实的证据，或者无论如何也得不到确凿的证据，案件只能依赖于综合考虑。在我们的法律系统里，虽然陪审团被假定具有批判性论证的能力，但它也必须被认为是由普通人组成的，他们可能会被谬误论证所欺骗。但是，我们需要防止陪审团受到谬误的欺骗吗？或者能够更好地让他们拥有全部在逻辑上具有相关性的证据并形成他们的心证吗？证据法在这个问题上不断地进行挣扎，随着证据规则的继续发展，似乎是在一种或者另一种道路上摇摆不定。然而，当前的趋势似乎是向越来越限制品性证据的道路上发展。也许如果陪审团能够得到更好的基于品性论证的教育并能够学会系统地辨别各种论证，就会不太需要对规则 404 构建越来越多的限制了。像那些在费舍尔和查普曼（Fisher and Chapman）的案例书（第一章）中的不可采性规则，似乎是有问题的，因为他们在证据的逻辑相关性和法律可采性之间打入这样一个楔子。

要理解品性证据的逻辑，关键在于它作为一种推理的设证法本质。品性判断的根据是设证论证。设证论证的根据是以假定的案件事 219

实材料形式的证据，但这种证据的证明力可能很强，也可能很弱，这要取决于案件调查的进展程度。设证论证实际上是根据最佳解释对假设进行的一种推理形式。如果数据库很小，或者其可靠性值得怀疑，在案件中迄今为止那个最佳解释很可能只是暂时性的。因此，设证法往往是一种缺乏说服力的论证形式，得出的结论似乎是或者只是似真的，但随后可能由更好的假说取代而被撤回。按照本书的分析，设证论证最好被视为辩证的。它应该被放在对话的背景中进行判断。在给定情况下，很大程度上取决于对话的进度以及批判性问题的提问与回答情况。设证论证的效力取决于该论证所使用的对话阶段以及在该阶段收集到了多少证据及对证据的评价情况。设证论证的所有这些方面使得它容易受到批评。品性攻击论证是根据设证推理建立在证据基础上的，它们可能被误用，并作为言辞欺骗手段被利用。

在基于品性的论证评价中，要问的最基本的批判性问题之一就是受到攻击的那个人被指控具有的品性缺点是否真的被案件事实证明了。问题是，在代替那种被要求支持设证论证的真实证据时，这种品性攻击即使只是捕风捉影，也可以造成严重损害。这是因为它们很容易受到批评，品性判断往往得不到信任。因此，可以公平地说，存在一个品性判断的道德方面的问题。人们不应急于作出判断。为什么？其中一个理由是，这种判断是设证的和似真的，并且你可能被证明是错误的。另一个理由是，在公共场合作出品性判断可能会破坏受攻击者的声誉，并且可能很难甚至无法补救这种不公正。

参考书目

Allen, Ronald J. , "Rationality, algorithms and judicial proof: a preliminary inquiry", *International Journal of Evidence and Proof*, 1, 1997, 254—275. 221

Allen, Ronald J. , Richard B. Kuhns, and Eleanor Swift, *Evidence: Text, Cases and Problems*, New York, Aspen Law and Business, 1997.

Anderson, Terence J. , "On generalizations I: a preliminary exploration", *South Texas Law Review*, 40, 1999, 455—481.

Anderson, Terence, William, and Twining, *Analysis of Evidence: How to Do Things with Facts Based on Wigmore's Science of Judicial Proof*, Boston, Little Brown & Co. , 1991.

Anscombe, G. E. M. , "Modern moral philosophy", *Philosophy*, 33, 1958, 1—19.

Aristotle, "Nicomachean ethics", In *The Works of Aristotle Translated into English*, (ed,) W, D, Ross, Oxford, Oxford University Press, 1928.

Aristotle, *The Complete Works of Aristotle*, Princeton, Princeton University Press, 1984.

Atkinson, Katie, Trevor Bench-Capon, and Peter McBurney, "Justifying Practical Reasoning", *Proceedings of the Fourth Workshop on Computational Models of Natural Argument* (CMNA 2004), ECAI 2004, Valencia, Spain, pp. 87—90.

Atkinson, Katie, Trevor Bench-Capon, and Peter McBurney, "A dialogue game protocol for multi-agent argument over proposals for action", In *Argumentation in Multi-Agent Systems*, (eds) I, Rahwan, P, Moraitis and C, Reed, Berlin, Springer, 2004a, 149—161.

Atkinson, Katie, Trevor Bench-Capon, and Peter McBurney, "Agent Decision Making Using Argumentation About Actions", Technical Report ULCS-05-006, University of Liverpool, Computer Science Department, 2005.

Audi, Robert, *Practical Reasoning*, London, Routledge, 1989.

222 Audi, Robert, *Moral Knowledge and Ethical Character*, New York, Oxford University Press, 1997.

Bamden, John A., "Simulative reasoning, common-sense psychology, and artificial intelligence", In *Mental Simulation*, (eds,) Martin Davies and Tony Stone, Oxford, Blackwell, 1995, 247—273.

Barr, Avron, and Feigenbaum, Edward, *The Handbook of Artificial Intelligence*, vol, I, Los Altos, Morgan Kaufmann Inc., 1981.

Barth, E, M., and J, L., Martens, "*Argumentum Ad Hominem*: from chaos to formal dialectic", *Logique et Analyse*, 77—78, 1977, 76—96.

Barton, William E., "His character", *Abraham Lincoln: His Life, Work, and Character*, (ed,) Edward Wagenknecht, New York, Creative Age Press, 1947, 32—67.

Bench-Capon, Trevor, "Argument in artificial intelligence and law",

Artificial Intelligence and Law, 5, 1997, 249—261.

Bex, Floris, and Henry Prakken, "Reinterpreting arguments in dialogue: an application to evidential reasoning", In *Legal Knowledge and Information Systems*, (ed,) Thomas F, Gordon, Amsterdam, IOS Press, 2004, 119—130.

Bex, Floris, Henry Prakken, Chris Reed, and Douglas Walton, "Towards a formal account of reasoning about evidence: argumentation schemes and generalizations", *Artificial Intelligence and Law*, 12, 2003, 125—165.

Bok, Sissela, *Lying: Moral Choice in Public and Private Life*, New York, Pantheon Books, 1978.

Bons, Roger W, H. , Frank Dignum, Ronald M, Lee, and Yao-Hua Tan, "A formal specification of automated auditing of trustworthy trade procedures for open electronic commerce", In *Trust and Deception in Virtual Societies*, (eds,) Cristiano Castelfranchi and Yao-Hua Tan, Dordrecht, Kluwer, 2001, 27—54.

Bradford, Ernle, The *Shield and the Sword. The Knights of Malta*, London, Fontana, 1972.

Bratman, Michael E. , *Intentions, Plans, and Practical Reason*, Cambridge, Mass. , Harvard University Press, 1987.

Brinton, Alan, "A rhetorical view of the ad hominem ", *Australasian Journal of Philosophy*, 63, 1985, 50—63.

Brinton, Alan, "*The ad hominem*", In *Fallacies: Contemporary Readings*, (eds,) Hans V, Hansen and Robert C, Pinto, University Park, Pa. , Penn State Press, 1995, 213—222.

Burnyeat, Myles F. , "Enthymeme: Aristotle on the logic of persuasion", In *Aristotle's Rhetoric: Philosophical Essays*, (eds) David J, Furley and Alexander Nehemas, Princeton, New Jersey, Princeton University Press, 1994, pp. 3—55.

Carberry, Sandra, *Plan Recognition in Natural Language Dia-*

logue, Cambridge, Mass. , MIT Press, 1990.

223 Castelfranchi, Cristiano, and Yao-Hua Tan, "Introduction: why trust and deception are essential for virtual societies", *Trust and Deception in Virtual Societies*, Dordrecht, Kluwer, 2001, xvii-xxxi.

Cohen, Philip R. , Raymond C. , Perrault, and James F, Allen, "Beyond question answering", *Strategies for Natural Language Processing*, (ed,) W, Lehnert and M, Ringle, Hillsdale, New Jersey, Erlbaum, 1981, 245—274.

Colb, Sherry F. , "When to admit character evidence in criminal cases", *North Carolina Law Review*, 79, 2001, 939—992.

Collingwood, Robin G. , *An Autobiography*, Oxford, Oxford University Press, 1939.

Collingwood, Robin G. , *The Idea of History*, Oxford, Clarendon Press, 1946.

Collins, Allan, Eleanor H, Warnock, Nelleke Aiello, and Mark L, Miller, "Reasoning from incomplete knowledge", *Representation and Understanding: Studies in Cognitive Science*, (ed,) Daniel G, Bobrow and Allan Collins, New York, Academic Press, 1975, 383—415.

Conte, Rosaria, and Marlo Paolucci, *Reputation in Artificial Societies*, Dordrecht, Kluwer, 2002.

Copi, Irving M. , and Carl Cohen, *Introduction to Logic*, 9th ed. , New York, Macmillan, 1994.

Cragan, John F. , and Craig W. Cutbirth, "A revisionist perspective on political *ad hominem* argument: a case study", *Central States Speech Journal*, 35, 1984, 228—237.

Cranston, Maurice, "Bacon, Francis", *The Encylopedia of Philosophy*, vol, 1, (ed,) Paul Edwards, New York, Macmillan, 1967, 235—240.

Davies, Leonard E., *Anatomy of Cross-Examination*, Englewood Cliffs, New Jersey, Prentice Hall, 1993.

DeMorgan, Augustus, *Formal Logic*, London, Taylor and Walton, 1847.

Dray, William, *Philosophy of History*, Englewood Cliffs, Prentice-Hall, 1964.

Dray, William, *History as Re-enactment*: *R, G, Collingwood's Idea of History*, Oxford, Oxford University Press, 1995.

Drefcinski, Shane, "Aristotle's fallible phronimos", *Ancient Philosophy*, 16, 1996, 139—154.

Editorial (anonymous), "Top scientist departing Canada", *CAUT Bulletin*, 49, 2002, pages A1 and A13.

Federal Rules of Evidence (FRE), A Hypertext Publication, Legal Information Institute, 1997, http: www.law.cornell.edu/rules/fre.

Feteris, Eveline T., *Fundamentals of Legal Argumentation*: *A Survey of Theories of the Justification of Legal Decisions*, Dor- 224
drecht, Kluwer, 1999.

Fikes, R, E., and Nilsson N, J., "STRIPS: a new approach to the application of theorem proving to problem solving", *Artificial Intelligence*, 2, 1971, 189—208.

Finocchiaro, Maurice, *Galileo and the Art of Reasoning*, Dordrecht, Reidel 1980.

Franklin, Stan, and Art Graesser, "Is it an agent, or just a program?: a taxonomy for autonomous agents", *In Intelligent Agents* Ⅲ: *Agent Theories, Architectures and Languages*, (eds) Jorg P, Muller, Michael J, Wooldridge and Nicholas R, Jennings, Berlin, Springer, 1996, 21—35.

Friedman, Richard D., "Minimizing the jury over-valuation concern", *Michigan State Law Review*, 4, 2003, 967—986.

Gagarin, Michael, "Probability and Persuasion: Plato and Early Greek Rhetoric", In *Persuasion: Greek Rhetoric in Action*, (ed,) Ian Worthington, London, Routledge, 1994, 47—68.

Goldman, Alvin I., "Empathy mind and morals", *In Mental Simulation: Evaluations and Applications*, (eds) Martin Davies and Tony Stone, Oxford, Blackwell, 1995, 185—208.

Gordon, Robert M., "Folk psychology as simulation", *Mind and Language*, 1, 1986, 158—171.

Gordon, Thomas F., *The Pleadings Game: An Artificial Intelligence Model of Procedural Justice*, Dordrecht, Kluwer, 1995.

Gordon, Thomas F., "A computational model of argument for legal reasoning support systems", *In Argumentation in Artificial Intelligence and Law*, (eds) Paul E, Dunne and Trevor Bench-Capon, IAAIL Workshop Series, Nijmegen, Wolf Legal Publishers, 2005, 5344.

Grice, Paul H., "Logic and conversation", In *The Logic of Grammar*, (eds) Donald Davidson and Gilbert Harman, Encino, Dickenson, 1975, 64—75.

Hage, Jaap C., *Reasoning With Rules: An Essay on Legal Reasoning and Its Underlying Logic*, Dordrecht, Kluwer, 1997.

Hage, Jaap C., Ronald Leenes, and Arno R, Lodder, "Hard cases: a procedural approach", *Artificial Intelligence and Law*, 2, 1994, 113—167.

Hage, Jaap, "Dialectical models in artificial intelligence and law", *Artificial Intelligence and Law*, 8, 2000, 137—172.

Halfon, Mark S., *Integrity: A Philosophical Inquiry*, Philadelphia, Temple University Press, 1989.

Hamblin, Charles L., *Fallacies*, London, Methuen, 1970.

Hamblin, Charles L., "Mathematical models of dialogue", *Theoria*, 37, 1971, 130—155.

Hamblin, Charles L., *Imperatives*, New York, Blackwell, 1987.

Harman, Gilbert, "The inference to the best explanation", *Philosophical Review*, 74, 1965, 88—95.

Hastie, Reid, Steven D. Penrod, and Nancy Pennington, *Inside the Jury*, Cambridge, Mass., Harvard University Press, 1983.

Huhns, Michael H., and Munindar P. Singh, "Agents and multiagent systems: themes, approaches and challenges", *In Readings in Agents*, (eds) Michael H, Huhns and Munindar P, Singh, San Francisco, Morgan Kaufman Publishers, 1998, 1—23.

Isocrates, *Works: English and Greek*, trans, George Norlin, Loeb 225
Classical Library, Cambridge, Harvard University Press, 1966.

Jennings, Nicholas R., and Michael Wooldridge, "Applying agent technology", *Applied Artificial Intelligence*, 9, 1995, 357—369.

Jonsen, Albert R., and Stephen Toulmin, *The Abuse of Casuistry: A History of Moral Reasoning*, Berkely, University of California Press, 1988.

Josephson, John R., and Susan G, Josephson, *Abductive Inference: Computation, Philosophy, Technology*, New York, Cambridge University Press, 1994.

Kateb, George, Socratic integrity, In *Integrity and Conscience: Nomos XL*, (eds) Ian Shapiro and Robert Adams, New York, New York University Press, 1998, 77—112.

Kranhold, Kathryn, "Clean act: can an environmentalist hold on to his ideals and still run a utility?", *The Wall Street Journal*, January 12, 1999, 1.

Kupperman, Joel, *Character*, New York, Oxford University Press, 1991.

Landon, James, "Character evidence: getting to the root of the problem through comparison", *American Journal of Criminal Law*,

24, 1997, 581415.

Leonard, David P. , "In defense of the character evidence prohibition: foundations of the rule against trial by character", *Indiana Law Journal*, 73, 1998, 1—59.

Lesh, Neal, Charles Rich and Candace Sidner, "Using plan recognition in human-computer collaboration", Lotus Technical Report 98—14 on Agents, Discourse Processing and User Interfaces, research@lotus. com, 2001.

Lodder, Arno R. , *Dialaw: On Legal Justification and Dialogical Models of Argumentation*, Dordrecht, Kluwer, 1999.

Lodder, Arno R. , "Book review of Gordon (1995)", *Artificial Intelligence and Law*, 8, 2000, 255—264.

Loftus, Elizabeth, *Eyewitness Testimony*, Cambridge, Mass. , Harvard University Press, 1979.

Loui, Ronald P. , and Tomas F, Gordon, Call for papers for 1994 AAAI Seattle Workshop on Computational Dialectics, 1994: http: // www. cs. wu stl. edu/~loui/comectics. text

Macaulay, Thomas Babington, "Lord Bacon", In *Essays, Critical and Miscellaneous*, Boston, Phillips, Sampson and Company, 1856, 243—288.

Mackenzie, Jim, "The dialectics of logic", *Logique et Analyse*, 94, 1987, 159—177.

Mackenzie, Jim, "Four dialogue systems", *Studia Logica*, 49, 1990, 567—583.

Mans, Dieter, and Gerhard Preyer, "On contemporary developments in the theory of argumentation", *Protosociology*, 13, 1999, 3—13.

Martin, Rex, *Historical Explanation: Reenactment and Practical Inference*, Ithaca, Cornell University Press, 1977.

226 Mathews, Nieves, *Francis Bacon: The History of a Character As-*

sassination, New Haven, Yale University Press, 1996.

Maximilien, Michael E. , and Munindar P, Singh, "Reputation and endorsement for web services", *SIGEcom Exchanges*, 3, 24—31, Winter 2002, ACM Special Interest Group on E-Commerce, Available in pdf format on the web page of Munindar P, Singh: www. csc. ncsu. edu/faculty/mpsingh/papers

McCormick, Neil, *McCormick on Evidence*, vol, 1, (ed,) John William Strong, St Paul, Minnesota, West Publishing Co. , 1992.

McFall, Lynne, "Integrity", *Ethics and Personality: Essays in Moral Psychology*, (ed,) John Deigh, Chicago, University of Chicago Press, 1992, 79—94.

McKinnon, Christine, *Character, Virtue Theories, and the Vices*, Peterborough, Ontario, Broadview Press, 1999.

Moody, James, and Leellen Coacher, "A primer on methods of impeachment", *The Air Force Law Review*, 45, 1998, 161—200.

Moody-Adams, Michele, "On the old saw that character is destiny", In *Identity Character and Morality*, (eds) Owen Flanagan and Amelie Oksenberg Rorty, Cambridge, Mass. , MIT Press, 1990, 111—131.

Moore, Johanna D. , *Participating in Explanatory Dialogues*, Cambridge, Mass. , MIT Press, 1995.

Moore, Robert C. , "Semantic considerations on nonmonotonic logic", *Artificial Intelligence*, 25, 1985, 75—94.

Morgan, Vivienne, and Trevor Mason, "MP's attack bid to allow bad character evidence", *Parliamentary News*, The Press Association Limited, April 2, 2003, 1—5.

Mueller, Christopher B. , "Introduction: O, J, Simpson and the criminal justice system on trial", *University of Colorado Law Review*, 67, 1996, 727—745.

Nagel, Thomas, "Moral luck", *Mortal Questions*, Cambridge,

Cambridge University Press, 1979.

Norman, Timothy J. , and Chris Reed, "Delegation and responsibility", In *Intelligent Agents* VII, (eds) C, Castelfranchi and Y, Lesperance, Berlin, Springer, 2001, 136—149.

Nuchelmans, Gabriel, "On the fourfold root of the *argumentum ad hominem*", In *Empirical Logic and Public Debate*, (eds) Erik C, W, Krabbe, Renee Jose Dalitz and Pier A, Smit, Amsterdam, Rodopi, 1993, 37—47.

Park, Roger C. , "Character evidence issues in the O, J, Simpson case-or rationales of the character evidence ban, with illustrations from the Simpson case", *University of Colorado Law Review*, 67, 1996, 747—776.

Park, Roger C. , "Character at the crossroads", *Hastings Law Journal*, 49, 1998, 749—754.

227 Park, Roger C. , "Adversarial influences on the interrogation of trial witnesses", *Adversarial versus Inquisitorial Justice*, (eds) Peter J, van Koppen and Steven D, Penrod, New York, Kluwer, 2003, 131—166.

Park, Roger C. , David P. Leonard, and Steven H. Goldberg, *Evidence Law*, St, Paul, Minnesota, West Group, 1998.

Peirce, Charles S. , "Elements of logic", In *Collected Papers of Charles Sanders Peirce*, vol, 2, (eds) Charles Hartshorne and Paul Weiss, Cambridge, Mass. , Harvard University Press, 1965.

Peirce, Charles S. , *Reasoning and the Logic of Things*, (ed,) Kenneth Laine Kettner, Cambridge, Mass. , Harvard University Press, 1992.

Pennington, Nancy, and Reid Hastie, "A cognitive theory of juror decision making", *Cardozo Law Review*, 13, 1991, 519—557.

Pennington, Nancy, and Reid Hastie, "The story model for juror decision making", In *Inside the Juror: The Psychology of Juror*

Decision Making, (ed,) Reid Hastie, Cambridge, Cambridge University Press, 1993, 192—221.

Pfau, Michael, and Michael Burgoon, "The efficacy of issue and character attack message strategies in political campaign communication", *Communication Reports*, 2, 1989, 53—61.

Prakken, Henry, *Logical Tools for Modelling Legal Argument*, Dordrecht, Kluwer, 1997.

Prakken, Henry, "Relating protocols for dynamic dispute with logics for defeasible argumentation", *Synthese*, 127, 2001, 187—219.

Prakken, Henry, and Giovanni Sartor, "A dialectical model of assessing conflicting arguments in legal reasoning", *Artificial Intelligence and Law*, 4, 1996, 331—368.

Premack, D., and G, Woodruff, "Does the chimpanzee have a theory of mind?", *Behavioral and Brain Sciences*, 1, 1978, 515—526.

Redmayne, Mike, "The relevance of bad character", *Cambridge Law Journal*, 61, 2002, 684—714.

Rewa, Michael P., *Reborn As Meaning: Panegyrical Biography From Isocrates to Walton*, Washington, DC, University Press of America, 1983.

Russell, Stuart J., and Peter Norvig, *Artificial Intelligence: A Modern Approach*, Upper Saddle River, New Jersey, Prentice Hall, 1995.

Sanchirico, Chris, "Character evidence and the object of trial", *The Columbia Law Review*, 101, 2001, 1227—1311.

Schank, Roger C., *Explanation Patterns: Understanding Mechanically and Creatively*, Hillsdale, New Jersey, Erlbaum, 1986.

Schank, Roger C., and Robert P., Abelson, *Scripts, plans, goals, and understanding: An inquiry into human knowledge structures*, Hillsdale, New Jersey, Erlhaum, 1977.

Schmidt, Charles F., "Partial provisional planning: some aspects of

commonsense planning", *Formal Theories of the Commonsense*
228 *World*, (*ed*,) Jerry R. Hobbs and Robert C. Moore, Norwood, N. J. Ablex Publishing Corporation, 1985, 227—250.

Schmidt, C. F., Sridharan N, S., and Goodson J. L., "The plan recognition problem: an intersection of psychology and artificial intelligence", *Artificial Intelligence*, 11, 1978, 45—82.

Segerberg, Krister, "Routines", *Synthese*, 65, 1985, 185—210.

Sidgwick, Alfred, *The Process of Argument*, London, Adam and Charles Black, 1893.

Silverman, Barry G., *Critiquing Human Error*, London, Academic Press, 1992.

Sinclair, M. B. W., "Law and language: the role of pragmatics in statutory interpretation", *University of Pittsburgh Law Review*, 46, 1985, 373—420.

Stone, Julius, *Evidence: Its History and Policies*, Sydney, Butterworths, 1991.

Tillers, Peter, "What is wrong with character evidence?", Home Page of Peter Tillers: http: //www. tiac. net/user/tillers/character. html. 1998 (28 pages) .

Toulmin, Stephen, *The Uses of Argument*, Cambridge, Cambridge University Press, 1958.

Twining, William, "Narrative and generalizations in argumentation about questions of fact", *South Texas Law Review*, 40, 1999, 351 365.

Uviller, Richard H., "Evidence of character to prove conduct: illusion, illogic, and injustice in the courtroom", *University of Pennsylvania Law Review*, 130, 1982, 845—891.

Uviller, Richard H., *Virtual Justice: The Flawed Prosecution of Crime in America*, New Haven, Yale University Press, 1996.

van Eemeren, Frans H., and Rob Grootendorst, *Speech Acts in*

Communicative Discussions, Dordrecht, Foris, 1984.

van Eemeren, Frans H., and Rob Grootendorst, *Argumentation, Communication and Fallacies*, Hillsdale, New Jersey, Erlbaum, 1992.

van Koppen, Peter, and Steven D. Penrod, "Adversarial or Inquisitorial: Comparing Systems", *Adversarial versus Inquisitorial Justice*, (eds) Peter J. van Koppen and Steven D. Penrod, New York, Kluwer, 2003, 1—19.

Verheij, Bart, "Dialectical argumentation with argumentation schemes: an approach to legal logic", *Artificial Intelligence and Law*, 11, 2003, 167—195.

Verheij, Bart, *Virtual Arguments*, The Hague, TCM Asser Press, 2005.

von Wright, Georg H., "On so-called practical inference", *Acta Sociologica*, 15, 1972, 39—53.

Wagenaar, Willem A., Peter J. van Koppen, and Hans F. M. Crombag, *Anchored Narratives: The Psychology of Criminal Evidence*, Hertfordshire, Harvester Wheatsheaf, 1993.

Walton, Douglas, *Courage: A Philosophical investigation*, University of California Press, 1986.

Walton, Douglas, *Arguments from Ignorance*, University Park, The Pennsylvania State University Press, 1996.

Walton, Douglas, *Ad Hominem Arguments*, Tuscaloosa, University of Alabama Press, 1998. 229

Walton, Douglas, *Abductive Reasoning*, Tuscaloosa, University of Alabama Press, 2004.

Walton, Douglas N., and Erik C. W. Krabbe, *Commitment in Dialogue: Basic Concepts of Interpersonal Reasoning*, Albany, State University of New York Press, 1995.

Walton, Douglas, and Thomas F. Gordon, "Critical questions in computational models of legal argument", In *Argumentation in Ar-*

tificial Intelligence and Law，IAAIL Workshop Series，(eds) Paul E.. Dunne and Trevor Bench-Capon，Nijmegen，Wolf Legal Publishers，2005，103—111.

Wecter，Dixon，“The democrat as hero”，In *Abraham Lincoln：His Life，Work，and Character*，(ed,) Edward Wagenknecht，New York，Creative Age Press，1947，67—116.

Wellman，Carl，*Challenge and Response：Justification in Ethics*，Carbondale，Southern Illinois University Press，1971.

Wigmore，John H.，*The Principles of Judicial Proof*，2nd ed.，Boston，Little，Brown and Company，1931.

Wilensky，Robert，*Planning and Understanding*，*A Computational Approach to Human Reasoning*，Reading，Mass.，Addison-Wesley，1983.

Wooldridge，Michael，*Reasoning about Rational Agents*，Cambridge，Mass，The MIT Press，2000.

Wooldridge，Michael，and Nicholas R. Jennings，“Intelligent agents：theory and practice”，*The Knowledge Engineering Review*，10，1995，115—152.

Yearley，Lee H.，*Mencius and Aquinas：Theories of Virtue and Conceptions of Courage*，Albany，State University of New York Press，1990.

Yu，Bin，and Munindar P. Singh，“A social mechanism of reputation management in electronic communities”，*Proceedings of the 4th International Workshop on Cooperative Information Agents*，Berlin，Springer-Verlag，2000，Available in pdf format on the web page of Munindar P. Singh：www. csc. ncsu. edu/faculty/mpsingh/papers

Yu，Bin，and Munindar P. Singh，“An evidential model of distributed reputation management”，*Proceedings of the 1st International Joint Conference on Autonomous Agents and Multi-Agent Sys-*

tems, July 2002, Available in pdf format on the web page of Munindar P. Singh: www. csc. ncsu. edu/faculty/mpsingh/papers

Yu, Bin, Mahadevan Venkatraman, and Munindar P. Singh, "An adaptive social network for information access: theoretical and experimental results", *Applied Artificial Intelligence*, 2002, to appear, Available in pdf format on the web page of Munindar P, Singh: www. csc. ncsu. edu/faculty/mpsingh/papers

索引

图书在版编目（CIP）数据

品性证据：一种设证法理论/［加］道格拉斯·沃尔顿著；张中译．—北京：中国人民大学出版社，2012.7

（法学译丛·证据科学译丛）

“十二五”国家重点图书出版规划

ISBN 978-7-300-16028-3

Ⅰ.①品… Ⅱ.①沃… ②张… Ⅲ.①证据—研究 Ⅳ.①D915.130.4

中国版本图书馆CIP数据核字（2012）第152367号

“十二五”国家重点图书出版规划
法学译丛·证据科学译丛
品性证据
一种设证法理论
［加］道格拉斯·沃尔顿 （Douglas Walton） 著
张中 译
Pinxing Zhengju

出版发行	中国人民大学出版社		
社　　址	北京中关村大街31号	**邮政编码**	100080
电　　话	010－62511242（总编室）		010－62511398（质管部）
	010－82501766（邮购部）		010－62514148（门市部）
	010－62515195（发行公司）		010－62515275（盗版举报）
网　　址	http://www.crup.com.cn		
	http://www.ttrnet.com(人大教研网)		
经　　销	新华书店		
印　　刷	北京鑫丰华彩印有限公司		
规　　格	155 mm×235 mm　16开本	**版　　次**	2012年8月第1版
印　　张	18.75 插页2	**印　　次**	2012年8月第1次印刷
字　　数	263 000	**定　　价**	49.80元